Gottfried Adam, Hannegreth Grundmann,
Steffen Kleint (Hg.)

Bibelfliesen – eine pädagogische Entdeckung

Gottfried Adam, Hannegreth Grundmann,
Steffen Kleint (Hg.)

unter Mitarbeit von
Kurt Perrey, Renate Rogall-Adam, Jürgen Schönwitz, Marita Sporré

Bibelfliesen –
eine pädagogische Entdeckung

Eine Veröffentlichung des Comenius-Instituts
und der Projektgruppe Kulturgut Bibelfliesen

Münster 2015

Umschlagabbildung:
Bibelfliese O 21 „Gottes Bund mit Noah" *(Makkum, Tichelaar, um 1800)*,
Fliesenbibel, AT S. 23

Bibliografische Information der Deutschen Nationalbibliothek
Die Deutsche Nationalbibliothek verzeichnet diese Publikation in der Deutschen Nationalbibliografie; detaillierte bibliografische Daten sind im Internet unter http://www.dnb.de abrufbar.

ISBN 978-3-943410-18-1
© 2015 Comenius-Institut (www.comenius.de) und
Projektgruppe Kulturgut Bibelfliesen (www.fliesenbibel.de)

Bezugsadressen:
Comenius-Institut, Schreiberstr. 12, 48149 Münster
Bei Veranstaltungen der Projektgruppe Kulturgut Bibelfliesen
kann das Buch ebenfalls erworben werden.

Redaktion: Dr. Hannegreth Grundmann
Umschlaggestaltung: Ludger Müller | bureau artbeit
Satz: Carola Dams-Ostendorp
Druck: H. Risius KG | Weener

Inhaltsverzeichnis

Vorwort   11

A. Zugänge   13

Bibelfliesen für sich und andere entdecken   14

Vom Scherbensammler zum Fliesenexperten   14
Hannegreth Grundmann im Gespräch mit Jan Pluis

Die Botschaft der Bibelfliesen   17
Maria Engeln-Wähning über sich selbst

Religiöse Bildung am englischen Kamin   19
Gottfried Adam über Philipp Doddridge

B. Grundlegendes   22

Geschichtliche und kulturell-religiöse Reflexionen   24

Bibelfliesen als Ausdruck der Frömmigkeitskultur   24
Detlef Klahr

Ikonographie des Glaubens.   32
Bild und Botschaft der Bibelfliese heute
Julia Helmke

Bibelfliesen: Geschichte – Herstellung – Bildmotive   41
Reinhard Stupperich

Theologische und pädagogische Überlegungen　53

Die Bilder und das Bilderverbot.　53
Biblische und reformatorische Perspektiven
Gottfried Adam/Marita Sporré

„Bibelfliesen bringen in mir gleich ganze Erinnerungswelten　61
zum Klingen." Grundsätzliche pädagogische Anmerkungen
Jürgen Schönwitz

Didaktische Überlegungen zum Umgang mit Bibelfliesen　65
Gottfried Adam/Renate Rogall-Adam

„Das hab' ich mir ganz anders vorgestellt!"　80
Zum praktischen Einsatz von Bibelfliesen in der Sekundarstufe I
Andreas Scheepker

Bibelfliesen in gemeindepädagogischer Perspektive　88
Matthias Spenn

C. Praxis-Bausteine　95

Familie und Kindertagesstätte　98

„Gottes Liebe ist wie das weite Meer." Familienfreizeit zum　98
Thema „Wasser"
Irene Renz

Bibelfliesen als „neues Medium" in der Kindertagesstätte　117
Karin Lienemann

Bibelfliesen in der Kindertagesstätte und in der Grundschule.　120
Ausgewählte Methoden
Irene Renz

Schule und Konfirmandenarbeit   131

Stationen der Passions- und Ostergeschichte.   131
Unterrichtsentwurf für die Sekundarstufe I
Christian Stahl

Das Gleichnis vom Splitter und vom Balken.   137
Unterrichtsentwurf für die Sekundarstufe I
Ann-Kristin Schlüter

Bibelfliesen-Memory und Bibelfliesenfilm erstellen.   141
Zwei Unterrichtsprojekte für die Sekundarstufe I
Andreas Scheepker

Jugendliche erkunden mit Bibelfliesen die Bibel   145
Wernfried Lahr

Das Gleichnis vom verlorenen Sohn.   147
Unterrichtsentwurf für die Sekundarstufe II
Ann-Kristin Schlüter

Erwachsenenbildung   152

Bibelfliesen – Medien religiöser Identitätsbildung.   152
Anmerkungen zur erwachsenenbildnerischen Praxis am Ort
der Gemeinde
Jürgen Schönwitz

Frauenfrühstück. Typisch friesisch und echt biblisch –   176
Bibelfliesen und die Fliesenbibel
Vera Christina Pabst

„Auf den eigenen Spuren ..."   186
Seniorinnen und Senioren entdecken die Bibelfliesen
Martin Sundermann

Ausstellungen, Begleitprogramme und Museen — 189

Die Wanderausstellung „Mit Bilderfliesen durch die Bibel" — 189
Celia Hübl interviewt Kurt Perrey

Kreative-Kinder-Kirche und Predigtreihe zu Bibelfliesen — 194
Andreas Flick

Die Kirche als Bibelfliesen-Werkstatt. Ein generationsübergreifendes-religionspädagogisches Gemeindeprojekt — 200
Dorothee Löhr

Ausstellungsbegleitende Ideen und Aktionen — 211
Christiane Kollmeyer

Bibelfliesen im Museum. Konzept und museumspädagogische Nutzung im Ostfriesischen Teemuseum Norden — 215
Matthias Stenger

Predigten — 222

Mit Bibelfliesen predigen — 222
Gottfried Adam

Eine „Ikone des Nordens" wird lebendig und erzählt — 227
Klaas Grensemann

„Steh auf und iss!" Erzählpredigt zum Propheten Elia — 230
Kurt Perrey

Andachten bei einer Freizeit für hörgeschädigte und gehörlose Erwachsene — 236
Walter Großmann

„Du herrschest über das ungestüme Meer" Kunstgottesdienst mit Bibelfliesen — 242
Anneliese Swarzenski/Michael Raddatz

„Die Bibel: Bilder für die Seele – Worte für's Herz" 252
Predigt als Bild-Meditation zu drei Bibelfliesen
Helmut Kirschstein

Hinter dem Ofen hervor! 260
Überraschendes Warten auf Weihnachten
Jan Janssen

D. Grundlegende Materialien und Ressourcen 269

Die Fliesenbibel. Entstehung – Text – Bilder – Hinweise 270
Hannegreth Grundmann

Verzeichnis von Bibelfliesen-Abbildungen 272
Frauke Indenbirken/Elfi Perrey/Kurt Perrey/Heiko Wilts

Homepage – www.fliesenbibel.de 290

Kommentierte Literaturauswahl 292
Gottfried Adam

E. Verzeichnisse 297

Bildquellenverzeichnis 298

Autorinnen und Autoren, Beirat, Herausgebende 300

Namenregister 304

Sachregister 307

Dank für vielfältige Unterstützung 314

Vorwort

"Ikonen des Nordens" werden sie genannt. Biblische Szenen sind darauf abgebildet, lauter einzelne biblische Perikopen, elementarisiert, auf das Wesentliche reduziert, meistens eingerahmt durch einen Doppelkreis und mit einem Eckornament versehen. Gemeint sind: die Bibelfliesen.

... Entdeckung der Bibelfliesen
Das "Norder Bibelfliesenteam", eine Projektgruppe des Ev.-luth. Kirchenkreises Norden in Kooperation mit der Ostfriesischen Bibelgesellschaft, begann in 2003, dem "Jahr der Bibel", seine Suche nach solchen Fliesen. Dabei handelt es sich um eine Gruppe von ehrenamtlich tätigen Gemeindegliedern, die sich unter der Leitung von Pastor *Kurt Perrey* zusammengefunden hat. Sie wurde fachkundig unterstützt von dem Bibelfliesenexperten *Jan Pluis*. Und das Team wurde bei seiner Suche fündig: rasch und in großer Zahl.

Der Erfolg motivierte die Gruppe zur Einrichtung der Wanderausstellung "Mit Bilderfliesen durch die Bibel". Auch das Erscheinen der "Fliesenbibel" (2008) geht auf ihre Initiative zurück. In 2012 kam als Partner die "Arbeitsgemeinschaft Bibelfliesen im Münsterland" hinzu.

... eine pädagogische Entdeckung
Das Norder Bibelfliesenteam hat gewiss nicht daran gedacht, dass es durch seine Tätigkeit auch eine pädagogische Entdeckung initiieren würde. Aber genau das hat es getan. Der vorliegende Band dokumentiert dies. Es ist die erste Buch-Veröffentlichung, die sich unter der speziell pädagogischen, insbesondere religionspädagogischen Fragestellung mit den Bibelfliesen beschäftigt.

Die Bibelfliesen wurden zunächst in ausstellungsbegleitenden Veranstaltungen Thema. Im Laufe der Zeit entwickelte sich eine Praxis, die die Kindertagesstätten, den schulischen Religionsunterricht, die Konfirmandenarbeit und die Erwachsenenbildung, ja auch den Bereich Andacht und Predigt einschließt.

... Bild und Bibel
Dies fügt sich gut zum Jahresthema "Bild und Bibel" der laufenden Reformationsdekade 2008-2017. Die Bibelfliesen und ihre Gestaltung sind eine ureigene Wirkung der Reformation. Sie entstanden im 17. Jahrhundert im Einflussbereich des reformierten Protestantismus der Niederlande.

Das Jahresthema "Bild und Bibel" gab den äußeren Anstoß, dass zwischen dem Comenius-Institut, vertreten durch Direktor *Volker Elsenbast*, und der Projektgruppe Kulturgut Bibelfliesen (Norder Bibelfliesenteam, AG Bibelfliesen im Münsterland – www.fliesenbibel.de) ein Kooperationsprojekt vereinbart wurde mit dem Ziel, die vorliegende Veröffentlichung zu erarbeiten.

... Kooperationsprojekt
Als Herausgeberin und Herausgeber der Veröffentlichung wurden gewonnen: *Prof. Dr. Gottfried Adam* als Religionspädagoge, *Dr. Hannegreth Grundmann* als Redakteurin und *Dr. Steffen Kleint* für das Comenius-Institut. Dazu wurde ein Beirat berufen bestehend aus den Personen *Kurt Perrey*, *Renate Rogall-Adam, Dr. Dr. Jürgen Schönwitz* und *Marita Sporré*.

Eine Sammlung und Sichtung vorliegender Praxisberichte, Vorträge und Predigten, die der „Arbeitskreis Bibelfliesen" dankenswerter Weise vorgenommen hatte, bildete die Ausgangsbasis des Projektes, vor allem für Teil C. des Buches: die Praxis-Bausteine mit seinen 23 Artikeln. Dies wurde ergänzt durch Beiträge von weiteren Autorinnen und Autoren.

... Zielsetzung und Aufbau des Buches
Die Veröffentlichung möchte dazu einladen, das Potential der Bibelfliesen und der Fliesenbibel für die pädagogische Arbeit in Gemeinde und Schule wahrzunehmen und nutzbar zu machen. Teil A zeigt auf, wie Bibelfliesen das Leben von Menschen mit bestimmen können. Teil B bietet Überlegungen zu pädagogischen, theologischen und kulturell-religiösen Fragestellungen. Die in Teil C veröffentlichten Ideen, Impulse, Entwürfe und ausgearbeiteten Modelle betreffen unterschiedliche Altersgruppen und vielfältige Formen von Veranstaltungen in Gemeinde und Schule. Sie zeigen Möglichkeiten des praktischen Einsatzes auf und wollen dazu motivieren, Bibelfliesen als Medium für religions-pädagogische Handlungsfelder zu entdecken.

Die Veröffentlichung erbringt damit auch einen Beitrag zur medialen Leistung von Bildern für den christlichen Glauben.

Allen Personen und Institutionen, die dazu beigetragen haben, dass diese Veröffentlichung entstehen konnte, sei an dieser Stelle ein herzliches Dankeschön gesagt.

Gottfried Adam
Hannegreth Grundmann
Steffen Kleint

Münster, im März 2015

A. Zugänge

Wir nähern uns dem Thema „Bibelfliesen", indem wir danach fragen, wie das Leben von Menschen durch diese mit bestimmt worden ist. Dazu gehen wir auf drei Ausschnitte aus Lebensläufen ein, die auf unterschiedliche Weise zeigen, wie Bibelfliesen das Leben von Menschen beeinflussen können.

Da ist zum einen der *Pädagoge aus den Niederlanden*, der sehr früh in seinem Leben Freude an den Bibelfliesen findet und zum Sammler wird. Damit hat er sein zentrales Lebensthema gefunden. Er wird zu einem international anerkannten bedeutenden Bibelfliesen-Experten.

Zum andern ist da die *Frau aus dem Münsterland*, die aufgrund der eigenen Betrachtung den Weg zu den Bibelfliesen findet und von deren Botschaft angesprochen wird. Seit ihrer Schulzeit werden diese zu einem wichtigen Teil ihrer Lebensorientierung.

Schließlich gibt es den *jungen Philipp aus London*, dem der Zugang zu biblischen Geschichten durch das Betrachten der Fliesen am häuslichen Kamin und die begleitenden Erzählungen der Mutter erschlossen wird.

Drei Länder, drei Personen und unterschiedliche Impressionen lassen etwas von dem Phänomen „Bibelfliese" blitzlichtartig deutlich werden.

Zugänge

Bibelfliesen für sich und andere entdecken

Vom Scherbensammler zum Fliesenexperten

Hannegreth Grundmann im Gespräch mit Jan Pluis

Wieder eine Fliese gefunden, eine mit biblischen Motiven! Das lässt die Augen des heute 75-Jährigen strahlen. *Jan Pluis* ist der renommierteste Bibelfliesenkenner unserer Zeit.[1] Sein umfangreiches Buch über Bibelfliesen in niederländischer und deutscher Sprache hat Maßstäbe gesetzt.[2]

Wenn er über seine jüngsten Entdeckungen spricht, dann ist es wie damals bei dem elfjährigen Jungen, der er war, als sein Forschergeist geweckt wurde. Ein benachbarter Bauernhof wurde abgerissen. Als er zwischen den Steinen herumging, fand er drei Fragmente einer Fliese mit einer Marmorimitation. Ein Stück fehlte noch. Am nächsten Tag dann machte er sich auf die Suche nach dem fehlenden Gegenstück. Diese seine erste Fliese findet sich auch heute noch in seinem Besitz und auch die Fähigkeit, solange nachzuforschen, bis er gefunden hat, was er sucht, ist geblieben. Die Faszination und Begeisterung an diesen Entdeckungen ist ihm bis heute eigen.

Zehn Jahre später, mit Anfang Zwanzig, fand er auf einem Grundstück bei Groningen, auf dem eine elektrische Zentrale gebaut werden sollte, Fragmente eines Majolika-Tellers im Bauschutt. Sein Interesse war geweckt, mehr über diesen Teller zu erfahren. Er lieh sich das Moped seines Vaters und fuhr von seinem damaligen Wohnort Hoogezand nach

---

1 Zur Vita von *Jan Pluis* vgl. den Vorspann in der Fliesenbibel: Fliesenbibel. Das Buch der Bücher mit den Bibelfliesen, hrsg. v. Ev.-luth. Kirchenkreis Norden in Kooperation mit der Ostfriesischen Bibelgesellschaft, Weener (2008), ²2012. – Zur Bibliographie von Jan Pluis siehe www.fliesenbibel.de unter „informiert".
2 *Jan Pluis*, Bijbeltegels/Bibelfliesen. Biblische Darstellungen auf niederländischen Wandfliesen vom 17. bis zum 20. Jahrhundert, Schriftenreihe zur religiösen Kultur, Bd. 3, Münster 1994.

Makkum zu einer Ausstellung über Friesische Fayencen. Er bekam Kontakt zu *Minze van den Akker* und zu *Pieter Tichelaar*.

Später fuhren die Drei zusammen nach Nordfriesland und haben vieles dokumentiert. Bei Tichelaar und van den Akker lag der Schwerpunkt auf friesischen Fayencen und bei Pluis auf den Fliesen. Doch zunächst ging er allein auf Entdeckungsreise nach Nordfriesland. Bei den Ausgrabungen in Groningen 1960 hatte er einen Technikstudenten aus Kopenhagen kennengelernt. „Ihn wollte ich besuchen. Mit 23 war ich Lehrer, hatte meine ersten Ferien und wollte schon immer gerne mal nach Dänemark. Ich war mit meinem Moped unterwegs und machte Halt auf der Insel Sylt. Dort lebte *Hans Werner Jessel*. Er hatte ein Fliesen-Bilderbuch geschrieben. Das kannte ich. Von oben bis unten waren seine Wände voll mit Bibelfliesen. Er hatte eine Liebe dazu", sagte Pluis.

Jessel hatte in einer Liste 194 Bibelfliesen verzeichnet und sagte zu dem jungen Lehrer: „Die Liste können Sie haben!" Und Pluis dachte sich: „Das kann doch nicht alles sein! Ich wollte herausfinden, wie viele Darstellungen es gibt. Es musste mehr geben! Diese Suche hat mich fasziniert."

Diese Begegnung war der Startschuss für seine umfangreichen Entdeckungen und Dokumentationen in den folgenden drei Jahrzehnten. 1994 konnte er dann in seinem Werk über biblische Darstellungen auf niederländischen Wandfliesen vom 17. bis zum 20. Jahrhundert 600 Bibelfliesen dokumentieren. Insgesamt hat er bis heute rund 10 000 bemalte historische Fliesen aufgenommen und dokumentiert.

„Es ist interessant herauszufinden, wer sie bemalt hat und wo der Maler seine Werkstatt hatte. Die Geschichte hinter dem Bild ist spannend für mich und auch die Darstellung näher anzusehen, wie sie der Bibelfliesenmaler damals gestaltet hat. Das bereitet mir

Jan Pluis mit seiner Lieblingsfliese: Die Bergpredigt, Mt 5,1-3 (Fliesenbibel N 40, NT S. 10)

Freude!", so Pluis. „Das Bestimmen der Fliesen ist nicht einfach, wenn andere Manufakturen kopieren. Die Frage ist immer wieder, wann und wo wurde sie hergestellt", so der Fliesenexperte.

Nach seiner Lieblingsbibelfliese gefragt, antwortet Pluis: „Die Bergpredigt. Sie ist so schön gestaltet und eine der ältesten mit Bibelstellenangabe."

Bereits 1967 hatte Jan Pluis seine erste Veröffentlichung über Bibelfliesen herausgegeben, als die niederländische Bibelgesellschaft 150 Jahre alt wurde. Damit war er einer der Ersten von denen, die über Bibelfliesen etwas veröffentlicht haben. 15 Jahre lang gehörte er zu einer Gruppe, die biblische Motive untersuchte. In diese Gruppe, zu der auch der Direktor des „Rijksbureau voor kunsthistorische Dokumentatie" und die anderen Mitglieder der biblischen Ikonographie gehörten, hatte Pluis die Bibelfliesen eingebracht.

Der bekannteste Forscher biblischer Motive, mit dem er zusammengearbeitet hat, war *Wilco Poortman*. Mit ihm ist Pluis den Kupferstichen Merians nachgegangen und hat selbst eine Original-Kupferplatte von Merian aus dem Jahr 1624 und eine Originalausgabe von 1650 gefunden.

Merian ist indirekt als Vorlage stark in die Bibelfliesenabbildungen eingegangen. *Pieter Schut* hatte die Originalausgabe der „Historiae Sacrae" von *Nicolaes Visscher* als Vorlage für seine Sponsen (Durchstaubschablonen) verwendet und Visscher wiederum die Kupferstiche Merians.

„Die Fliesen können so interessant sein und so schön – nicht nur die Bibelfliesen", sagte Pluis. Die Wände der Schulklasse, in der er unterrichtete, waren mit einigen bemalten Fliesen gestaltet. In der Lehrerausbildung hatte er sich auch mit dem Kunsthandwerk beschäftigt und konnte seinen Schülern für die „Selbstverständlichkeiten an der Wand" die Augen öffnen. Das geschah auch einem seiner zehn- oder elfjährigen Schüler, der mittlerweile eine der besten Fliesenmanufakturen in Holland betreibt (*Pieter Baas*, De Albarello, Menaam).

Die Begeisterung für die bemalten Fliesen ist ansteckend. So haben es *Jan Pluis* und das Norder Bibelfliesenteam mit *Pastor i.R. Kurt Perrey* erlebt. Immer wieder gibt es verschiedene Darstellungen von historischen Bibelfliesen zu entdecken und zu dokumentieren. Mit Hilfe von Jan Pluis konnte das Norder Bibelfliesenteam 2003 seine Wanderausstellung mit fachkundiger Begleitung starten und 2008 die erste und 2012 die zweite Auflage der Fliesenbibel veröffentlichen. In ihr illustrieren die 600 von Pluis dokumentierten Bibelfliesen biblische Geschichten und machen sie auf ihre eigene Art anschaulich.

Die Botschaft der Bibelfliesen

Maria Engeln-Wähning über sich selbst

Wie es für mich war, mit den Bibelfliesen aufzuwachsen?[1] Es war meine Tante Euphenia, die hier im Hause die „Bibelfesteste" war; außerdem hatte sie mehr Zeit für mich als meine Eltern, die im Betrieb sehr eingespannt waren. Sie half mir bei den Hausaufgaben, die regelmäßig am Tisch gegenüber dem Kamin mit den Bibelfliesen gemacht wurden. Und so kam es, dass meine Tante mir zu bestimmten Feiertagen anhand der Bibelfliesen die dazugehörigen Geschichten erzählte. Sie schaffte es aber auch zu ganz normalen Dingen des Alltags, z.B. wenn wir Kinder uns gestritten hatten, den Bezug zu entsprechenden Bildern herzustellen. So war für mich klar, man hat sich an Gebote zu halten. Ich hatte nicht nur die Worte im Ohr und später die Texte gelesen, sondern ich hatte schon als kleines Kind Bilder verinnerlicht:

Maria Engeln-Wähning vor der Bibelfliesenwand Altes Gasthaus Engeln, Emsdetten

- Ich sah Mose und die Zehn Gebote.
- Die Taufe Jesu im Jordan war auch so ein wichtiges Bild, anders als für andere Kinder, hatte Taufe für mich von je her etwas mit Waschung und Reinigung zu tun und war nicht nur das Beträufeln eines Kindes mit Wasser.
- Oder der Turmbau zu Babel – anhand des Bildes in meinem Kopf war klar, wenn du zu hochmütig wirst, stürzt alles ein!
- Ach ja, und dann meine Lieblingsfliese: Jona wird an Land gespien!

---

[1] *Maria Engeln-Wähning* erzählte am 23. April 2012, wie es für sie war, in ihrem Elternhaus in Emsdetten (heute „Altes Gasthaus Engeln") mit den Bibelfliesen aufzuwachsen. Der Text wurde im Dezember 2012 erstmals im katholischen Pfarrbrief und in der evangelischen Kirchenzeitung von Emsdetten veröffentlicht.

Jona wird an Land gespien, Jona 2,1 (O 290, Bibelfliesen-Bilder Bd. 9, S. 13)

Fragen Sie mich nicht warum, aber der Satz, dass man seiner Berufung/Weisung folgen soll, der ist mit den Bibelfliesen so fest verankert.

Ich stand als Kind davor, als es die Frage zu klären galt, ob ich auf das Gymnasium gehen sollte oder nicht. Meine Eltern waren dagegen – ein Mädchen heiratet ja doch! An jenem Nachmittag kam meine Grundschullehrerin und überzeugte meine Eltern, dass ich geeignet sei. Meine Tante freute sich und meinte nur, wenn das dein Weg ist, dann wirst du ihn gehen!

Sehen Sie, so einfach ist das. Bis heute tauchen in bestimmten Situationen Bilder von den Bibelfliesen in meinem Kopf auf. Es lässt einen nie mehr los, man hat den Sinn der Texte viel stärker verinnerlicht, weil man die Szene sofort vor Augen hat.

Religiöse Bildung am englischen Kamin

Gottfried Adam über Philipp Doddridge

Philipp Doddridge (1702-1751) war einer der bedeutendsten Theologen des englischen Puritanismus. Dies war eine Reformbewegung, die für weitreichende Reformen nach evangelisch-reformierten Grundsätzen eintrat. Philipp Doddridge war Gemeindepfarrer in Northampton und Leiter einer Akademie, die Pfarrer ausbildete. Er hat zahlreiche theologische und religiöse Schriften, aber auch Kirchenlieder verfasst. Seine Werke wurden ins Deutsche, Dänische, Holländische und Französische übersetzt.

In einer deutschen Biographie wird darüber berichtet, welche wichtige Rolle blaue Delfter Kacheln mit biblischen Themen, also Bibelfliesen, in seinem Leben gespielt haben[1]:

> „Vorzüglich aber verdankte er seiner frommen Mutter die frühesten religiösen Belehrungen, und er erzählte oft, wie sie ihn, noch ehe er lesen konnte, mit Hülfe einiger bemalten Stücken Porcellain[2], die sich an dem Kamin des Wohnzimmers befanden, die Geschichten des Alten und Neuen Testamentes gelehrt habe. Und die lehrreichen und erbaulichen Bemerkungen, die sie hinzufügte, machten einen so tiefen Eindruck auf das Herz des zarten Knaben, dass er sie nie vergaß, und oft diese Art des Unterrichts, als die wirksamste, angelegentlich empfahl."

Im Jahre 1842 erschien ein Buch mit dem Titel: „Dutch Tiles: Being Narratives of Holy Scripture, with numerous appropriate Engravings: for the use of children and young persons"[3]. Dieses Buch enthält 46 Geschichten zum Alten Testament. Die folgende Abbildung gibt das Titelbild dieser Veröffentlichung wieder.

Über die Verfasserin dieses posthum erschienenen Buches ist lediglich bekannt, dass sie die Frau von Thomas Dalby ist. Die „Holländischen

---

[1] *Karl Christian Gottlieb Schmidt*, Leben des D. Philipp Doddridge, Greitz 1830, S. 10.
[2] *John Stoughton*, Philipp Doddridge, His life and labors. A centenary Memorial, London 1852, S. 32, spricht von „blauen Holländischen Fliesen". G. *Ella*, Philipp Doddridge. www.puritansermons.com/banner/ella2.htm (Aufruf vom 10.04.2014) bezeichnet sie als „Delfter Fliesen, welche die Biblischen Geschichten illustrieren".
[3] London: Published by John Mason 1842, 202 S.

Fliesen" erschienen nämlich unter dem Namen „*Mrs. Thomas Dalby*". Das Buch gehört zu einer neuen Kategorie von Frauenliteratur des 19. Jahrhunderts: Frauen schreiben Bücher, die die Bibel auslegen. Dabei ist ein Kind der „Gesprächspartner". Darauf weist im Untertitel die Wendung „zum Gebrauch für Kinder und junge Personen" ausdrücklich hin. Auf jeder Seite dieses Buches erscheint in der obersten Zeile neben der Seitenzahl der Begriff „Dutch Tiles" (= Holländische Fliesen).

Philipp Doddridge mit seiner Mutter am Kamin

Die erste biblische Geschichte, die erzählt wird, ist die Geschichte von „Adam und Eva im Paradies". Bevor die biblischen Erzählungen zu den Bildern beginnen, gibt es einen kurzen Bericht zum Leben von Ph. Doddridge. Darin wird beschrieben, dass seine Mutter „zweifellos" seine Fragen nach den Bildern auf den Bibelfliesen beantwortet habe. Es wird erläutert, dass „Dutch Tiles" quadratische Stücke aus glasiertem Ton seien, die man jetzt nur noch selten sehe. Früher seien sie aber häufig als dekorative Abdeckung an Kaminen verwendet worden. Es sei zwar nicht bekannt, welche Darstellungen im Einzelnen auf den Fliesen zu sehen waren, eines aber sei sicher: Es handelte sich um Personen und Ereignisse der Biblischen Geschichte.

An die Aussage, dass nun mit dem Anfang der Welt begonnen werden soll, schließt sich die folgende Wendung an: „Hier hast du die *erste Form einer Fliese*, auf der Adam und Eva im Garten Eden bildlich dargestellt sind." (S. 3) Am Beispiel dieser Abbildung kann man erkennen, dass das Bild ungefähr das Format einer Bibelfliese hat und dass die Gravuren sich in ihrem Stil an der Art der Bilder orientieren, die wir von den Bibelfliesen kennen.

Weiter wird davon berichtet, dass Ph. Doddridge - bevor er lesen konnte - mit Hilfe von Bibelfliesen biblische Inhalte vermittelt wurden. Dieses Buch schließt sich also an diese alte Tradition an und stellt eine Weiterentwicklung des Konzeptes „Biblische Geschichten anhand von Bibelfliesen lernen" für das 19. Jahrhundert dar. Das Buch ist ein „Arbeitsbuch": Zu jedem, im Stile von Bibelfliesen hergestellten Bild wird eine Erzählung der dazugehörenden biblischen Geschichte geboten. Diese ist als Hilfe bei der Betrachtung der Bilder gedacht.

Adam und Eva im Paradies

Ph. Doddridge selbst hat gegenüber anderen Menschen immer wieder hervorgehoben, wie wichtig für seine Kenntnis der biblischen Geschichten die Fliesen am Kamin gewesen seien. Er hat auch verschiedentlich auf diese Methode religiöser Bildung hingewiesen und sie zur Nachahmung empfohlen.

B. Grundlegendes

Geschichtliche und kulturell-religiöse Reflexionen

Die Beiträge zu diesem Bereich geben Aufschluss über historische, kulturelle und kunstgeschichtliche Aspekte. Es wird aber auch die religiöse und frömmigkeitsmäßige Dimension bedacht.

Detlef Klahr geht auf die Bibelfliesen unter dem Aspekt ein, dass sie Bestandteil der Frömmigkeitskultur sind. Er arbeitet den engen Zusammenhang von Wort und Bild in der lutherischen Tradition heraus und würdigt in diesem Zusammenhang auch die Fliesenbibel mit ihren 600 Abbildungen.

Im zweiten Beitrag behandelt *Julia Helmke* das Verhältnis von Bild und Botschaft in der Gebrauchskunst Bibelfliese und stellt deren Vermittlungsleistung dar, Evangelium und Leben der Menschen miteinander in Kontakt zu bringen. Schließlich geht sie auf die Bibelfliesen im heutigen gesellschaftlichen Kontext ein und fragt nach der sinnhaften Vermittlung des Glaubens heute.

Reinhard Stupperich informiert über die Geschichte der Fliesen, ihre Herstellung und die Vorlagen der Fliesenmaler. Er thematisiert ebenso die biblische Bildertradition und die Beliebtheit bestimmter Bildmotive. Die Bibelfliesen werden am Ende als ein sehr eindrückliches Medium bezeichnet.

Theologische und pädagogische Überlegungen

Die Beiträge zu diesem Bereich wenden sich theologischen, pädagogischen und didaktischen Fragestellungen zu.

Gottfried Adam und *Marita Sporré* greifen die Frage der Bilder und des Bilderverbotes auf. Sie gehen auf zentrale biblische Aussagen ein und stellen die entsprechenden reformatorischen Perspektiven heraus. Auf diese Weise wird deutlich, dass die Herstellung und der Gebrauch von Bibelfliesen aus der Sicht der reformierten und lutherischen Reformation durchaus legitim sind.

Im folgenden Beitrag geht *Jürgen Schönwitz* auf die pädagogische Frage ein, was es bedeutet, dass der Mensch im Bildungsprozess als

Partnerin bzw. Partner ernstgenommen wird. Er zeigt auf, dass der Dreierschritt von „Schauen-Deuten-Gestalten" genau diesen Ansatz im Blick auf die Bibelfliesen umsetzt. Für die praktische Arbeit ergeben sich daraus theologische und pädagogische Impulse.

Gottfried Adam und *Renate Rogall-Adam* skizzieren den Wandel des Bildverständnisses in den verschiedenen Lebensaltern. Sie entwickeln eine Didaktik der Begegnung mit Bibelfliesen, die sich der didaktischen Grundstruktur „Wahrnehmen-Deuten-Gestalten" verpflichtet weiß. Diese verbinden sie mit den Stufen der Bilderschließung, die von Günter Lange entwickelt wurden.

Andreas Scheepker geht auf die Ausbildung der Wahrnehmungs-, Deutungs- und Gestaltungskompetenz von Schülerinnen und Schülern der Sekundarstufe I ein. Ein Schwergewicht liegt dabei auf den Aktionsformen „Spielen-Malen-Schreiben-Sprechen" als Möglichkeiten zur Gewinnung von Gestaltungskompetenz.

Im letzten Beitrag denkt *Matthias Spenn* über die Frage nach, was Gemeinde als Lernort religiöser Bildung ausmacht. Er stellt die Vielfalt religiöser Bildung in formalen, non-formalen und informellen Bildungsprozessen heraus und profiliert die Gemeinde als wichtigen Lernort des Glaubens für den Zugang zu Religion und Glauben.

Grundlegendes

Grundlegendes

Geschichtliche und kulturell-religiöse Reflexionen

Bibelfliesen als Ausdruck der Frömmigkeitskultur[1]

Detlef Klahr

Im 17. und 18. Jahrhundert gehörten gefliese Räume zu den Luxusgütern eines Hauses. Dies ist für uns heute kaum noch vorstellbar, wo doch jedes Haus und jede Wohnung ein gefliestes Bad oder eine Fliesenzeile in der Küche haben. Wer sich gebrannte und lasierte Fliesen leistete, der war durchaus als begütert, wenn auch nicht gleich als reich zu bezeichnen.

Es gehört zu dem großen Verdienst des Norder Bibelfliesenteams, dass die Mitglieder vor einigen Jahren begonnen haben, auf die Bibelfliesen aufmerksam zu machen. Es galt, Fliesen zu entdecken, auszustellen und die Motive darauf zu deuten. Schließlich wurden ganze Wände mit Bibelfliesen wieder ausfindig gemacht.

1. Bibelfliesen als Schätze des Alltags

Bibelfliesen sind Schätze des Alltags, die von unseren Vorfahren an die Wand gebracht wurden. Sie sind Zeichen von Wohlstand, aber auch von Zweckmäßigkeit. Denn diese Fliesen waren nie nur allein als Schmuck und als Zierde gedacht. Sie dienten auch zum Schutz vor Wasser in der Küche, oder als Brandschutz im Bereich des Herdfeuers.

In ihren sich immer wiederholenden Farbtönen von weiß und blau oder braun und weiß schmückten sie die Räumlichkeiten. Sie waren schön anzusehen und machten neugierig auf die dargestellten Geschichten. Die Menschen, die an langen Winterabenden vor diesen Fliesen saßen, sahen sich vermutlich die Bildmotive an. Das geschah nicht immer bewusst,

---

1 Überarbeitete Fassung eines Vortrags vom 28. September 2010 in Norddeich anlässlich der 50. Bibelfliesen-Ausstellung in Celle.

Brennender Kamin mit Bibelfliesen im Heuer-Haus, Kloster Frenswegen

sondern eher so, wie wir auch Bilder in der Wohnung haben, diese aber nicht immer mit der gleichen Aufmerksamkeit wahrnehmen. Aber von Zeit zu Zeit finden sie unsere besondere Aufmerksamkeit. So hat es sich wohl auch mit den Bibelfliesen verhalten. Man wusste um diese Bilder auf den Fliesen und die dazugehörigen Geschichten, verband mit ihnen etwas Besonderes und lebte gleichsam mit ihnen.

Wir können uns vorstellen, wie bei flackerndem Kerzenlicht oder im Feuerschein des Kamins die Bilder selbst lebendig wurden und die Kinder zu fragen anfingen: „Erzähl mir noch einmal die Geschichte von Jesus, wie er mit seinen Jüngern das Abendmahl feierte." Und dann mögen die Mutter, der Vater oder die Großeltern den Kleinen die Geschichte zum wiederholten Mal erzählt haben, solange, bis sie selbst die Geschichten und das Bild auf der Fliese einander zuordnen konnten.

Wir können uns ebenso vorstellen, wie sich der Eigentümer beim Neubau oder Umbau eines Hauses nicht für die Fliesen mit Blumen- oder Rankenmotiven, sondern – wohl aufgrund seines Glaubens – für die Ausstattung mit Bibelfliesen entschieden hat. Dies ist zunächst erstaunlich, denn der reformierte Protestantismus nahm das Bilderverbot sehr ernst. Bei genauerem Hinsehen zeigt sich, dass das Bilderverbot auf den Gottesdienstraum, nicht aber auf Küche und Herd bezogen wurde.

2. Die „Ikonen des Nordens"

Die Bibelfliesen haben die biblischen Geschichten zu einem Bildprogramm ganz eigener Art verdichtet. Zu Recht spricht man von den „Ikonen des Nordens". Denn wie bei den Ikonen setzte sich bei den Darstellungen auf den Fliesen eine gewisse Ikonographie durch, die stereotyp die Motive wieder und wieder zum Besten gab. Dies geschah unter Verwendung von Vorlagen und Schablonen, die eine Massenproduktion erlaubten, um die enorme Nachfrage zu befriedigen. Anders ist es nicht zu erklären, dass wir immer wieder ähnliche Bilder finden, die die gleiche Gestaltung der Bildmotive, wenn auch mit kleinen Nuancen, zeigen.

2.1 Bibelfliesen – frömmigkeitsgeschichtlich betrachtet

Dabei erstaunt nicht so sehr die Tatsache, dass es diese Bibelfliesen in vielen Häusern gegeben hat, sondern vielmehr die Einsicht, dass unsere Vorfahren sich ganz bewusst und in großer Zahl für diese Bilder auf den Fliesen entschieden haben. Dies zeugt von einer bewussten Entscheidung für diese christliche, ja fromme Gebrauchskunst. Diese kann mit den zahllosen kolorierten Bilderdrucken verglichen werden, die im 19. Jahrhundert in den Wohnzimmern und Schlafstuben angebracht wurden (z.B. die beiden Kinder, die über eine schmale Brücke gehen, und von einem Engel beschützt werden, oder Jesus, der als Hirte eine Schafherde weidet).

In beiden Formen von religiöser Gebrauchskunst zeigt sich nicht zuerst der Wille zur Kunst, sondern die Bereitschaft, der eigenen Frömmigkeit und dem eigenen Glauben im Alltag gestalterisch Raum zu geben. So gesehen sind die Bibelfliesen nicht in erster Linie Gegenstände der Kunstbetrachtung, sondern sie gehören in den Bereich der Frömmigkeitsgeschichte. Diese gibt darüber Auskunft, was Menschen in ihrer Zeit geglaubt und wie sie ihrem Glauben in ihrem Lebensvollzug Ausdruck verliehen haben.

Gewiss hat es vorher und nachher immer wieder Kunst im Wohnraum gegeben, durch die einzelne biblische Geschichten dargestellt worden sind. Dies war aber auf eine oder einige wenige biblische Geschichten bezogen und geschah meist in symbolischer Weise. Dabei ist etwa an die Darstellung des Abendmahls oder der Kreuzigung zu denken. Es hat zu der Dichte und Vielzahl der biblischen Geschichten, wie wir sie bei den Bibelfliesen finden, kaum etwas Vergleichbares gegeben. Als Zeugnisse der Frömmigkeitsgeschichte zeigen die Bibelfliesen die enorme Wertschätzung der Heiligen Schrift und der in ihr erzählten Geschichten.

2.2 Bibelfliesen – „Bildsymbol gewordenes Wort Gottes"

Wie eine aufgeblätterte Bibel zeigen sich die Bibelfliesen den Betrachtern. Sie sind geradezu ein Kompendium der wichtigsten Geschichten, eine Zusammenfassung der Heilsgeschichte. Manchmal wird den Betrachterinnen und Betrachtern die Bibelstelle gleich mitgeliefert, indem sie unter das Bildmotiv geschrieben wurde. Die Bilder auf den Fliesen sind Momentaufnahmen von Geschichten der Bibel – und sie sind darin Wort Gottes und Bild in einem. Ich möchte dies als „Bildsymbol gewordenes Wort Gottes" bezeichnen. Das sei weiter verdeutlicht: Nehmen Sie eine Geschichte der Bibel und erzählen Sie diese nach. Fragen Sie sich dann: Wenn ich von dieser Geschichte ein Bild malen wollte, was müsste ich dann unbedingt berücksichtigen? Auf diese Weise entsteht ein zum Bildsymbol gewordenes Wort Gottes. Das ist vor allem dann der Fall, wenn das Bildsymbol immer wieder verwendet wird. Dazu zwei Beispiele:

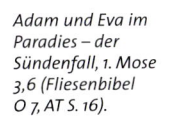

Adam und Eva im Paradies – der Sündenfall, 1. Mose 3,6 (Fliesenbibel O 7, AT S. 16).

Die Auferstehung, Mt 28,2-4 (N 203, Ausstellungskatalog „Mit Bilderfliesen durch die Bibel", Norden 2010, S. 95).

- Eines der am häufigsten gemalten Bildsymbole einer alttestamentlichen Geschichte ist die Darstellung von Adam und Eva im Paradies. Zu sehen sind ein Baum, eine Frucht, eine nackte Frau und ein nackter Mann. Damit wird die Grundverfasstheit des Menschen, seine Sündhaftigkeit symbolisiert.
- Das am häufigsten gemalte Bildsymbol einer neutestamentlichen Geschichte ist die Darstellung des auferstandenen Christus. Zu sehen sind ein offenes Grab, der auferstandene Christus mit Nimbus und Siegesfahne. Damit werden die Überwindung des Todes und der Beginn des neuen Lebens symbolisiert.

Die Bilder in ihrer erstaunlichen Vielzahl machen nur dann Sinn, wenn die Menschen diese Bildwerke „lesen" und die darauf abgebildeten Symbole deuten können. Darin liegt die für die Frömmigkeitsgeschichte interessante Bedeutung der Bibelfliesen: Die Menschen haben diese Geschichten gekannt, weil sie mit dem Wort Gottes vertraut waren, weil sie die Geschichten erzählten, weil sie Gottes Wort im wahrsten Sinne des Wortes vor Augen hatten und zwar nicht am Sonntag in der Kirche, sondern in ihrem Alltag am Herd und am Feuer, in den eigenen vier Wänden.

3. Die „Fliesenbibel"

3.1 Bibelfliesen – eine Wiederentdeckung

Nachdem die Fliesen übertapeziert, übergeputzt und getüncht oder im schlimmsten Fall abgeschlagen und entfernt worden waren, sind wir heute dabei, die noch vorhandenen Bibelfliesen als ein kostbares Zeugnis der Frömmigkeit unserer Vorfahren zu begreifen und zu erhalten. Ich bin dankbar, wie viel Wissen um biblische Zusammenhänge noch vorhanden ist, so dass wir auch heute noch die Symbole, die auf den Bildern zu sehen sind, dechiffrieren können: Das ist doch die Geschichte von Adam und Eva ...

Natürlich gibt es auch die andere Erfahrung: Ich sitze in Neuharlingersiel im Sielhof und freue mich über die prächtige Wand mit den Bibelfliesen. Ein junges Ehepaar sitzt direkt davor und trinkt Tee.

Ich sage: „Wissen Sie, das ist eine wunderbare Wand! Da sind auf den Fliesen lauter biblische Geschichten dargestellt!"

Sie schauen sich erstaunt die Fliesen an und der Mann sagt: „Ach, das hätte ich nicht erkannt! Also, ist das wohl eine zusammenhängende Geschichte, sozusagen eine Bilderfolge?"

Ich sage: „Nein, jede einzelne Fliese stellt eine eigene Geschichte dar." Nachdem sie beide noch einmal lange drauf geschaut haben, kommt als Antwort: „Also beim besten Willen, ich kann da nichts erkennen!"

Wenn wir ein Bildmotiv auf einer alten Fliese so erkennen, dass wir die biblische Geschichte dazu benennen können, dann dürfen wir uns freuen und wahrnehmen, dass unsere eigene Frömmigkeit noch eng mit der biblischen Botschaft verbunden ist.

Das Norder Bibelfliesenteam hat mit seinen Aktivitäten dafür gesorgt, dass die Deutung der Bildsymbole durch die biblische Geschichte wieder möglich wird auch für Menschen, die mit der Botschaft der Geschichten nicht mehr so vertraut sind. Dafür ist insbesondere die „Fliesenbibel" hilfreich. Sie ist *die* zentrale Veröffentlichung des Norder Bibelfliesenteams. Die in der Fliesenbibel abgedruckten rund 600 Bilder von Bibelfliesen interpretieren auf ihre Weise die Geschichten der Bibel. Sie werden so zu Zeugen dieses Wortes.

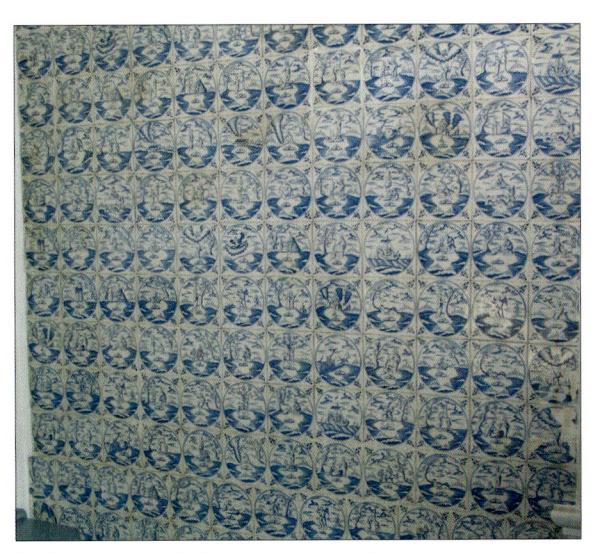

Bibelfliesenwand im Sielhof Neuharlingersiel, Amsterdam um 1750

3.2 Gottes Wort im Alltag erfahren

Wort und Bild gehören dabei eng zusammen. Jede Bibelfliese malt uns eine Geschichte aus dem Alten oder Neuen Testament vor Augen. Beim Betrachten der Bibelfliesenbilder staune ich immer wieder, wie pointiert, ja verdichtet die Szenen sind. In einem Bild wird die ganze Geschichte dargestellt und zugleich bleibt dabei immer auch Raum, die eigene Phantasie und die eigenen Vorstellungen mit einzubringen. Wer die dargestellten Geschichten kennt, sie gehört und gelesen hat, wird auch verstehen und deuten können, was auf den Bibelfliesen zu sehen ist. Umgekehrt wecken die Bilder auf den Fliesen das Interesse, konkret nachzulesen, was hier zur Darstellung gekommen ist. Wir sehen: Wort und Bild – Hören und Sehen – sind eng aufeinander bezogen.

Die Verbindung von gedrucktem Wort Gottes und biblischen Bildern hat in unserer lutherischen Kirche eine lange Tradition. So enthielt bereits die erste Ausgabe des Neuen Testamentes in deutscher Sprache, *Martin Luthers* sogenanntes Septembertestament von 1522, insgesamt 21 Holzschnitte von *Lucas Cranach*. Bibel und Bild, das hat also in den lutherischen Bibelausgaben Tradition. So gibt es bis heute immer wieder Bibelausgaben mit ganz unterschiedlichen Bildern. Das Besondere an den Bildern der Fliesenbibel besteht aber darin, dass die Illustrationen ursprünglich gar nicht für den Bibeldruck vorgesehen waren. Vielmehr sollten die Darstellungen der biblischen Geschichten mitten im Alltag bei der Arbeit in der Küche oder in den Mußestunden im Wohnzimmer die Menschen an Gottes Wort erinnern. Ich bin gespannt, ob und wann die ersten Bibelfliesen wieder in Küchen eingebaut werden.

Gottes Wort im Alltag erfahren, sich an Gottes Wort erinnern: an das gehörte, an das verkündigte Wort! Diese Erfahrung wollten unsere Vorfahren machen, als sie die Bibelfliesen in ihre Häuser geholt haben: Dieses Wort hinterlässt Eindruck, wenn es weitergegeben wird. Wenn der Evangelist Johannes schreibt: „Das Wort ward Fleisch und wohnte unter uns" (Joh 1,14), dann ist beides damit gemeint: 1. Die Person Christi, ganz konkret als Gottes Wort unter uns Menschen und 2. sein Evangelium: die Botschaft von seinem Kommen und Wirken als Wort Gottes unter uns bis auf diesen Tag. Es versetzt uns immer neu ins Staunen, wie dieses Wort Gottes zu wirken vermag, in der Kraft seiner Aussage, im Zuspruch und Anspruch für das eigene Leben. Man kann dieses Wort nicht hören und alles beim Alten bleiben lassen. Das Wort verändert uns, es sucht Raum unter uns.

Die Seele des Menschen und das Wort Gottes – diese beiden gehören zusammen. *Martin Luther* hat von diesem heilsamen Lebenszusammenhang gewusst und ihn stets ins Gedächtnis gerufen. In seiner Schrift „Von der Freiheit eines Christenmenschen" (1520) heißt es unter „Zum fünften": „So müssen wir nun gewiss sein, dass *die Seele* alle Dinge entbehren kann, ausgenommen das Wort Gottes, und ohne das *Wort Gottes* ist ihr mit keinem Ding geholfen."[2]

---

2 *Martin Luther*, Von der Freiheit eines Christenmenschen, in: Ders., Ausgewählte Schriften, hrsg. von K. Bornkamm/G. Ebeling, Bd. 1, Frankfurt am Main 1982, S. 240.

Es gehört zu den tiefen Einsichten von Luthers Theologie, dass sich dieses Wort Gottes nicht auf den Einzelnen beschränkt, sondern immer in die Gemeinschaft mit anderen führt. Gottes Wort ruft und führt Menschen zusammen. Es stellt die einzelnen Personen in den Zusammenhang einer Gemeinde und macht jeden zu einem Menschen, der gesehen und gehört hat. Gottes Wort macht ihn zum Zeugen, der dieses gehörte Wort weitersagt. So wie es im ersten Johannesbrief heißt: „... was wir gesehen und gehört haben, das verkündigen wir auch euch, damit auch ihr mit uns Gemeinschaft habt; und unsere Gemeinschaft ist mit dem Vater und mit seinem Sohn Jesus Christus." (1. Joh 1,3)

3.3 Gottes Wort immer wieder neu entdecken

Wir leben immer auch von dem, was andere vor uns in ihrem Glauben erlebt haben, wie sie ihren Glauben weitergegeben und auf ihr Leben bezogen haben. Die Fliesenbibel will uns lehren, das Wort Gottes als einen großen Schatz wahrzunehmen und zu achten. Die Fliesenbibel will uns auch die Achtung vor unseren Vorfahren lehren, die ihre eigenen Formen und Möglichkeiten gefunden haben, ihren Glauben auszudrücken.

Auch wir können bei dem Bibeltext und bei den Bibelfliesen, die diesen Text ausmalen, die Erfahrung machen, dass das Wort Gottes uns berührt, uns angeht, nicht einfach nostalgisch wahrgenommen werden will, sondern in uns die Frage wachruft: *Wie beziehst Du dieses Wort auf Dich und Dein Leben?* Darauf kommt es letztlich an, wenn wir die Bibel – und eben auch die Fliesenbibel – in die Hand nehmen und darin lesen und auch sehen können, was Gottes Wort für unser Leben bedeutet. Ich bin überzeugt, die Fliesenbibel kann und wird Menschen dazu verhelfen, neu zu entdecken, neu zu sehen und neu zu hören, wie reich und für unser Leben bedeutsam das Wort Gottes ist. – Wunderbar, wenn auch eine einzige Bibelfliese das bewirken kann.

Grundlegendes

Ikonographie des Glaubens
Bild und Botschaft der Bibelfliese heute[1]

Julia Helmke

Meine Erstbegegnung mit Bibelfliesen ereignete sich im Jahr 2008. Ich wurde gebeten, eine Rezension für die gerade erschienene „Fliesenbibel" (Weener 2008) zu schreiben. Zunächst war ich ein wenig zurückhaltend, weil mein Fokus auf den zeitgenössischen Künsten und ihren Anknüpfungsmöglichkeiten für Glaube, Theologie und Kirche *heute* liegt. Als ich die Fliesenbibel dann jedoch sah, begann ich mich zu begeistern. Diese Begeisterung trägt bis heute. Ich habe seitdem aufmerksam wahrgenommen, was das Norder Bibelfliesenteam durch seine Ausstellungs- und Vermittlungsarbeit im Gespräch mit den künstlerischen Fliesen den Gemeinden vor Augen stellt und ins Herz schreibt.

In meinen Vortrag möchte ich die Bibelfliesen in den größeren kulturellen, künstlerischen und kirchlichen Zusammenhang einordnen. Die Bibelfliesen sind dabei sowohl unter dem Gesichtspunkt Volkskunst als auch unter dem Gesichtspunkt Kulturgut zu betrachten. Sie sind Kulturgut im wahrsten Sinne des Wortes. Bibelfliesen sind keine „hohe Kunst", die über uns schwebt, sondern Gebrauchskunst, die im übertragenen wie wörtlichen Sinne unter uns ist, mit uns gelebt hat und nun wieder anfängt, neu zu leben.

1. „Ikonographie des Glaubens"

Beginnen möchte ich mit der Frage der „Ikonographie des Glaubens". Dieser Aspekt ist meines Erachtens für unsere mediale und stark visuell geprägte Gesellschaft wichtig. Dabei geht es um die Frage, wie der Glaube heute seinen Ausdruck sucht. Ikonographie ist ein kunstgeschichtlicher Begriff, der das sehende Verstehen im Blick hat. Damit wird eine wissenschaftliche Methode bezeichnet, die sich mit der Bestimmung und Deutung von Motiven in den Werken der Kunst beschäftigt. Es geht dabei um die Erforschung und Interpretation von Inhalten. Für unseren

---
[1] Überarbeitete Fassung eines Vortrags vom 28. September 2010 in Norddeich anlässlich der 50. Bibelfliesen-Ausstellung in Celle.

Ikonographie des Glaubens

Zusammenhang heißt das: Die Ikonographie fragt nach der Bedeutung von Bildern auf den Bibelfliesen. Um dies an einem Beispiel konkret zu verdeutlichen: Bei einem Verkehrsschild, das einen springenden Hirsch zeigt, weiß der Betrachter bzw. die Betrachterin sofort, was dieses Bild bedeutet. In der Kunstgeschichte hat man sich in den letzten Jahrzehnten intensiv damit beschäftigt, wie die zahlreichen christlichen Symbole, Gesten und Motive in der früheren Malerei zu deuten sind. Dadurch trug man dazu bei, verlorengegangenes Wissen zu reaktivieren und die Fülle dessen, was ein Bild alles vermitteln und „transportieren" kann, wieder für das Heute zu erschließen.

Bezogen auf unsere gegenwärtige Gesellschaft und deren Fragen nach dem Ort, den Inhalten und Vermittlungsformen von (christlicher) Religion meint das: Gibt es Bilder und Formen, die unseren Glauben heute sachgemäß auszudrücken vermögen? Dies stellt eine große Herausforderung, zugleich aber auch eine enorme Schwierigkeit dar: Wir Menschen leben mit Bildern und denken in Bildern. Zugleich sind wir in einer Welt zu Hause, für die eine permanente Überdosierung von Bildern charakteristisch ist.

Die biblischen Geschichten sind nun Geschichten, die für unser Leben wichtig und bedeutsam sind. Wenn man diese Geschichten hört, z.B. die Gleichnisse, dann entstehen in uns innere Bilder oder sogar ganze Szenen von Bildern.

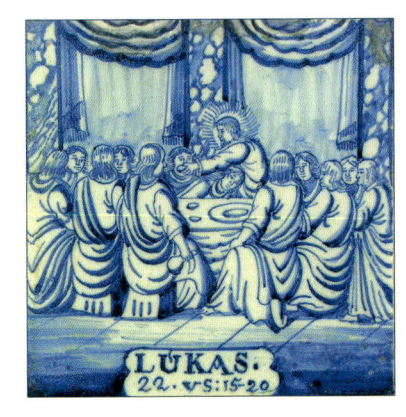

Das Abendmahl,
Mt 26,21.25
(Fliesenbibel N 170,
NT S. 55)

Die Kreuzigung,
Joh 19,26-27
(Fliesenbibel N 196,
NT S. 178)

Wenn wir an die Bilder vom Kreuz oder vom Abendmahl denken, so drücken diese eine ganz bestimmte, für uns zentrale Aussage unseres Glaubens aus. Sie versuchen, das Unbegreifliche von Tod und Auferstehung,

33

das Besondere der Stärkung im Abendmahl, der Vergebung von Schuld und die Kraft der Gemeinschaft in ein Bild zu fassen. Sie wollen das Unbegreifliche begreiflich und sichtbar, sinnenhaft erfahrbar machen. Es ergeben sich aber zwei weitreichende Anfragen im Blick auf die heutige Bilderwelt und den reformationsgemäßen Umgang mit ihr:
- Zum einen: Welche Bilder stehen uns in welcher Qualität zur Verfügung, die in der heutigen Zeit und für die Menschen der Gegenwart die Aussagen des christlichen Glaubens angemessen ausdrücken können?
- Zum andern: Können und wollen wir uns als „Kirche des Wortes" überhaupt auf Bilder einlassen? Geht es nicht vielmehr um einen kritischen Blick auf die Verwendung von Bildern?

Wenn es um die Ikonographie des Glaubens geht, so ist eine der zentralen Grundfragen:

2. Wie vermittelt man heutigen Menschen biblische Geschichten?

Da denkt man vielleicht historisch und hat Beispiele aus Kirchenräumen vor Augen, wie beispielsweise die wunderschöne ausgemalte Kirchendecke in der St. Michaelis-Kirche in Hildesheim, die vom Paradies bis zum Weltenrichter erzählt. Oder es kommt einem als kritische Anfrage an eine zeitgemäße Darstellbarkeit das Kirchenfenster von *Gerhard Richter* im Kölner Dom in den Sinn. Hier stellen sich Fragen nach figürlicher und abstrakter Kunst, nach Erkennbarkeit der biblischen Geschichten, nach den Glaubens-Prägungen derjenigen, die Kunst gestalten und vieles mehr. Haben bei diesen Überlegungen auch die Bibelfliesen einen Raum? Ich bin dieser Überzeugung.

2.1 Die Bibelfliesen sind gültiger Ausdruck der Ikonographie des Glaubens

Bibelfliesen gehören zur Ikonographie des Glaubens. Das ergibt sich bereits durch die Art und Weise des Abbildens und Nachbildens der biblischen Geschichten. Diese sollen weitererzählt werden, festgehalten werden in einem Bild, das exemplarisch steht für eine ganze Szene. Das kleine Format der Fliesen und die dadurch notwendige Reduktion bei den Darstellungen, die Möglichkeiten und Begrenzungen durch die Fliesenmalerei sowie die realistische und figürliche Darstellungsweise bilden den Raum und Rahmen für das Weitererzählen der biblischen Geschichten. Dabei waren begrenzte Spielräume gegeben, eigene Interpretationen einzubringen. Die einzelnen Bibelfliesen wurden nicht als ein individuelles Meisterwerk geschaffen, sondern sie entstanden in Serie. Auf diese Weise haben die einmal entstandenen Motive weite Verbreitung gefunden.

Es stellt sich weiterhin die Frage, wie Menschen zu den ikonographischen Bildern kommen und so die Gelegenheit erhalten, damit eine christliche, aus dem Evangelium kommende Bedeutung zu verbinden und Nachfolge, Trost, Ermutigung, Umkehr zum Leben, Eintreten für die Schwachen und Heilung zu erfahren.

Ein anderes heutiges Beispiel ist die Kirchenpädagogik. Sie versucht, die Schwelle, die zwischen Kirche und Gesellschaft entstanden ist, zu überbrücken und über die Schwelle des Nicht-Wissens zu helfen. Sie bemüht sich, den Menschen Bilder, Räume und den christlichen Glauben wieder nahe zu bringen. Das geschieht mit spirituellen und spielerischen Erkundungen des Kirchenraums, mit Erklärungen zu Taufbecken, Altar und Kanzel, mit dem Erklären von Motiven wie der Taube oder dem Erschließen von Glasfenstern.

Die Bibelfliesen aber, die waren bei den Menschen, da musste man nicht erst Kampagnen und Ideen entwickeln, wie solche Prozesse wieder angestoßen werden können. Nein, die Bibelfliesen waren am Ofen zu finden, der die Menschen und ihre Behausung wärmte. Sie waren in der guten Stube, in der Küche und an anderen Orten im Haus an den Wänden zu finden. Sie befanden sich an Orten, wo Menschen zu Hause waren – an Orten, die an sich schon Geborgenheit vermitteln. Kurzum: Die Bibelfliesen waren immer schon bei den Menschen. Sie haben allein schon durch ihre räumliche Verankerung bereits eine Bedeutung gewonnen, die vor dem eigentlichen Motiv liegt. Und dies wirkte dann auf „doppelte" Weise: z.B. beim Thema des Geborgenseins bei Gott. Ausstellungen - wie die jetzige hier in Norddeich - helfen dazu, dass die Bibelfliesen auch heute wieder zu Menschen kommen, die sie nicht kennen. Über die Begegnung mit dieser Form von Gebrauchskunst haben Menschen heute die Möglichkeit, wieder mit den biblischen Geschichten in Kontakt zu kommen.

Gewiss: Bibelfliesen sind keine zeitgenössische Kunstform. Sie sind auch nicht die erste und am weitesten verbreitete Form, wie der Glaube heute seinen Ausdruck finden kann, das sei zugestanden. Aber: Bibelfliesen haben auch einen großen Vorteil: Manchmal wird heutig und zeitgenössisch auch mit dem sogenannten Zeitgeist in eins gebracht. Diese Gefahr besteht bei den Bibelfliesen nicht: Sie sind auf ihre Art zeitlos und damit auch zeitlos gültig. Bilder des Glaubens brauchen Vermittlung, wie jedes Bild, wie jede Form von Glauben. Damit komme ich zur zweiten Perspektive. Das ist die Perspektive der notwendigen Vermittlung zwischen dem Bild und der guten Botschaft. Ich wage zu behaupten:

2.2 Bibelfliesen sind Meister in der Kunst der Vermittlung

Sie sind selbst Vermittlungskunst. Zugleich aber gilt: Religiöse Bildung braucht neben dem Was auch das Wie der Vermittlung. Bibelfliesen brauchen ebenfalls die Vermittlung. Auch wenn die Figuren auf einer Bibelfliese gut erkennbar sind, ist nicht immer gleich klar, was damit ausgesagt werden soll, wenn da beispielsweise zwei Menschen sitzen und sich unterhalten oder wenn zwei Figuren miteinander kämpfen. Da braucht es die Vermittlung auch bei Volkskunst, die für viele Menschen leichter zugänglich ist als manche Bilder „hoher Kunst". Darum wird erstere gerne als „niedrigschwellig" bezeichnet. Zweifellos ist sie das auch, aber Schwellen gibt es dennoch. Die Bibelfliesen eignen sich gut für die Ikonographie des Glaubens. Sie sind nicht kompliziert aufgebaut. Sie wollen vor allem eines – Geschichten erzählen. Zugleich wollen sie aber auch dekorativ aussehen, ein Ornament darstellen.

Denn das ist auch eine Vermittlungsleistung und -absicht der Bibelfliesen: Die Bilder der dargestellten biblischen Geschichten sind dekorativ. Sie sind schmückend und sie haben Stil. Sie machen die jeweilige Wohnung, aber im weiteren Sinne auch das Leben bunter und schöner. Sie sind eine geistliche wie auch eine reale Ausstattung und ein Schmuck für alle, die mit ihnen zu tun haben, die sie sehen und mit ihnen leben.

Das finde ich für das Heute wichtig: Die biblische Botschaft hat mittels der Bilder und der Bildmotive, die auf den Bibelfliesen vorhanden sind, einen realen Bezug zum Leben von Menschen. Die Bibel will das Brot des Lebens sein. Und dort, wo Brot gebacken, Brot gegessen wird, da sind die biblischen Geschichten da. Sie begleiten das Brot, lassen es wirklich verkosten. Und genau das ist wichtig. Darin besteht die Aufgabe jeder Predigt, jedes Gottesdienstes, von Glaubensgesprächen, von Unterricht, auch von öffentlicher Rede, von Kirche-Sein insgesamt: Das Evangelium und das Leben zusammenzubringen und das Evangelium für das jeweilige Leben auszudeuten und als relevant zu zeigen.

Die Volkskunst, und dazu zählen die Bibelfliesen, war bei dieser Aufgabe oft näher an den Menschen als die sogenannte hohe Kunst – natürlich auch mit der Gefahr mancher Vereinfachung und Konventionalität. Sie war näher dran, weil die Menschen – ich denke auch die Maler, die Produzenten und die Käufer und Käuferinnen – genau merkten:
– welche Geschichten und welche Bilder ansprechen und beliebt sind;
– welche Geschichten im realen Leben der Menschen verwurzelt sind und
– welche Geschichten tragen und die Sinne, das Herz und den Geist ansprechen.

Dazu zählt die sehr praktische Verwurzelung, dass Bibelfliesen den Walfängern teilweise als Währung gedient haben. Denn damit wird deutlich: Das Leben und die biblische Botschaft sind in ihrer Gesamtheit nicht voneinander zu trennen: Alltag und Gottesdienst, Bild und Botschaft, Evangelium und Lebenswirklichkeit gehören zusammen. Biblische Geschichten sind durch die Bibelfliesen damals, durch ihre Bewahrung und ihre Wiederentdeckung auf eine spezifische Weise *„Teil des kulturellen Gedächtnisses"* geworden. Das ist ein bleibendes Verdienst. Wir wissen alle: Gedächtnis ist nichts für ein und allemal, sondern es ist wichtig, dass man sich immer wieder erinnert, immer wieder ins Gedächtnis zurückholt. Schließlich komme ich zur dritten Perspektive, die mir wichtig ist:

2.3 Bibelfliesen sind als Volkskunst und eigenständige Kunstform zu würdigen

Künstlerisch betrachtet sind die meisten Bibelfliesen der *naiven Malerei* zuzuordnen. Das macht sie auf den ersten Blick einsichtig. Als Kunstform ist dies nicht zu unterschätzen: Sie ist einfach, jedoch nicht trivial. Die Bibelfliesen sind in ihrer Ausführung von unterschiedlicher Qualität im Blick auf ihre Kunstfertigkeit. Sie waren auf die Geldbeutel der Käuferinnen und Käufer abgestimmt. Das war damals nicht anders als heute. Die Motive und das Kunsthandwerk bemalter Fliesen sind dabei für uns Heutige zu weit von der eigenen Alltagswelt entfernt, um ins Klischee zu erstarren. Die Forschungen des niederländischen Bibelfliesenexperten *Jan Pluis* sind hier wegweisend. Sie sind auch in den Anhang der

„Fliesenbibel" eingegangen. Von dort kann man lernen, was man so ohne weiteres nicht wissen kann: Die Bilder auf den Bibelfliesen sind nicht einfach von den Fliesenmalern ausgedacht worden, sondern sie beziehen sich auf kunstvolle Kupferstiche, die auf das Fliesenformat „übertragen" worden sind. Das war ein Weg, die Kunst des Bildungsbürgertums und des Adels zu demokratisieren und weiterzutragen bis in die einsamen Gehöfte an der Küste.

In der wissenschaftlichen *Volkskunstforschung* gibt es den Begriff der „Absenkung". Damit wird nicht ausgesagt, dass die hohe Kunst ihr Niveau „hinunter zur Volkskunst" abgesenkt hat. Vielmehr wird damit beschrieben, dass die Ideen, Vorstellungen, Konzepte oder stimmigen Bilder sich auf den Grund, auf und in die Breite des Volkes abgesenkt haben. In diesem Zusammenhang möchte ich auf eine Beobachtung hinweisen: Neben der spannenden Sinnsuche, dem Erlernen der Formensprache zeitgenössischer Kunst-Entwürfe, die durch radikale Individualität und Subjektivität geprägt sind, tut uns die Beschäftigung mit Volkskunst gut – im guten Sinne der Elementarisierung.

Dass das so ist, nehme ich wahr bei der mir manchmal schon fast unheimlichen Begeisterung für Krippenausstellungen in der Adventszeit. Sie spiegeln für mich inmitten des ganzen Konsumwahnsinns eine tiefe, oft unartikulierte Sehnsucht nach dem „Wahren" und „Echten", nach einer lebensbedeutsamen Botschaft wider. Diese Sehnsucht, aber auch die Befriedigung dieser Sehnsucht belegen für mich auch die kreativen Begleitprogramme der Bibelfliesen-Ausstellungen und die zahlreichen, ganz unterschiedlichen Menschen, die davon ganz offensichtlich angerührt werden. In diesem Sinne sage ich: Bibelfliesen sind Volkskunst und Kulturgut.

3. Bibelfliesen im Kontext der gesellschaftlichen Herausforderungen und als Denkanstoß zur Frömmigkeit

Zum Schluss und als Zusammenfassung möchte ich die Bibelfliesen in den Kontext der kulturellen Herausforderungen unserer Gegenwart stellen und einen kritisch-konstruktiven Denkanstoß zu Bibel und Frömmigkeit formulieren:

3.1 Bibelfliesen im heutigen Kontext

- *Bibelfliesen dienen der Integration*: Friesische Gastarbeiter brachten sie einst aus den Niederlanden mit nach Hause und integrierten auf diese Weise von außerhalb eingebrachtes Kulturgut. Das Norder Bibelfliesenteam macht durch seine Tätigkeit darauf aufmerksam und bestärkt diesen Integrationsprozess.
- *Bibelfliesen dienen der Bildung*: Biblische Themen und biblische Geschichten sind auch in einer kirchenfernen Gesellschaft auf vielfache Weise präsent (vgl. z.B. das Kino mit seinen Filmen, die Sprache, die Werbung). Die Bibelfliesen tragen dazu ebenfalls bei. Das Norder Bibelfliesenteam wirkt hier als Bildungsträger.
- *Bibelfliesen dienen der Bewahrung von Kultur*: Bibelfliesen sind ein Kulturgut mit einer langen Geschichte und Tradition. Sie sind ohne Zweifel erhaltenswert. Das Norder Bibelfliesenteam ist ein Beispiel für gelingende aktive Kulturpflege.
- *Bibelfliesen dienen der Frömmigkeit*: Sie übersetzen biblische Geschichten in eine kurze und klare Bildsprache und ermöglichen so eine starke Präsenz und eine permanente Auseinandersetzung mit der biblischen Botschaft. Das Norder Bibelfliesenteam ermöglicht durch seine Tätigkeit zahlreichen Menschen von heute diesen immer noch aktuellen Zugang zur christlichen Botschaft.

3.2 Ein kritisch-konstruktiver Denkanstoß zur Frömmigkeit

Der letzte Punkt „Bibelfliesen dienen der Frömmigkeit" führt zu einer letzten Überlegung. *Im 17. und 18. Jahrhundert* gab es sehr häufig biblische Motive auf den unterschiedlichsten Alltagsgegenständen, nicht nur auf Bibelfliesen. Faktisch war dies Ausdruck dessen, dass die Bilder der Bibel in den Alltag integriert, im Alltag präsent waren. Es gab keinen Lebensbereich, aus dem das christliche Gedankengut ausgespart worden wäre. Bei dieser Realität handelt es sich nicht, wie manche Menschen abschätzig meinen, um eine Verschiebung, sozusagen „Abschiebung" der kirchlichen Verkündigung in den profanen Bereich. Vielmehr liegt dem ein eigenständiger Umgang des „Volkes" mit dem christlichen Gedankengut zugrunde. Diese Präsenz nahm aber im 19. Jahrhundert, in dem auch die Säkularisierung deutlich voranschritt, immer mehr ab.

Es stellt sich am Schluss die Frage: *Wie ist das eigentlich heute?* Ist vielleicht die Zeit wieder reif für neue Fliesen in den Wohnungen? Fliesen, die als Fix- und Haltepunkt dienen können in einem Alltag, der oft als halt- und orientierungslos erlebt und erfahren wird? Finden sie dann ihren Platz neben den Buddha-Statuen, die es in vielen Einrichtungshäusern als Wohlfühl-Accessoire zu kaufen gibt? Oder neben den Flachbildschirmen oder Stapeln von Ratgeber-Literatur? Die Konkurrenz ist groß und dennoch ist es wichtig, dem Anspruch einer sinnenhaften Vermittlung des christlichen Glaubens Raum zu gewähren. Das heißt: Wo und wie schaffen wir uns Glaubensinseln? Wo sind unsere „Gottes-Orte", die uns helfen, wieder zu Gott und damit zu uns zu kommen? Ich bin auf Ihre Antworten gespannt. Die Bibelfliesen geben uns Impulse dazu.

Bibelfliesen: Geschichte – Herstellung – Bildmotive

Reinhard Stupperich

Die eigentliche Geschichte der Bibelfliesen beginnt erst im 16. Jahrhundert: in der Zeit der Reformation und des Humanismus. Aber der Bildträger und die Bildmotive haben beide eine sehr lange Vorgeschichte.[1]

1. Geschichte der Fliese und Entwicklung der Bildmotive

Schon im *Altertum* wurden in Ägypten und im Alten Orient sowohl Tonplatten mit farbiger Glasur oder mit einem anderem Überzug wie auch Reliefs als Wandverkleidung verwendet.

1.1 Entwicklung der Fliesenkultur

Im Alten Ägypten übertrug man die Technik der Quarzkeramik, die für Gefäße entwickelt worden war, auch auf die Herstellung der Dekorationen von Innen- und Außenwänden (z.B. von Palästen). Bald gestaltete man übergreifende große „Fliesenbilder". Abgesehen von Syrien und dem benachbarten Persien waren im griechisch-römischen Altertum Fayencefliesen aber kaum bekannt. Nur in der Spätantike kamen in verschiedenen Provinzen des römischen Reiches sporadisch glasurlose Relieffliesen mit einfachen biblischen Szenen und Heiligen auf. Im Gefolge der persischen Tradition entwickelte sich in den islamischen Ländern eine reiche Fliesenkultur. Sie verbreitete sich rings um das Mittelmeer. Von dort gelangte die Fliesentechnik nach Spanien und dann auch nach Italien. In der Renaissance stellten dort Fayence-Werkstätten sowohl Geschirr als auch Fliesen mit feiner polychromer Bemalung her. Von

---

[1] Vortrag zur Eröffnung der Ausstellung „Mit Bilderfliesen durch die Bibel" am 29.Mai 2013 in der Evangelischen Erlöserkirche Münster. – Der Text wurde für den Druck überarbeitet.

Norditalien gelangte diese Tradition dann in die spanischen Niederlande, hier zuerst nach Antwerpen.

Anders als in Spanien und Portugal, wo es großformatige Wandverkleidungen mit farbigen Fliesen auch über ganze Hausfassaden gibt, wurden die *Fliesen in den Niederlanden* nur im Inneren der Häuser verwendet. Sie dienten vor allem zur Isolation der Wände gegen Nässe oder Feuer. So findet man sie als Brandschutz an den Wänden hinter offenen Feuerstellen sowie an und neben Kaminen und Öfen. Becken oder Wände in Küchen und Bädern stattete man ebenfalls mit Fliesen aus. Dies diente zur Erleichterung der Reinigung und zum Schutz gegen aufsteigende Feuchtigkeit. Die glasierten Fliesen wurden zuerst in den südlichen Niederlanden mittels der gleichen Technik hergestellt wie die Fayencen. Sie wurden dann aber unter dem Einfluss des hochbegehrten blau-weißen chinesischen Porzellans der Ming-Zeit nur noch blau oder seltener altrosa (genannt mangan) bemalt. Wegen des Freiheitskampfes gegen die Spanier verschob sich bis zur Mitte des 17. Jahrhunderts der Schwerpunkt der Fliesenherstellung in die protestantischen nördlichen Niederlande.

1.2 Verbreitung der niederländischen Fliesen

Die Fliesen wurden im ganzen nördlichen Mitteleuropa mit großem Erfolg vertrieben. Seit dem frühen 17. Jahrhundert waren Fliesen in den Bürgerhäusern der niederländischen Handelsstädte häufig anzutreffen. Überwogen anfangs verschiedene Einzelfiguren aus Alltag, Soldatenwelt oder Mythos, so wurden seit dem frühen 18. Jahrhundert für aufwendige Fliesenbilder biblische Szenen am beliebtesten. Bald wurden sie auch in die Hansestädte an der Nordseeküste verschifft. Da Fliesen im Rapport, d.h. durch das Muster, das durch die ständige Wiederholung der Bildmotive entsteht, sehr dekorativ wirken, versah man im 18. Jahrhundert in manchen Schlössern ganze Wände mit ihnen. Der Adel konnte sich den Transport nach Ostdeutschland und Polen leisten. Im 18. Jahrhundert wurden die Fliesen auf Flüssen und Kanälen als Ballast auf Leerfahrten mitgebracht. Bald kam der Export nach Portugal hinzu, das durch den Amerikahandel reich geworden war. Hier war der Bedarf enorm groß. Man schätzte besonders die über mehrere Fliesen gemalten Bilder (Tableaus).

Im späteren 18. und frühen 19. Jahrhundert wurden die reicheren Städter mit der Fliesenverwendung zurückhaltender. Dagegen nahm diese Tradition auf norddeutschen Bauernhöfen zu und dauerte bis ins frühe 20. Jahrhundert hinein. Auf kleineren Höfen wurden die zu schützenden Wandpartien hinter dem Herdfeuer oder auch dem Eisenofen verkleidet. Auf größeren Höfen wurden ganze Wände mit Bibelfliesen ausgestaltet.

Bibelfliesentableau: Die Anbetung der Hirten, Lk 2,16 (manganbraun, 4x4 Fliesen mit integrierter Umrahmung, Utrecht um 1825, Fliesenbibel N 13, NT S. 92)

1.3 Motivreichtum der Bibelfliesen

Für solche größeren Wände eigneten sich die motivreichen Bibelfliesen besonders gut, um durchgehende Bildererzählungen an der Wand zusammenzusetzen. Allerdings geschah die Anordnung des Öfteren recht gedankenlos. Im privaten Rahmen übernahm die Fliesenwand eine ähnliche Funktion wie die ausgemalten Kirchen des späten Mittelalters. In einer Zeit, in der es in Haushalten normalerweise kaum Bilder gab, mussten selbst vereinfachte einfarbige Bildszenen einen starken Eindruck auf die Betrachterinnen und Betrachter ausüben. So sind die Bibelfliesen Zeugnisse dafür, wie weit in früheren Jahrhunderten das Interesse an der Bilderwelt der biblischen Geschichten verbreitet war und wie sehr diese im Alltag visuell präsent waren. Man kann sich gut vorstellen, dass manche der alten Geschichten erst aufgrund ihrer Bildfassung das Interesse der Betrachtenden erregten.

Typisch für die Kunst der Zeit überwiegen biblische Bildthemen alle anderen Themen. Wie die meisten figürlich bemalten Fliesen sind auch die Bibelfliesen mit Motiven nach Kupferstichen bemalt. Dabei handelte es sich um Stiche aus illustrierten Bibelausgaben, vor allem solche des 17. Jahrhunderts. Eine Reihe von Werkstätten in Amsterdam und Rotterdam bot sehr feingemalte und vielgestaltige Szenen an, die zum Teil durch Architekturdetails oder Ausblicke in die Landschaft ausgestaltet waren. Manche Bildtypen auf den Fliesen wurden später aber gegenüber den Vorlagen so vereinfacht, dass man die Szenen nur noch durch Detailvergleich identifizieren kann, falls nicht gerade die Bibelstelle zitiert ist. Das war bei den steigenden Produktionszahlen besonders in Utrecht und in der Provinz Friesland der Fall. Von dort aus wurde im 18. und 19. Jahrhundert besonders Norddeutschland beliefert.

2. Die Herstellung der Fliesen

Die Herstellung der Fliesen erfolgte in der Fayencetechnik. Dazu muss zuerst der Ton im richtigen Verhältnis mit Mergel gemischt und eventuell zur Verfeinerung noch gesiebt, entwässert und durchgeknetet werden. Aus dem gewalzten flachen Teig werden dann mit Drähten Tonplatten im Format von ca. 13 cm x 13 cm zugeschnitten.

Nach einigen Wochen Trocknung können sie bei ca. 1050 Grad Celsius vorgebrannt und danach mit einer Blei-Zinn-Glasur bespritzt werden. Sobald diese abgebunden ist, kann mit Kobalt- oder Manganoxyd die Dekoration aufgemalt werden. Diese erhält durch den Brand ihre spätere Farbe.

Es gab bei den Bibelfliesen verschiedene Formen der Ausgestaltung. Normalerweise waren die Bildmotive in größeren Kreisen gerahmt, als dies bei den üblichen Hirten- oder Landschaftsfliesen der Fall war. Auf

Bibelfliesen: Geschichte – Herstellung – Bildmotive

Herstellung der Bibelfliesen

diese Weise konnte man mehr Details einbringen. Das Bildmotiv wurde in der Regel nach einer Kupferstich-Vorlage auf das Fliesenformat umgesetzt und in ein aquarelliertes Vorbild übertragen. Davon fertigte man auf Pauspapier eine Umrisszeichnung der wichtigsten Linien an. Diese wurde mit einer Nadel dicht an dicht durchstochen. Wenn man diese Schablone, die Sponse, nun auf eine mit Bleiglasur überzogene Rohfliese legte und mit Kohlenstaub bestreute, übertrugen sich die Umrisse auf die Glasur. Das Bild konnte dann anhand der Punkte auch von weniger begabten Fliesenmalern zügig, aber doch proportional korrekt vom Vorbildaquarell abgemalt werden.

Sponse aus Rotterdam, 18. Jh., Simson zerreißt einen Löwen, Richter 14,6.

Simson zerreißt einen Löwen, Richter 14,6, Ende 17. Jh., wohl Rotterdam[1]

---

1 Beide Abbildungen aus: *Klaus Tiedemann,* Biblische Geschichten in Delfter Blau. Niederländische Bibelfliesen von 1650 bis 1850, Heidelberg 1998, S. 4 und 5.

45

Zum Schluss wurden die Fliesen mit Zwischenplatten gestapelt in den Brennofen gelegt und bei ca. 990 Grad Celsius fertig gebrannt. Heute werden sie in Kassetten in den Brennofen gelegt, der nicht mehr wie früher mit Holz oder gar Torf, sondern elektrisch geheizt wird.

Die Kupferstich-Vorlagen wurden oft nur teilweise kopiert. Dabei beschränkte man sich auf die Hauptfiguren. Dies galt insbesondere dann, wenn der Kupferstecher zwei Episoden einer Geschichte in einem Bild zeigte. Bei den einfachen Bibelfliesen ist die Darstellung auf wenige Figuren reduziert. Ringsum gibt es meist nur Andeutungen der Umgebung. Weite Landschaften und Ausblicke, hohe Baumpartien usw. wurden ebenso weggelassen wie für die Konzeption überzählige Figuren. Besonders die friesischen Werkstätten reduzierten ihre Darstellungen auf die agierenden Personen. Diese setzten sie auf einen Geländestrich oder zwischen dicke Bäume, die von einem anderen Maler bereits mit einem kleinen Schwamm vorgefertigt waren. Dieses Herstellungsverfahren führte dazu, dass die Bilder derselben Werkstatt unterschiedlich ausfielen, nicht zuletzt deswegen, weil die Maler manchmal Details der Kopiervorlage vergaßen oder nicht erkannten (z.B. die Angabe einer Bibelstelle). Manchmal wurden aber auch Details übersehen, die für die Geschichte wichtig sind. So fehlt etwa bei der klagenden Hagar in der Wüste häufig ihr verdurstender winziger Sohn Ismael.

Von einigen Firmen gibt es in Archiven noch die Geschäftsunterlagen, aber auch Vorlagenbilder sowie Schablonen und Verkaufskataloge. Dadurch sind wir über die Herstellung und den Verkauf ziemlich gut informiert. Nach solchen alten Unterlagen kosteten im frühen 19. Jahrhundert in Rotterdam und in Makkum einhundert Bibelfliesen acht Gulden. Die Fliesenmaler selbst verdienten damals je nach Können zwischen einem halben und einem ganzen Gulden für jeweils 100 bemalte Fliesen. Es sind sogar noch einige mit Abbildungen versehene Modellbücher erhalten, nach denen die Käufer bestellen konnten.

3. Die Vorlagen der Fliesenmaler

Als Vorlagen dienten den Fliesenmalern in der Regel Kupferstiche. Solche Druckgraphiken waren billiger, zudem schneller verfügbar und leichter transportabel als Gemälde. Neben Bibelbilderbüchern gab es auch Einzelblätter mit Bibelszenen. Die ersten illustrierten Bibelübersetzungen gingen schon Ende des 15. Jahrhunderts in Druck, lange vor

Bibelfliesen: Geschichte – Herstellung – Bildmotive

der Lutherbibel. Bereits 1479 erschien bei *Heinrich Quentel* in Köln eine niederdeutsche Bibelübersetzung, die sogenannte „Kölner Bibel". Auf den 542 Bildern werden fast nur Geschichten aus dem Alten Testament illustriert. Luthers Neuübersetzungen der Bibel erschienen seit 1522 sogleich mit Illustrationen. Sie wurden schnell auch mit anderen Bildern nachgedruckt. Erstaunlicherweise blieben wiederum die Texte des Neuen Testaments, abgesehen von der Offenbarung des Johannes, bis zum Beginn des 17. Jahrhunderts fast ohne Bebilderung.

Erst *Matthäus Merian* illustrierte in seinen „Icones Biblicae" (Frankfurt 1625-1627), einer Sammlung von Bibelbildern, und dann in seiner Gesamtausgabe „Biblia" (Straßburg 1630) erstmals auch das Neue Testament durchgehend. Da Merians Bilderbibel eine große Rolle als Vorbild für die Bilderauswahl weiterer Ausgaben spielte, wurde seine klassizistische Bildprägung von vielen Illustratoren übernommen. Die Künstler waren sich darüber im Klaren, dass die biblischen Geschichten in längst vergangenen Zeiten spielten. Sie bemühten sich daher, Trachten, Waffen usw. nach Motiven der römischen Kunst darzustellen. Trotzdem „rutschten" ihnen alle möglichen zeitbedingten Details wie Kragen, Knöpfe und Hosen ins Bild. Diese sind aber bei der vereinfachten Darstellungsweise auf den Fliesen kaum mehr erkennbar. Ohnehin störten sie damals die Betrachter kaum.

Merians Bibelillustrationen waren selbst aber kaum direkte Vorlage für die Bibelfliesen, sondern deren Kopien und Nacharbeiten. Wirkungsgeschichtlich sind insbesondere die Kopien von *Pieter Schut* „Toneel ofte

Kupferstich von Pieter H. Schut, Amsterdam 1659. Joseph wird aus der Grube gezogen, um verkauft zu werden (1. Mose 37,23-28)

Amsterdamer Fliese nach dem Stich von Pieter H. Schut, letztes Viertel 18. Jh.[1]

---

1 Beide Abbildungen aus: *Klaus Tiedemann*, Biblische Geschichten, S. 12 u. 13.

47

Grundlegendes

Nicolaes Visscher, Historiae Sacrae (Amsterdam ca. 1650)

Vertooch der Bybelsche Historien" (Amsterdam 1659) sowie von *Jan und Caspar Luiken* „De Schriftuurlijke Geschiednissen en Gelijkenissen" (Amsterdam 1712) wichtig geworden. Aufgrund der Nummerierung auf der Rückseite von Fliesen in einem Haus in Zaandem konnte man feststellen, dass aus dieser Serie in einer Amsterdamer Manufaktur je 120 Radierungen aus dem Alten und dem Neuen Testament ausgewählt wurden. Sie machen also insgesamt über 70% der Vorlagen aus.

Das Utrechter Bibelfliesenrepertoire hielt sich weitgehend an die alten Ausgaben von *Nicolaes Visscher* (Historiae Sacrae, Amsterdam ca. 1650) und *Pieter Schut* (Toneel ofte Vertooch, Amsterdam 1659). Im 19. Jahrhundert wurde das Repertoire um Motive aus einer Holzschnittserie von *Richard Westall* „Illustrations of the Bible", die 1834/35 in London erschienen ist, erweitert.

Von der berühmten und weitverbreiteten Bibelbilderserie von *Julius Schnorr von Carolsfeld*, die nach langen Vorarbeiten erst 1852-60 erschien, wurden nur noch einzelne Bilder bei *Fliesentableaus* umgesetzt. Bei größeren Tableaus mussten die Fliesen zusammen bemalt werden, damit die Bild-Anschlüsse über die Fliesenfugen hinweg stimmten. Sie wurden aber auf der Rückseite durchnummeriert. Auf diese Weise konnte das Tableaubild vom Maurer an der Wand wieder zügig zusammengesetzt werden. Bei größeren gefliesten Wänden war es üblich, in der Mitte ein oder mehrere größere Bildmotive wie ein gerahmtes Gemälde als Blickfang anzubringen. Im 19. Jahrhundert stellten vor allem die Utrechter, dann aber auch die Harlinger Manufakturen biblische Tableaus her. Diese wurden meist manganfarben ausgeführt. Anstelle der Bildpaare von Kuh und Pferd oder zwei Hunden, die auf Bauernhöfen beliebt waren, wurden für Schlösser gern zentrale Szenen aus dem Neuen Testament ausgewählt, was zu einer kleinen Gemäldegalerie anwachsen konnte. Dabei handelte es sich insbesondere um Kreuzigung und Auferstehung. Daneben wurden aber auch symbolträchtige Gestalten wie der Gute Hirte oder Josua und Kaleb ausgewählt.

4. Die biblische Bildertradition

Die biblische Bildertradition, die mehr oder weniger einfach, manchmal ganz mechanisch auf die Fliesen übertragen wurde, ist bald zwei Jahrtausende alt.

4.1 Geschichtliche Entwicklung

Die frühen Christen hatten zwar wegen des Bilderverbots in der Bibel, das man wie Juden und Muslime meist rigoros auslegte, Probleme mit der Darstellung der in der Bibel erzählten Geschichten, sogar mit der Kreuzigungsdarstellung. Spätestens seit die Ausübung des Christentums erlaubt war, wurden Bibelszenen aber oft dargestellt. Möglicherweise wirkten dafür schon ziemlich früh illustrierte Bibelhandschriften, wie sie seit dem 4. Jahrhundert erhalten sind, anregend. Dabei waren diese Künstler nicht unbedingt selbst Christen. Das sieht man schon daran, dass sie in ihrer Technik und ihrem Darstellungsstil die Werkstatt-Tradition der heidnischen Mythenbilder ungebrochen fortsetzten. Sie übertrugen vielfach Motive direkt von dort, wie man auf den Reliefsarkophagen und auf den Wänden der Katakomben und Kirchen in Rom sehen kann. Dabei wurden die Bibelszenen oft auf zwei bis drei Figuren reduziert. Manchmal ist gleichwohl ein kleines Programm zu erkennen.

In Spanien, Nordafrika und auf dem Balkan entwickelte man schon am Ende der Spätantike die ersten „Bibelfliesen", indem Wandverkleidungsplatten aus Ton mit Bibelszenen oder einzelnen Heiligenbildern in Reliefform versehen wurden. Schon damals waren bestimmte Szenen, offensichtlich aus theologisch-interpretatorischen Gründen, besonders beliebt: beispielsweise die drei Weisen aus dem Morgenland oder die Jona-Geschichte. Diese Bildtradition an sich setzte sich in anderen Gattungen auch im Mittelalter fort – sieht man von einer Unterbrechung in der östlichen Kirche durch den sogenannten Bilderstreit in Konstantinopel ab.

Weiterhin wurden auch Bücher, Kirchenwände und schließlich auch Tafelbilder illustriert. Es wurden aber auch Bibelausgaben, Bilderhandschriften oder kurze dogmatische Lehrbücher mit Bibelszenen versehen. Mit Beginn des Buchdrucks wurde dies durch die Einfügung von ersten Holzschnitten beschleunigt.

Mit der Reformation führte der Rückgriff auf das Bilderverbot mancherorts zur Zerstörung der kirchlichen Bildausstattung, etwa in den reformierten Kirchen. Da ist es im Grunde nicht erstaunlich, sondern wirkt eher wie eine Kompensation, dass die Bibelillustrationen gerade in den reformierten Niederlanden gefördert durch die neuen Reproduktionstechniken im privaten Bereich, in Buchillustrationen und eben auch durch Bibelfliesen an den Wänden, erst recht aufblühten. Allerdings lässt sich kein gravierender konfessioneller Unterschied in der Rezeption feststellen. Sie wurden in den evangelischen Hansestädten ebenso gekauft wie beim katholischen Adel in Polen oder Süddeutschland, man findet sie in Bauernhöfen an der protestantischen Nordseeküste und im katholischen Ems- und Münsterland.

4.2 Die Beliebtheit bestimmter Bildmotive

Jona wird in das Meer geworfen, Jona 1,15-16 (Fliesenbibel O 289, AT S. 930)

Die Beliebtheit bestimmter Bildmotive auf den Fliesen erstaunt keineswegs. Im Alten Testament sind das etwa die Geschichten von Adam und Eva, Mose und Simson, im Neuen Testament die Geburtsgeschichte, einige Heilungen und vor allem die Passion bis zur Auferstehung. Dazu kommen einige Einzelszenen, die besondere Akzente setzen, im Alten Testament etwa Noahs Dankopfer, Jakobs Kampf mit dem Engel, Elia und die Raben, Jona mit dem Wal und Tobias mit dem Fisch. Im Neuen Testament handelt es sich um die Taufe und Versuchung Jesu, aber offenbar auch Geschichten, die wie die Samaritanerin am Brunnen und der Hauptmann von Kapernaum Nichtjuden einbeziehen, schließlich zahlreiche Bilder zu den Gleichnissen.

Bei einigen Szenen wird uns heute aber nicht ohne Weiteres der Grund ihrer Beliebtheit klar: Nehmen wir beispielsweise die Jonageschichte. Den Ausgangspunkt für das Verstehen bildet die schon im Neuen Testament auftretende Auffassung der Geschichten des Alten Testaments als Allegorien. Die Erklärung liegt also darin, dass diesen Bildern ein tieferer, zweiter Sinn unterlegt wurde. Meist handelt es sich dabei um einen Verweis auf die Heilsgeschichte. In der spätmittelalterlichen „Biblia Pauperum", einer illustrierten Interpretationsanleitung für Priester, wird das auch optisch klar verdeutlicht: Dort wird das Bild eines zentralen Motivs aus dem Neuen Testament von zwei Sinnbildern aus dem Alten Testament flankiert, die somit auf die wichtige neutestamentliche Aussage vorausweisen sollen. Allerdings ist der Vergleichspunkt in der Regel ganz mechanistisch:

- So verweist z.B. Melchisedeks Gabe von Brot und Wein an Abraham und das Manna-Essen Israels in der Wüste (nach Joh 6,30-35) auf das Abendmahl.
- Der im Brunnen versenkte kleine Joseph und der dem Wal ins Maul geworfene Jona bedeuten die Beisetzung von Jesus.
- Der vom Wal wieder ausgespuckte Jona wurde (nach Mt 12,40 und 16,4) als Sinnbild des am dritten Tag auferstandenen Jesus gedeutet.
- Das für uns ganz unverständliche Bild des Simson mit den Stadttoren von Gaza sah man als Chiffre für Jesus, der um Mitternacht den schweren Stein vom Grab entfernte.
- Auch die Bilder der Siege von David über Goliath und Simson über den Löwen, die man als königliche Siegesbilder für sich leichter akzeptieren konnte, verstand man im übertragenen Sinne als Sinnbild für den Sieg von Christus über den Teufel.
- Krasser ist die Deutung der Schaffung von Eva aus der Seite Adams und Moses Wasserschlagen aus dem Felsen auf den Lanzenstich des Soldaten in Jesu Seite, aus der Blut und Wasser flossen, also auf seinen Opfertod am Kreuz.

Erstaunlicherweise haben sich viele dieser Bilder, wohl weil sie so oft dargestellt wurden, sogar noch bei der Auswahl für die Darstellungen auf den Fliesenbildern durchgesetzt.

4.3 Weitere Medien zur Darstellung von Bibelszenen

Mit *prächtigen Ölgemälden*, wie sie in den Kirchen zu finden sind, konnten in der frühen Neuzeit nur wohlhabende Menschen ihre Wohnungen ausstatten. Bibelmotive, die zugleich die Bewohner auch belehren, nehmen in Privathäusern unter den Gemäldethemen den ersten Platz ein.

Daneben wurden *Bibelszenen nach graphischen Bibelillustrationen* auch auf den Geräten des Alltags reproduziert. Das konnten sich dann auch weniger reiche Familien leisten. Dabei konnte es sich ebenso um den Schmuck der Wände – wie die Fliesen –, um fest installierte Geräte oder um Möbelstücke handeln, aber auch um kleinere Objekte, wie das Tafel- und Trinkgeschirr. Truhen und Schränke wurden gern mit Reliefbibelszenen verziert oder einfach bemalt. Freistehende Öfen aus Fayence oder aus Gusseisen wurden auf die gleiche Weise ausgeschmückt. Oft gab man diesen Darstellungen auch erklärende Verse bei. Bei den „Kurzserien", die sich so ergaben, stammten die Vorlagen in der Regel aus einer einzigen Bibelausgabe.

Zum Teil handelt es sich bei den biblischen Szenen, die auf den genannten Objekten reproduziert wurden, um dieselben Bilder, die sich auf den Bibelfliesen finden. Dies bedeutet, dass die Bibelfliesen nur *ein* Medium unter einer größeren Zahl von Medien darstellten. Aber man kann, ja muss feststellen, dass es sich dabei um ein in seiner Kombinationsmöglichkeit, auch in großen Stückzahlen, in seiner Erschwinglichkeit und weiten Verbreitung, zudem aber visuell sehr eindrückliches Medium handelt.

Zum Weiterlesen

Jan Pluis, Bijbeltegels/Bibelfliesen. Biblische Darstellungen auf niederländischen Wandfliesen vom 17. bis zum 20. Jahrhundert, Münster 1994.
Leoni und *Albrecht von Kortzfleisch*, Szenen der Bibel. Antike holländische Fliesen sehen und verstehen, Münster 2011.
Klaus Tiedemann, Biblische Geschichten in Delfter Blau. Niederländische Bibelfliesen von 1650 bis 1850, Heidelberg 1998.

Theologische und pädagogische Überlegungen

Die Bilder und das Bilderverbot
Biblische und reformatorische Perspektiven

Gottfried Adam/Marita Sporré

Das Bilderverbot der Bibel aktiviert immer wieder neu die Frage: Was ist für Christen im Umgang mit religiösen Bildern geboten? Welche Grenzen werden durch das Bilderverbot gezogen? Konkret im Blick auf unser Projekt: Steht die Herstellung von Bibelfliesen im Widerspruch zum Bilderverbot?

1. Biblische Aussagen

Das Verbot, Gott in einem (Ab-)Bild darzustellen, ist im Alten Testament im Zusammenhang mit den Zehn Geboten zu finden (2. Mose 20,2-17). Das Verbot folgt unmittelbar auf die Herausstellung Gottes als des Einzigartigen (2. Mose 20,2) und auf das Verbot, neben diesem Gott keine weiteren Götter zu verehren (V. 3). Das Alte Testament unterscheidet sich mit seinem Bilderverbot radikal von der religiösen Umwelt seiner Zeit. In 2. Mose 20,4.5a heißt es:

„Du sollst dir kein Gottesbild noch irgendein Abbild machen von etwas, was oben im Himmel, was unten auf Erden, oder was im Wasser unter der Erde ist. Du sollst dich nicht niederwerfen vor ihnen und ihnen nicht dienen, denn ich, der Herr, dein Gott, bin ein eifersüchtiger Gott." (Zürcher Bibel 2007)[1]

Die wissenschaftliche Exegese stellt heraus, dass das Bilderverbot im Zusammenhang mit der Aussage von der Einzigartigkeit Gottes steht, und dass das Bilderverbot darauf bezogen ist:

---
[1] Vgl. auch 5. Mose 4,16-18 und 23 sowie 5. Mose 5,8f.

> „Das biblische Bilderverbot ist weder ein allgemeines Kunstverbot, noch verbietet es generell die bildliche Darstellung bestimmter Phänomene der sichtbaren Welt. Es richtet sich auch nicht gegen mentale Gottesvorstellungen oder Sprachbilder, sondern ausschließlich gegen die Anfertigung bzw. den Gebrauch von materiellen Kultbildern, seien es solche des (einen) eigenen Gottes oder solche anderer Gottheiten."[2]

Gegenüber manchen Missverständnissen ist festzuhalten, dass sich das Bilderverbot keineswegs generell gegen Bilder wendet. Es ist auch kein Plädoyer gegen Sinnlichkeit und Anschauung oder künstlerische Tätigkeit. Vielmehr hat es die Kultbilder von Gottheiten im Blick. Ein Beispiel für ein solches Kultbild kennen wir aus 2. Mose 32. Dort wird von einem „goldenen Stierbild" berichtet. In der Umwelt Israels und in der gesamten religiösen Welt der Antike war es üblich, die jeweiligen Gottheiten in solch materialisierter Form darzustellen. Genau dagegen aber richtet sich das Bilderverbot.

Beim Bilderverbot geht es um die strikte Untersagung von Götzenbildern und Fremdgötterbildern sowie das Verbot der Bilderverehrung. Gott, das Geheimnis der Welt, lässt sich nicht als Skulptur oder Schnitzgebilde (*M. Buber/F. Rosenzweig*) darstellen. Gott ist größer als alle Bilder, die wir uns von ihm machen können.[3] Das ist die Intention und Weisheit des Bilderverbotes. Dass wir gleichwohl Gottesbilder brauchen, zeigt uns die Bibel selbst, wenn sie von Gott als Hirte, Fels, Vater, Mutter, König, Schild, Quelle usw. spricht. Die vielen Gottesbilder der Bibel leiten dazu an, sich kein festes und einseitiges Bild von Gott zu machen, in dem Gott zu einem handhabbaren Götzen wird. Wir brauchen Bilder, aber wir sollen keinen Götzen daraus machen. Das ist die Pointe.

Es ist hier nicht der Ort, die Entwicklung des Bilderverständnisses in der Geschichte des Christentums im Einzelnen zu entfalten. Wir beschränken uns auf die bildtheologischen Positionen der Reformation. Für die reformierte Kirche und Theologie sind dabei die Positionen, die *Huldreych Zwingli* und *Johannes Calvin* vertreten haben, maßgebend. Für die lutherische Kirche und Theologie ist *Martin Luthers* Konzept wegweisend.

---

2 *Christoph Uehlinger*, Art. Bilderverbot, in: Religion in Geschichte und Gegenwart, Bd. 1, Tübingen ⁴1998, Sp. 1574.
3 Siehe Jes 46,5-9.

2. Reformiertes Verständnis

Wer die Bekenntnisschrift der Reformierten Kirchen, den *Heidelberger Katechismus*, zur Frage 92 „Wie lautet das Gesetz des Herrn?" aufschlägt, findet die Antwort mit den Worten der Gebote aus 2. Mose 20,1-17. Die reformierte Einteilung der Zehn Gebote folgt biblischer und jüdischer Zählung. Durch diese Ausrichtung tritt das zweite Gebot, nämlich das Verbot der Bilderanbetung, aus dem Kreis der Adiaphora, sprich der heilsneutralen Dinge, heraus. Diese Wiederentdeckung des zweiten Gebotes des Dekalogs gehört zu den augenfälligen Eigenheiten protestantischer Einsicht reformierter Prägung. *Johannes Calvin* schreibt dazu:

„Gott in sichtbarer Gestalt abzubilden, halten wir für unrecht, weil er es selbst untersagt hat und weil es nicht ohne Entstellung seiner Herrlichkeit geschehen kann ... Es soll also nur das gemalt oder gebildet werden, was unsere Augen fassen können. Aber Gottes Majestät, die weit über alle Wahrnehmung der Augen hinausgeht, darf nicht durch unwürdige Schaubilder entweiht werden."[4]

Huldreych Zwingli - wie auch Johannes Calvin - sahen die Gefahr, die Bilder könnten den Blick für die Einzigartigkeit Gottes verstellen und die Ehre Gottes verletzen.[5] Das reformierte Bilderverbot wendet sich gegen jeden Versuch, den lebendigen Gott in der Materie dingfest und damit religiös handhabbar machen zu wollen.[6]

J. Calvins Texte atmen den Geist der Dankbarkeit und der Ermutigung, die Gaben der Schöpfung zu sehen, sie zu nutzen und in aller Ehrfurcht mit ihnen zu leben. Sie lassen uns ihn erkennen als einen Ästheten, der die Kunst liebte und die Wissenschaft bejahte.[7] So ist in der Institutio zu lesen:

„Ganz gewiss sind doch Elfenbein, Gold und Reichtümer gute Geschöpfe Gottes, die dem Gebrauch der Menschen überlassen, und von Gottes Vorsehung dazu bestimmt sind. Auch ist es nirgendwo untersagt, zu lachen oder sich zu sättigen oder neue

---

4 *Johannes Calvin*, Institutio I,11,12 („Unterricht in der christlichen Religion", 1536, in der Übersetzung von Otto Weber, Neukirchen 1955). - www.calvin-institutio.de.
5 Siehe *Mattias Freudenberg*, Reformierte Theologie, Neukirchen-Vluyn 2011, S. 308.
6 Vgl. hierzu die Sammlung von Texten, Tipps und Literaturhinweisen des Theologischen Ausschusses der Evangelisch-reformierten Kirche zum Themenjahr „Bibel und Bild" im Rahmen des Reformationsjubiläums, hrsg. v. Landeskirchenamt der Evangelisch-reformierten Kirche, Saarstraße 6, 26789 Leer, 2014.
7 Siehe *J. Calvin*, Institutio I,5,2 und III,10,2.

Besitztümer mit den alten, ererbten zu verbinden oder sich am
Klang der Musik zu erfreuen oder Wein zu trinken!"[8]

Matthias Freudenberg weist darauf hin, dass die reformierte Kritik an den religiösen Bildern und ihre Entfernung aus den Kirchenräumen den Bildern eine neue Funktion verschafft:

„Statt des religiösen und kirchlichen Bereichs wurde nun der Bereich des Profanen zu ihrem neuen Ort. Gerade in reformierten Gebieten entstand eine bemerkenswerte künstlerische Blüte, indem Gattungen wie das Landschaftsbild, das Stillleben und die Historienmalerei weiterentwickelt wurden."[9]

Auch die Bibelfliesen gehören in diesen Kontext. Dass sich gerade die Bibelfliesen in den calvinistischen Niederlanden ebenso wie in Schottland so großer Beliebtheit erfreuten, war, liest man die reformierten Quellentexte, nicht Ausdruck eines reformatorischen Freiheitsdranges oder eines heimlichen Handelns am Bekenntnis vorbei, sondern erst durch die Entfernung der Bilder aus dem Bereich der Verehrung wurde ihre Präsentation im Alltag möglich.

„Gewiss will ich nicht etwa in abergläubischer Scheu behaupten, man dürfe überhaupt keine Bilder haben. Aber weil Bildhauerkunst und Malerei Gottes Geschenke sind, so fordere ich reinen und rechtmäßigen Gebrauch dieser Künste ..."[10]

Zu den erlaubten Bildern zählt Calvin, Gottesdarstellungen ausgeschlossen, Geschichten und Geschehnisse, die zur Belehrung und Ermunterung, sowie der Ergötzung einen Nutzen haben. Die niederländische Malkunst der Alten Meister im Stil eines *Rembrandt van Rijn* ist Teil dieser Tradition. Die Entfernung der Bilder und Skulpturen aus dem Kirchraum war nicht nur theologisch motiviert. Sie war auch Ausdruck des öffentlichen Protestes gegen die herrschenden Schichten und des neu erwachten Selbstbewusstseins des Bürgertums.[11]

Im Begleitband zur Ausstellung „Calvinismus. Die Reformierten in Deutschland und Europa" wird die Bilder-Thematik ebenfalls angesprochen. Es wird herausgestellt, dass Genres, die bis dahin von untergeordneter Art waren, wie das Blumenstillleben oder die Landschaftsmalerei, im 17. Jahrhundert ihre höchste Blüte fanden. Dabei wurden die Werke vielfach durch alttestamentarische Szenen religiös aufgeladen oder rie-

---

8   *J. Calvin*, Institutio III,19,9.
9   *M. Freudenberg*, Reformierte Theologie, S. 309.
10 *J. Calvin*, Institutio I,11,12.
11 Vgl. *Alfred Rauhaus*, Den Glauben verstehen, Wuppertal 2003, S. 210.

fen die Vergänglichkeit des irdischen Lebens eindringlich ins Gedächtnis. Zudem waren sie moralisch konnotiert und vermittelten in ihren Bildmotiven calvinistische Wertvorstellungen und Tugenden wie Rechtschaffenheit, Sauberkeit und Ordnung. Hinsichtlich der biblischen Geschichten wird herausgestellt:

> „Die bildliche Darstellung von Bibelgeschichten war für die Protestanten wenig problematisch. Mit der Abbildung Gottes waren sie allerdings sehr zurückhaltend. Die von der calvinistischen Publizistenfamilie Visscher herausgegebene Bibel belegt dies. Die Bilderbibel besteht aus 450 Drucken, die auf Stiche von südniederländischen Künstlern wie Maerten de Vos und Johann Sadeler aus dem 16. Jahrhundert zurückgehen. Die Mehrzahl der Drucke wurde unverändert übernommen. In den Drucken zur Schöpfungsgeschichte jedoch wurde die Gottesfigur, ein alter Mann mit Bart, ersetzt: An ihrer Stelle findet sich das Tetragramm, der Name Gottes in hebräischen Buchstaben."[12]

Die beiden folgenden Abbildungen zeigen diese Vorgehensweise:

Die Schöpfung, Johann Sadeler, 1570/1600

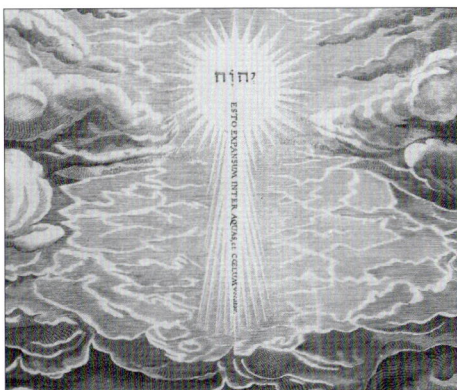

Die Schöpfung, aus: „Theatrum Biblicum", Claes Janszoon d. J., Amsterdam 1672

---

12 Calvinismus. Die Reformierten in Deutschland und Europa. Begleitband zur Ausstellung im Deutschen Historischen Museum, Berlin 2009, S. 16-17.

3. Lutherisches Verständnis

Martin Luthers Verständnis der Bilder ist dialektisch ausgerichtet: Auf der einen Seite wendet er sich gegen eine Position, die Bilder als „heilsnotwendig" ansieht und ihnen Verehrung, ja Anbetung zukommen lässt. Auf der anderen Seite wendet er sich gegen eine bilderstürmerische Position, die jeglichen Gebrauch von Bildern untersagt. Er stellt es frei, die Bilder zu gebrauchen oder auch nicht.

Theologisch gesehen sind Bilder für ihn Adiaphora, d.h. sie sind spirituell gesehen neutral, man kann darüber unterschiedlicher Meinung sein. Die Wirkung dieser Position entfaltet sich in die gleiche Richtung wie die reformierte Position: Kunst wird als weltliche Angelegenheit verstanden und damit freigegeben. Andererseits geht sie aber über die reformierte Position darin hinaus, dass Kunst in gottesdienstlichen Räumen zugelassen wird.

M. Luther kannte die mittelalterliche Tradition der Wertschätzung von Bildern: „Geschriebenes für die Lesekundigen, Bildliches für die Analphabeten." Bei ihm findet man aber eine „hermeneutisch angereicherte" Wertschätzung der Bilder. Aus einer Reihe von Äußerungen ist bekannt, dass der Reformator sich sehr für Fragen der bildlichen Darstellung biblischer Aussagen und theologischer Sachverhalte interessierte. Er war mit *Lucas Cranach*, dem Begründer der protestantischen Ikonographie, freundschaftlich verbunden. Mit ihm hat er sich auch persönlich über Fragen der inhaltlichen Gestaltung von Bildern ausgetauscht.

Durch die Bilderstürmerei von *Andreas R. Karlstadt* war M. Luther im Jahre 1522 erstmals genötigt, sich mit der Bilderfrage intensiver auseinanderzusetzen.[13] Er vertrat die Position, dass es nicht verboten sei, Bilder herzustellen, dass aber die Anbetung von Bildern verboten sei. Er leitete dazu an, wie Christen in evangelischer Freiheit mit den Bildern umgehen können. Bilder können zu einem wichtigen Medium der „Kommunikation des Evangeliums" werden. So schreibt der Reformator bereits in seiner Schrift „Wider die himmlischen Propheten, von den Bildern und Sakrament" (1525):

> „Ja wollt Gott, ich könnte die Herren und die Reichen dahin bereden, dass sie die ganze Bibel inwendig und auswendig an

---

[13] Zur Bilderfrage siehe *Margarete Stirm*, Die Bilderfrage in der Reformation, Gütersloh 1977, bes. S. 69-89; *Karl-Heinz zur Mühlen*, Luther und die Bilder, in: *Ders.*, Reformatorische Prägungen. Studien zur Theologie Martin Luthers und zur Reformationszeit, Göttingen u.a. 2011, S. 184-198.

den Häusern vor jedermanns Augen malen ließen, das wäre ein christlich Werk."[14]

Diese Aussage wird im Vorwort des „Passional" (1529) erneut formuliert. M. Luther schreibt, dass er es nicht für falsch halte, wenn man

„solche geschichte auch ynn Stuben und ynn kamern mit den Spruechen malete/ damit man Gottes werck und wort an allen enden ymer fur augen hette / und dran furcht und glauben gegen Gott ubet."[15]

Die Wendung „solche geschichte" meint nicht die Historie bzw. „Geschichte", wie wir heute sagen, sondern ist mit „Biblische Erzählungen" oder „Biblische Geschichten" wiederzugeben. Dabei ist der Zusammenhang von Bild und Wort wichtig. Es ist für M. Luther unabdingbar, dass sich Illustrationen direkt auf die biblischen Aussagen beziehen. Das gilt nicht nur im Blick auf die Bibel, sondern auch im Blick auf die Illustration von Katechismus und Gesangbuch, ebenso für bildliche Darstellungen auf Wandgemälden. Es ist bemerkenswert, dass der Reformator, der die Predigt und das Wort so überaus hoch schätzte, zugleich der pädagogisch-didaktischen Funktion von Bildern eine solch große Bedeutung beigemessen hat. Zwei Aspekte sind dabei zu bedenken:

Kinder und Erwachsene bekommen durch die Bilder und Gleichnisse die Möglichkeit, die biblischen Erzählungen besser zu behalten. Durch eine bildhafte Darstellung bleiben die Geschichten besser im Gedächtnis als allein durch eine wort- oder lehrhafte Vermittlung. Zur Begründung wird auf die Redeweise Jesu verwiesen: um der Einfältigen willen hat er sich der Gleichnisrede bedient.

M. Luther ist weiterhin der Auffassung, dass man im religiösen Bereich nicht auf die Anschauung verzichten kann. Ohne Bilder können wir nichts verstehen und auch nichts denken. In einer Osterpredigt des Jahres 1533 hat er dies so formuliert: „Das, was uns in Worten vorgetragen wird, das müssen wir in Gedanken und Bilder fassen, weil wir eben ohne Bilder nichts denken und verstehen können."[16]

Auf diesem Hintergrund ist es zu sehen, wenn der Reformator sich für Fragen der Bebilderung interessiert hat. Beim ersten Druck der Vollbibel im Jahre 1534 hat er lebhaften Anteil an der Art und Platzierung der Bilder genommen. Auch bei anderen Veröffentlichungen Luthers wuchs

---

14 *Martin Luther*, Werke. Kritische Gesamtausgabe, Weimar 1930ff.: WA 18, S. 62.
15 WA 10/II, S. 458.
16 WA 37, 63 (Sprache leicht modernisiert). In Zeile 26 heißt es: „und nichts on bilde dencken noch verstehen können."

im Laufe der Zeit die Zahl der Bilder. Man kann sagen, dass im Laufe seines Lebens Luthers Wertschätzung der Bilder zugenommen hat. *Margarete Stirm* hat Luthers Stellung zu den Bildern mit folgenden Worten zutreffend beschrieben[17]:

> „Ein klares, einprägsames Bild hilft, einen mit Worten schwer erklärbaren Sachverhalt einem einfachen Menschen so nahezubringen, dass auch er es begreifen kann. Ein Bild haftet besser im Gedächtnis als dürre Worte. Bei dem Anblick eines solchen »Merkbildes« fällt dem Betrachter alles ein, was er bisher über die dargestellte Geschichte oder Person gehört hat. Das Bild erinnert ihn an Gottes Wohltaten und Strafen."

4. Schlussbemerkungen

Die eingangs gestellte Frage, ob die Herstellung von Bibelfliesen im Konflikt mit dem Bilderverbot steht, kann mit einem eindeutigen „Nein" beantwortet werden. Im Gegenteil: Sowohl aus lutherischer wie aus reformierter Sicht sind sie legitime Gestaltungen evangelischer Frömmigkeit. Die Frage der Darstellung Gottes war auch von vornherein dadurch „geregelt", dass die Bibelfliesen in den reformierten Niederlanden entstanden sind. Im Übrigen war auch durch die Vorlagen, die weitestgehend auf *Matthäus Merian* zurückgehen, deutlich, dass es zu keinem anthropomorphen Gottesbild kommen konnte. Merian war reformiert erzogen worden und wandte sich später zunehmend dem Calvinismus zu. So ist es konsequent, dass unter seinen Bildern kein gemaltes Gottesbild zu finden ist.

In der heutigen Religionspädagogik ist Konsens, dass Kennzeichen eines „erwachsenen" Glaubens ein symbolisches Gottesverständnis ist. In den neueren Kinderbibeln reformierter und lutherischer Prävenienz ist es (bis auf eine Ausnahme) ebenso Konsens, dass Gott nicht als Person mit menschlicher Gestalt dargestellt wird.[18]

---

17 *M. Stirm*, Die Bilderfrage in der Reformation, S. 72.
18 Siehe *Gottfried Adam*, Gottesbilder in Kinderbibeln. Eine kritische Analyse zur Frage der Illustration, in: *Stefan Altmeyer u.a.* (Hrsg.), Religiöse Bildung. Optionen – Diskurse – Ziele, Stuttgart 2013, S. 63-74.

„Bibelfliesen bringen in mir gleich ganze Erinnerungswelten zum Klingen"

Grundsätzliche pädagogische Anmerkungen

Jürgen Schönwitz

Worin besteht der zeitlose Gehalt einer Bibelfliese für den modernen Menschen? Eine pädagogische Praxis, die sich dieser Frage stellt, ist nicht allein gelassen. Sie kann sich auf die beiden großen Bildungsreformer *Johann Amos Comenius* (1592 – 1670) und *Johann Heinrich Pestalozzi* (1746 – 1821) berufen, die beide in ihrer Zeit den *Menschen als Bildungspartner* angesehen haben. Diese Sicht auf den Menschen hat ihre pädagogische Praxis in einer Weise beeinflusst, dass Bildungshandeln vor allem in einer *Förderung der persönlichen Aneignungsleistung* des Lernenden besteht.

1. Der Mensch als Bildungspartner

Ein praktisches Beispiel, worin eine solche Förderung bestehen kann, gibt *Comenius*, als er 1658 mit dem „orbis sensualium pictus" („Der gemalte Weltkreis") einen neuen Schulbuchtyp kreiert: die *Fibel*, das bebilderte Sprachenlernbuch. Darin ermutigt er die Schülerinnen und Schüler, sich zunächst „ein eigenes Bild zu machen", d.h. die Bilder ab- und auszumalen, um sich von hier aus dem Sachinhalt zuzuwenden. An zentraler Stelle steht für ihn dabei der Begriff der „Selbstsicht" („autopsia"), der deutlich über das bloße Sehen hinausweist: Allein die mit dem *inneren Auge* vorgenommene Sicht der Dinge kann deren subjektive Bedeutung erschließen. Anders gesagt: Das Bild wird dort für uns zum Medium auf unserem Bildungsweg, wo seine Tiefendimension freigelegt wird.

Johann Amos Comenius

Fast 150 Jahre später nimmt *Pestalozzi* diesen Gedanken auf und gibt ihm mit der Wendung „Anschauung ist das Fundament der Erkenntnis" eine eigene Fassung. Und auch darin nimmt Pestalozzi Comenius auf und führt ihn fort, dass er den Aspekt der Ganzheitlichkeit des Lernens in das Zentrum seiner Pädagogik stellt. Sein Grundsatz „Lernen mit Kopf, Herz und Hand" führt denn auch unmittelbar zu den drei Dimensionen eines kognitiven, affektiven und psychomotorischen Lernens, in denen sich die Ganzheit des menschlichen Bemühens um Selbstentwicklung abbildet.

Johann Heinrich Pestalozzi

2. Schauen – Deuten – Gestalten

Warum nun dieser Umweg über Comenius und Pestalozzi? Zunächst einmal soll damit deutlich gemacht werden, dass das Projekt „Bibelfliesen – eine pädagogische Entdeckung" mit seinem Dreiklang „Schauen – Deuten – Gestalten" auf solidem pädagogischen Boden steht. Es ist schon so, dass einer guten Praxis nichts förderlicher ist als eine gute Theorie. Diese Theorie geht zunächst davon aus, dass Kopf, Herz und Hand bzw. Schauen, Deuten und Gestalten nicht unverbunden nebeneinander stehen, sondern sich zueinander verhalten und gegenseitig befördern. Wenn es dabei im praktischen Umgang mit Bibelfliesen auch nicht ausbleiben kann, dass Schwerpunkte gesetzt werden, wird die dahinter stehende pädagogische Praxis darauf achten müssen, alle Dimensionen – wenn auch in unterschiedlicher Gewichtung – zu bedienen.

Dies ist allein schon darum geboten, da der Dreiklang „Schauen – Deuten – Gestalten" eine richtungsweisende Ordnung aufweist, der es um *Wahrnehmung*, um *Betroffenheit* und in einem ursprünglichen Sinne um *Begreifen* geht – und zwar in eben dieser Reihenfolge. Von daher sollte sich z.B. eine Bibelfliesenausstellung nicht darauf beschränken, lediglich „Exponate" mit anhängenden Sachinformationen zu präsentieren. Ebenso sollten die Besucher und Besucherinnen Gelegenheit erhalten, ihren ganz persönlichen Erkenntnisweg vom Schauen über das Deuten zum Gestalten so weit wie möglich abzuschreiten. Klar ist: Das Angebot einer Gesprächsrunde ist hier sicherlich leichter zu realisieren als ein Kreativ-Workshop zur persönlichen Bibelfliese.

3. Wertschätzung und Wahrnehmung der einzelnen Person

Ein weiterer bei Comenius und Pestalozzi grundgelegter Aspekt, der Eingang finden sollte in die pädagogische Praxis mit Bibelfliesen, besteht in der Wertschätzung des Einzelnen als produktives Subjekt. Die Menschen, die vor einer Bibelfliese stehen, sie betrachten, ihren Gehalt wahrnehmen, mit einer eigenen Deutung versehen und am Ende gar selbst eine Bibelfliese herstellen, tun dies nicht als unbeschriebene Blätter. Sie bringen in alledem das ein, was ihre unverwechselbare Identität ausmacht: ihre Lebenshintergründe, ihre Sichtweisen und Erfahrungen, ihre Lebensfragen und Erinnerungen. Auf den Punkt gebracht: Menschen gewinnen ein Verständnis der Bibelfliese, indem sie sich zu ihr ins Verhältnis setzen. So hat denn auch ein Besucher einer Bibelfliesen-Ausstellung seine Reaktion in die treffenden Worte gefasst: „Bibelfliesen bringen in mir gleich ganze Erinnerungswelten zum Klingen."

Für eine pädagogische Praxis, die vor der Aufgabe steht, einen Raum der Begegnung zwischen Bibelfliesen und Mensch zu arrangieren, ergeben sich von daher folgende Fragen:

– Wen will ich erreichen (Kindergarten-Kinder, Schüler-, Konfirmanden- oder Seniorengruppen, Touristen, Gemeinde, Bibelkreis …)?
– Auf welche Lebenslagen muss ich mich einstellen (Milieu: städtisch, ländlich, hohe kirchliche Prägung, distanziert …)?
– Was will ich mit meinem Bibelfliesen-Projekt erreichen (Unterhaltung, Bildung, Verkündigung …)?
– Was steht dem entgegen (Raum und Zeit, Lokalitäten, Interessenlage bzw. kognitive und kreative Kompetenzen der Teilnehmerinnen und Teilnehmer …)?

Warum spielt die Wahrnehmung des Menschen und seiner Lebenswelt bei der Arbeit mit Bibelfliesen eine so große Rolle? Die Antwort darauf geben die Bibelfliesen selbst. So, wie sie die biblische Botschaft aufnehmen, bringen sie gleichzeitig den Raum und die Zeit ihrer Entstehung zur Ansicht. Wer sich ihnen zuwendet, wird unmittelbar erkennen, dass sich in ihnen die Lebenshintergründe derer spiegeln, die sie in ihre Häuser geholt haben. Darum kann es nicht verwundern, dass Mose vom Berg Nebo auf eine niederländische Landschaft herabblickt, als Gott ihm an seinem Lebensende das verheißene Land zeigt.

Grundlegendes

Moses Tod, 5. Mose 34,1-5 (Fliesenbibel O 120, AT S. 235)

Noch einen weiteren Grund gibt es, soziale Lebenswelt und individuelle Lebenslagen bei der Arbeit mit Bibelfliesen im Auge zu behalten. Dieser Grund hängt ursächlich mit ihrem Entstehen und Aufkommen zusammen: Bibelfliesen sind kein Schatz der Kirche, sondern ein Schatz der Menschen. Konkret: Auch wenn in den reformierten Kirchen das alttestamentliche Bilderverbot konsequent umgesetzt wurde, hat Menschen dies nicht davon abgehalten, sich ein Bild zu machen von Gottes Wegen mit den Menschen. Und dass sie diese Bilder in ihre Häuser holten, ist sowohl Ausdruck ihrer Frömmigkeit als auch eines neuen christlichen Selbstbewusstseins. Hier findet der reformatorische Leitgedanke einer Mündigkeit im Glauben seine ganz eigene, *bildhafte* Umsetzung.

Für die praktische Arbeit mit Bibelfliesen wird diese Erkenntnis zu einem sowohl theologischen wie pädagogischen Impuls. Theologisch: Vollzieht sich das Schauen, Deuten und Gestalten im weiten Rahmen der Freiheit eines Christenmenschen, dann ist damit auch die Einladung verbunden, *ohne falsche Scheu* den religiösen Gehalt einer Bibelfliese in die eigene Lebenswelt zu überführen. Pädagogisch: Wird Menschen eine Sicht auf Bibelfliesen ermöglicht, dass sie in ihnen ihre eigenen Lebensfragen aufgenommen finden, dann muss man sich mit ihnen auch auf Wege begeben, die ohne Bevormundung zu tragfähigen Antworten führen. Ein solches *weiterführendes* pädagogisches Handeln kann denn auch zu Recht die Bezeichnung *„bild-end"* tragen.

Didaktische Überlegungen zum Umgang mit Bibelfliesen

Bilder wahrnehmen – deuten – gestalten

Gottfried Adam/Renate Rogall-Adam

Die Zahl der Bilder ist in allen Lebensbereichen in den letzten fünfundzwanzig Jahren in einem enormen Maße, ja geradezu sprunghaft gestiegen. Die Digitalisierung von Bildern und die Möglichkeiten, die der Gebrauch von Computern eröffnet, haben dazu entscheidend beigetragen. Der Zugang zu Bildern ist damit erleichtert worden. Es haben sich damit nahezu unbegrenzte Möglichkeiten der Verwendung von Bildern aufgetan. Man spricht darum zu Recht von einer „Wende zum Bild" („iconic turn") als einer wesentlichen Signatur des gegenwärtigen Zeitalters.

Diese Entwicklung hat auch Konsequenzen für die religiöse Bildung an den unterschiedlichsten Lernorten: Familie, Kindertagesstätte, Kirchengemeinde, Schule und Öffentlichkeit. Wir haben es im Blick auf die religiöse Bildung mit einer Vielfalt von Bildgattungen zu tun: Fotos, Sachbilder und -zeichnungen, Illustrationen, Impulsbilder, Werke der Kunst, insbesondere der Malerei, Andachts- und Meditationsbilder, aber auch „religiöse Gebrauchskunst". Diese Gebrauchskunst hat vorrangig illustrierenden Charakter. Sie stellt in didaktischer Hinsicht eine beachtenswerte „Sehhilfe" dar, weil sie theologische Aussagen und Inhalte transportiert und pointiert sichtbar macht.

1. Die Bilder der Bibelfliesen

Zur „religiösen Gebrauchskunst" gehören auch die Bibelfliesen. Sie wurden als Baumaterialien hergestellt. Ihre Bemalung wurde von Fliesenmalern im Akkord vorgenommen. Und doch sind die Bibelfliesen zugleich „mehr" als Baumaterial. Für die biblischen Darstellungen wurden in der Regel Stiche als Vorlage für die Herstellung der Durchstaubschablonen (Sponsen) verwendet. Diese Vorlagen für die Bemalung entstammten dem Bereich der „großen" Kunst, z.B. aus Bilderbibeln oder

65

aus der Malerei. Über die Bibelstiche von *Pieter Schut* geht die Linie der Vorlagen vor allem auf die Kupferstiche „Icones Biblicae" (1625-27) von *Matthäus Merian* zurück. Dazu kommen die Radierungen von *Jan Luiken* und seinem Sohn *Casper Luiken* in „De Schriftuurlijke Geschiedenissen en Gellijkenissen" (1712) und weitere Vorlagen.[1] Viele Übereinstimmungen der Bilder auf den Bibelfliesen mit den Darstellungen in Bilderbibeln sind damit zu erklären.

2. Das spezifische Profil der Bibelfliesen

Bei näherer Betrachtung lassen sich folgende *vier Merkmale* von Bibelfliesen herausstellen:

2.1 Die Darstellung der biblischen Inhalte ist elementar

Die Gestaltung der Bibelfliesen zeichnet sich dadurch aus, dass sie auf das Wesentliche der biblischen Botschaft konzentriert ist. In der Mitte der Bibelfliese ist die zentrale Aussage der jeweiligen Geschichte dargestellt. Es wird nichts hinzuerfunden oder übermäßig ausgestaltet. Die Bildsprache ist schlicht. Vergleicht man die Darstellungen auf den Bibelfliesen mit den Vorlagen, so wird deutlich: Die Vorlagen sind sehr viel ausführlicher und detaillierter ausgestaltet. Auf den Bibelfliesen wird davon nur ein kleiner Teil übernommen. Das wird in der Didaktik als *Elementarisierung* bezeichnet. Dabei geht es um die Rückführung eines fachlichen Inhalts auf einen grundlegenden Aspekt.

Anders gesagt: Es geht um die Herausstellung des Wichtigen. Es findet eine Vereinfachung statt. Aber diese ist keine Verharmlosung oder Popularisierung des Inhalts, sondern stellt eine Konzentration auf das Wesentliche, den Kern der Sache, dar. Die Bibelfliese übersetzt die Aussagen biblischer Geschichten in eine klare und auf das Wesentliche konzentrierte Bildsprache. Eine solche Konzentration zeigt sich beispielsweise darin, dass auf einer Bibelfliese in der Regel nur wenige Personen dargestellt werden. Diese Fokussierung ist ein Grund dafür, dass Bibel-

---

[1] Näheres bei *Jan Pluis*, Bijbeltegels/Bibelfliesen. Biblische Darstellungen auf niederländischen Wandfliesen vom 17. bis zum 20. Jahrhundert, Münster 1994, S. 131-146. - In der „Fliesenbibel" werden auf den Seiten 441 bis 452 zahlreiche Beispiele für den Zusammenhang von Stich (Vorlage) und Fliese (Abbildung) geboten.

fliesen auch heute noch Menschen ansprechen.

Am Beispiel der Taufe Jesu kann man diesen Vorgang der Elementarisierung deutlich erkennen. In der Bildmitte, leicht nach links verschoben, ist Jesus zu sehen. Da wir Bilder von links nach rechts lesen, fällt uns als erstes Jesus ins Auge. Johannes der Täufer steht rechts von der Mitte, er weist auf Jesus hin. Vom Himmel kommt eine Taube herab. Durch die Taube wird die Gegenwart Gottes signalisiert und die Einsetzung Jesu als „Gottes Sohn" verdeutlicht. Damit ist die grundlegende Aussage dieser biblischen Geschichte auf „einfache" Weise dargestellt.

Die Taufe Jesu im Jordan, Mt 3,16 (Fliesenbibel N 27, NT S. 7)

2.2 Die Bibelfliesen orientieren sich an wichtigen Aussagen der Bibel

Der entscheidende Bezugspunkt ist bei einer Bibelfliese stets ein biblischer Text. Damit wird das reformatorische „sola scriptura" (= „allein die Schrift") zum wichtigen Kriterium für die Ausgestaltung der Bibelfliesen. Spannend ist nun die Frage: Welche biblischen Geschichten wurden ausgewählt?

Schauen wir zunächst auf das *Alte Testament*.[2] Ein Viertel der Themen auf den Bibelfliesen sind dem 1. Buch Mose entnommen. Es handelt sich dabei um die Themen Schöpfung, Sündenfall, Brudermord, Sintflut, Gottes Bund mit Noah und den Turmbau zu Babel. Darüber hinaus wurden der Abraham-Zyklus, die Lot-Erzählungen, die Jakobs-Geschichten und die Josephs-Erzählungen gestaltet. Ebenso kommen Geschichten aus 1. und 2. Samuel, 1. und 2. Könige, 2. Mose und aus dem Richter-

---

2 Eine ausführliche Darstellung der Auswahl und eine theologische Kommentierung bietet *Gottfried Adam*, Biblische Geschichten auf Fliesen, in: Ders., Biblische Geschichten kommunizieren, Münster 2013, S. 160-162.

buch vor. Die apokryphen Bücher sind durch Themen aus den Büchern Tobias, Judit, Daniel und 1. Makkabäer auf den Bibelfliesen vertreten. Von den Propheten gibt es vergleichsweise wenige Darstellungen. Auffällig ist, dass keine Motive aus den Psalmen und der Weisheitsliteratur dargestellt werden. Wählt man die zwölf *am häufigsten vorkommenden Einzelmotive* aus, so ergibt sich folgende Liste:

- Adam und Eva im Paradies/ Der Sündenfall
- Die Vertreibung aus dem Paradies
- Kain erschlägt Abel
- Hagar in der Wüste

- Abrahams Opfer
- Jakob ringt mit dem Engel

- Mose empfängt die steinernen Tafeln/Mose zeigt die neuen Tafeln
- Die Kundschafter im Gelobten Land
- Die eherne Schlange
- Simson trägt die Stadttore von Gaza weg
- Elija wird von den Raben ernährt
- Jona wird an Land gespien

Mit den Themen Schöpfung, Sündenfall, Brudermord, Abrahams Opfer, Zehn Gebote, Bund mit Noah und die Verheißung an Abraham sind wichtige theologische Themen auf den Bibelfliesen zu finden.

Beim *Neuen Testament* sind 80 % der Themen aus dem Bereich der vier Evangelien.[3] Die folgende Übersicht verdeutlicht die thematischen Gruppierungen und die Anzahl der Darstellungen zum jeweiligen Themenbereich:

Jesu Geburt und Vorbereitung auf das öffentliche Leben: Geburtsgeschichten, Flucht nach Ägypten, Kindermord, der 12-jährige Jesus im Tempel, Taufe Jesu, Versuchung Jesu	26
Leben, Verkündigung und Wirken: Jüngerberufung, Bergpredigt, Kindersegnung, Begegnungsgeschichten, Maria und Martha, Zachäus, Opfer der Witwe, Weltgericht u.a.	39
Die Werke der Barmherzigkeit	6
Gleichnisse	54
Wundertaten und Zeichen	29
Die Leidensgeschichte Jesu: Einzug in Jerusalem, Tempelreinigung, Verrat des Judas, Abendmahl usw.	45
Erscheinungen Jesu	9

---

3 Zum Folgenden siehe *Gottfried Adam*, Biblische Geschichten, S. 162-165 sowie *Jan Pluis*, Bijbeltegels/Bibelfliesen, S. 111f. und S. 164-171.

Aus der Apostelgeschichte sind auf den Bibelfliesen die Themen Himmelfahrt, Pfingsten, die Entwicklung der Urgemeinde und die Missionstätigkeit des Paulus zu finden. Aus 1. und 2. Korinther werden lediglich das zentrale theologische Thema „Glaube, Hoffnung und Liebe" und die Leiden des Apostels „Schicksalsschläge des Apostels Paulus" dargestellt. Bei der Offenbarung handelt es sich um klassische Themen wie „Johannes auf Patmos" und „Das himmlische Jerusalem".

Unter den neutestamentlichen Bibelfliesen gibt es, zahlenmäßig gesehen, *zwei „Renner"*: die „Auferstehung Jesu" und die „Versuchung in der Wüste". Die häufige Darstellung der Auferstehung entspricht dem Wesen des christlichen Glaubens. Die Auferstehung ist das zentrale Ereignis, in dessen Licht Person und Sache Jesu insgesamt zu sehen sind.

Die Menschwerdung Christi wird durch vier Kindheitsgeschichten konkretisiert. Bei der Taufe und der Versuchungsgeschichte geht es um Jesu Sohn-Gottes-Sein. Leben, Verkündigung und Taten Jesu werden vielfältig dargestellt. Die Passionsgeschichte und die Erscheinungen Jesu bilden einen weiteren Schwerpunkt, der in der Himmelfahrtsszene seinen Abschluss findet.[4]

Insgesamt ist festzuhalten, dass zu allen wichtigen Texten der christlichen Heilsgeschichte Bibelfliesen vorliegen.

2.3 Die Bibelfliesen dienen auch der Unterhaltung

Es gibt auf Bibelfliesen auch Motive, die unterhalten wollen. Dazu gehören Darstellungen von Tieren.[5] Eine andere Variante sind Motive wie „Potiphars Frau versucht Joseph zu verführen", „David und Batseba" und „Judit enthauptet Holofernes".[6]

Sehr lustig ist es auch zu sehen, wie das Motiv vom „Splitter und Balken" aus Mt 7,3 gestaltet wird. Auf der entsprechenden Fliese sind zwei Menschen zu sehen. Aus dem Auge der rechten Person sprießt so etwas wie eine verlängerte Augenwimper hervor. Bei der linken Person kommt allerdings ein „Balken", fast so dick wie ein Arm, aus dem Auge. Manche Betrachter der Bibelfliese halten das für ein Fernrohr. Diese Form

---

4 Weiteres zu den neutestamentlichen Bibelfliesen, ihren Themen und einer theologischen Kommentierung siehe bei *G. Adam*, Biblische Geschichten, S. 163-165.
5 Siehe die Zusammenstellung in: *Ev.-luth. Kirchenkreis Norden* (Hrsg.), Tier-Geschichten in der Bibel (Bibelfliesen-Bilder 6), Norden 2007.
6 Siehe *Ev.-luth. Kirchenkreis Norden* (Hrsg.), Kriminalgeschichten (Bibelfliesen-Bilder 10), Norden 2009.

_Lots Frau ist zur Salzsäule geworden, 1. Mose 19,26
(Fliesenbibel O 34, AT S. 35)_

der Darstellung ist eine eigenständige Gestaltung der Fliesenmaler. Eine entsprechende Vorlage ist in der Illustrationsgeschichte von biblischen Texten zuvor nicht zu finden. Wenn man weiterhin bedenkt, dass wir Bilder von links nach rechts lesen, so ist diese Darstellung von Mt 7,3 für die Betrachterin und den Betrachter gewiss einprägsam und von nachhaltiger Wirkung.[7]

In diesem Zusammenhang dürfen auch die Geschichten von Simson nicht fehlen. Von ihm gibt es auf Bibelfliesen neun verschiedene Szenen.[8] Dabei sind die Darstellungen „Simson zerreißt einen Löwen" und „Simson trägt die Stadttore von Gaza weg" am häufigsten zu finden. Neben dieser unterhaltenden Seite gibt es auch die theologische Seite zu bedenken. Bereits in der mittelalterlichen Schriftauslegung, die der typologischen Methode folgt, wird Simson als Vorläufer Christi interpretiert.

Der Versuch, schwierige Sachverhalte darzustellen, ist manchmal amüsant anzusehen. So wird z.B. bei der Flucht aus Sodom und Gomorrha im Bild der Augenblick festgehalten, in dem Lots Frau zur Salzsäule erstarrt. Ihre untere Hälfte wird bereits als steinerne Säule dargestellt, während in der oberen Hälfte noch die fraulichen Konturen erkennbar sind.

2.4 Die Bibelfliesen waren über einen langen Zeitraum populär

Die Produktion von Bibelfliesen begann ab 1640 und reichte bis in die zweite Hälfte des 19. Jahrhunderts. Überall dort, wo man mit dem Schiff

---

7 Fliesenbibel N 77, NT S. 13. = Siehe die Wiedergabe von S. 137
8 J. Pluis, Bijbeltegels/Bibelfliesen bietet auf S. 157 die Auflistung der Motive (O 143-151), auf S. 319-325 die Abbildungen der entsprechenden Bibelfliesen (Nr. 692-733) und auf S. 774-776 eine Beschreibung dazu.

hinfahren konnte, fanden sie Verbreitung. Man findet sie noch heute von den Niederlanden bis nach Ostpreußen, aber auch in Rundale/Litauen und in St. Petersburg/Russland. Sie sind in Nordfriesland, auf den Halligen, in Hamburg und bis nach Sachsen zu finden. Selbst nach Portugal, wo es eine eigene Tradition der Azulejos gab, wurden sie exportiert. Die Zahlen zur Produktion und der Export der Bibelfliesen machen deutlich, dass es sich um einen beachtlichen Markt gehandelt hat. Der Absatz spricht für ihre Popularität.

3. Zum Bildverständnis: Kinder sehen anders als Erwachsene

Didaktische Überlegungen haben neben den Inhalten auch die an den Lernprozessen beteiligten Personen in den Blick zu nehmen. Es ist bisher kaum hinreichend bedacht worden, dass Kinder einen eigenen Blick auf Bilder haben. Worin besteht dieses „andere Sehen"?
– Ein erster Aspekt besteht darin, dass Kindern Bilder leichter zugänglich sind als Begriffe. Die intuitive Wahrnehmung geht der begrifflich-abstrakten Reflexion voraus.
– Die Wahrnehmung von Bildern wird u.a. durch geschlechtsspezifische Lebensbedingungen und Interessen (Gender), das Herkunfts-Milieu und die individuellen Vorlieben (der „Geschmack") des einzelnen Kindes mitbestimmt.
– Außerdem spielen entwicklungspsychologische Kriterien eine wesentliche Rolle. Es gibt eine deutlich erkennbare Entwicklung der Wahrnehmungskompetenz von Bildern.

Michael J. Parsons hat mit seiner Monographie „How We Understand Art"[9] eine umfassende Studie zu den Bildpräferenzen vorgelegt. Er führte mit mehr als 300 Personen unterschiedlichen Alters Interviews zu ausgewählten Bildern.
Die Befragten beschrieben das Bild. Sie äußerten sich zu den Gefühlen, die das Bild bei ihnen auslöste, und sie machten Aussagen zu stilistischen und formalen Gesichtspunkten. Das Ergebnis der Analyse war *ein fünfstufiges Modell zur Entwicklung der Bildwahrnehmung*. Die gewonnenen Einsichten werden auf der folgenden Seite wiedergegeben.

---

9 Michael J. Parsons, How We Understand Art, Cambridge: University Press 1987.

Stufe 1 wird als „Favoritismus" bezeichnet. Sie ist typisch für das *Vorschulalter*. Bilder mit vertrauten Gegenständen und mit den eigenen Lieblingsfarben sind Anlass zur Freude und werden bevorzugt. Dabei sind die Reaktionen assoziativer Art: Z.B. mag man ein Bild wegen eines dargestellten Hundes, weil man selbst einen Hund hat. Oder man mag ein abstraktes Bild von Paul Klee, weil man die Farben liebt.

Stufe 2 hat „Schönheit und Realismus" als Motiv für die Vorlieben. Sie ist typisch für das *Grundschulalter*. Schönheit ist das Kriterium für die Attraktivität eines Inhaltes. Ebenso gefällt die sorgfältige, realistische Darstellung des Gemalten. Aber auch Stufe 1 reicht noch mit in diese Phase hinein.

Bei *Stufe 3* ist die „Expressivität" zentral. Sie ist der *Adoleszenz* zuzuordnen. Bilder sind wegen der Kreativität, Originalität und Tiefe interessant. Sie werden als Metaphern für Ideen und Emotionen verstanden. Wegen der Bedeutung für die Gefühle, die sie hervorrufen, werden Bilder geschätzt. So kann zu einem Bild gesagt werden, dass die Abstraktion gut ist, weil dadurch die dargestellte Sache deutlicher wird als durch ein Foto oder ein realistisches Gemälde.

Bei *Stufe 4* sind „Stil und Form" für die Bildrezeption wesentlich. In dieser Phase werden neben dem Lebensalter auch die Lebenserfahrung und das Wissen relevant. Die Subjektivität des Gefühls tritt zugunsten „objektiver Qualitäten" zurück.

In *Stufe 5* „Autonomie" kommt das Finden eines eigenen Urteils in den Blick. Dabei werden frühere Stufen integriert. In dieser Phase ist es auch möglich, am Gespräch über die Wahrnehmungen anderer Personen und über historische und gesellschaftliche Interpretationen teilzunehmen.

Diese Ergebnisse von M. J. Parsons stimmen mit einer Reihe von anderen Untersuchungen überein. *Anton A. Bucher* formuliert für die Entwicklung der Bildrezeption ein Resümee dahingehend, dass zahlreiche Studien gezeigt haben,

- „dass *jüngeren Kindern* Bilder besonders dann gefallen, wenn sie ihre Lieblingsfarben und solche Motive zeigen, die ihnen aus ihrem bisherigen Leben lieb sind. An den Realitätsgrad der Bilder werden – wie im eigenen Zeichnen – noch keine hohen Erwartungen gestellt, wenngleich auch jüngere Kinder Bilder von Erwachsenen solchen von ihresgleichen vorziehen (Booth 1974, S. 5).

- *Schulkinder* präferieren Bilder – auch zu biblischen Themen –, die die Motive naturgetreu und erkennbar zeigen und vergangene Episoden so wiedergeben, wie sie sich realistischer Weise hätten abgespielt haben können. Dies assoziiert nicht nur an das von Piaget beschriebene Stadium der konkreten Operationen, sondern auch an die realistischen Stadien in den traditionellen Phasentheorien, und nicht zuletzt an den von Luquet (1927) beschriebenen visuellen Realismus im kindlichen Zeichnen.

- *Adoleszente* richten ihr Augenmerk stärker auf die Ausdrucksqualität der Bilder, ihre Gefühlstiefe und Authentizität, und weniger darauf, ob sie die Motive photo-realistisch wiedergeben. Damit sind ihnen abstrakte Bilder zugänglicher, wobei aber auch kleine Kinder schon von solchen erfreut werden können, zumal wegen der Farben."[10]

Der Blick auf die verschiedenen Stufen macht deutlich, dass Kinder eine eigene Art der Bildrezeption haben. Das erfordert das Bemühen, Bilder auch mit den Augen der Kinder zu sehen.[11]

Vorschulkinder sehen intuitiv. Sie äußern spontan ihre Beobachtungen und benennen einzelne Gegenstände, die ihnen ins Auge fallen. Sie haben einen Sinn für Auffallendes sowie Merkwürdigkeiten, können

---

[10] Anton A. Bucher, „Das Bild gefällt mir: Da ist ein Hund drauf". Die Entwicklung und Veränderung von Bildwahrnehmung und Bildpräferenz in Kindheit und Jugend, in: *Dietlind Fischer/Albrecht Schöll* (Hrsg.), Religiöse Vorstellungen bilden. Erkundungen zur Religion von Kindern über Bilder, Münster 2000, S. 207-231, hier S. 217. – Siehe auch *Nicole Metzger,* „Geschichten sind doch dazu da, weitererzählt zu werden." Eine empirische Untersuchung zu Sinn, Relevanz und Realisierbarkeit einer Kinderbibel von Kindern, Kassel 2012, S. 43-78.

[11] Weitere Anstöße dazu bei *Marie Luise Goecke-Seischab* und *Frieder Harz,* Bilder zu neutestamentlichen Geschichten im Religionsunterricht, Lahr 1994, S. 8-10. Ferner: *Irene Renz,* Und was meinen die Kinder? Was Kinder zur Bebilderung von Kinderbibeln sagen, in: *Gottfried Adam u.a.* (Hrsg.), Illustrationen in Kinderbibeln. Von Luther bis zum Internet, Jena 2005, S. 255-273.

aber die einzelnen Entdeckungen noch nicht in einen Zusammenhang bringen. Man spricht davon, dass Kinder Bilder ganzheitlich erfassen. Es wurde lange Zeit angenommen, dass die Entwicklung der kindlichen Wahrnehmung sich von einer ganzheitlichen bis zum Schulalter hin zu einer analytischen Weise entwickelt. Neuere Untersuchungen haben aber ergeben, dass es sich bei der frühen kindlichen Wahrnehmung nicht um eine ganzheitliche Wahrnehmung handelt, sondern um die Fokussierung auf ein Merkmal.

Das bedeutet, dass Kinder im Vorschulalter bereits analytisch wahrnehmen, aber die einzelnen Elemente noch nicht miteinander in Verbindung bringen können. Sie „verbinden" diese additiv miteinander. Es ist zu beobachten, dass jüngere Kinder besonders solche Merkmale fokussieren, die emotionale Reaktionen hervorrufen. Erst später werden Zusammenhänge und Strukturen entdeckt.[12]

Eine wichtige Rolle kommt auch der „Bildatmosphäre" zu. Die Stilmittel, durch die sich diese Atmosphäre mitteilt, sind der Gesichtsausdruck und die Gestik. Auch wenn auf den Bibelfliesen die Augen und Gesichtszüge nicht immer nuanciert ausgemalt und detailliert erkennbar sind, wird doch etwas „rübergebracht". *Irene Renz* stellt heraus, es sei wichtig, dass sich von der Botschaft einer Geschichte auch etwas in den Gesichtern der abgebildeten Personen widerspiegelt. Sie macht geltend,

> „dass sich bei Kindern insbesondere durch nonverbale Ausdrucksformen (wie Gestalt und Mimik) das Atmosphärische eines Geschehens erschließt ... Dieser Ersteindruck, der für den Betrachter als konstitutiv für das Stimmungsbild der ganzen Erzählung wirkt, transportiert offensichtlich einen größeren Wahrheitsgehalt als verbale Informationen über die emotionale Befindlichkeit der Handlungsträger."[13]

4. Zur Didaktik der Begegnung mit Bibelfliesen

Bei Illustrationen von biblischen Geschichten kann man nach ihren Intentionen drei Arten unterscheiden: Sachkundliche Bilder, Erzählbilder und hermeneutische Bilder.

---

12 Siehe dazu *Dávid Németh*, Illustrationen in ungarischen Kinderbibeln, in: *Gottfried Adam* u.a. (Hrsg.), Illustrationen in Kinderbibeln, S. 213.
13 *Irene Renz*, Und was meinen die Kinder?, S. 266f.

Sachkundliche Bilder wollen etwas über die Zeit und die Umwelt der Bibel, über Landschaften, Gebäude, Personen sowie Sitten und Gebräuche berichten. Ihr Ziel ist die Informationsvermittlung. So gibt es auf Bibelfliesen Darstellungen von Kleidung, Pflanzen und Landschaften, aber diese stehen am Rande. Um eine solche Informationsvermittlung geht es bei den Bibelfliesen primär nicht.

Erzählbilder oder darstellende Bilder bilden biblische Geschichten ab, erzählen sie nach und regen zum Hinschauen und Nachfragen an. Ihr Ziel besteht in der Visualisierung. Solche Bilder konzentrieren das Vielerlei der Vorgänge, heben das Wesentliche hervor, fokussieren das, was im Text nacheinander ausgeführt wird. Genau darum handelt es sich bei den Bibelfliesen. Auf einer begrenzten Fläche im Format von 13 cm x 13 cm wollen sie das Wesentliche einer biblischen Geschichte abbilden. Sie haben ein Oben und ein Unten, ein Rechts und ein Links und dazu eine Mitte. Diese wird dadurch hervorgehoben, dass die Bildmitte in der Regel von einem Kreis umschlossen ist.

Die Bibelfliesen als Erzählbilder haben aber auch Anteil an der dritten Art von biblischen Illustrationen: den *hermeneutischen Bildern*. Diese wollen die Tiefendimension der gemalten Geschichte zur Sprache bringen. Sie tragen eine Botschaft in sich, sie wollen Evangelium, d.h. etwas für das Leben Bedeutsames vermitteln. Insofern haben Bibelfliesen auch eine Verkündigungs-Intention.

Die Begegnung mit den Darstellungen auf den Bibelfliesen vollzieht sich in einem Prozess, der sich durch folgende didaktische Grundstruktur beschreiben lässt: Wahrnehmen – Deuten – Gestalten.[14]

4.1 Wahrnehmen

Die erste Annäherung an eine Bibelfliese besteht darin, dass man genau hinschaut. So kann man *entdecken* und *wahrnehmen*, was auf der Bibelfliese dargestellt ist. Die Betrachtenden sollen selbst auf Reisen gehen und nicht über Reisen informiert werden. Solch entdeckendes Lernen

---

14 Die folgenden Ausführungen beziehen sich auf Peter Biehl und Günter Lange. Dazu siehe insbesondere *Peter Biehl*, Religion entdecken, verstehen, gestalten, in: Werkbuch Religion. 5./6. Schuljahr. Materialien für Lehrerinnen und Lehrer, hrsg. von *Gerd-Rüdiger Koretzki/Rudolf Tammeus*, Göttingen 2000, S. 10-14, sowie *Günter Lange*, Umgang mit Kunst, in: *Gottfried Adam/Rainer Lachmann* (Hrsg.), Methodisches Kompendium für den Religionsunterricht, Bd. 1, Göttingen (1993) ⁵2010, S. 259f., sowie *Ders.*, Aus Bildern klug werden, in: *Wolfgang E. Müller/Jürgen Heumann* (Hrsg.), Kunst-Positionen, Stuttgart 1998, S. 149-156.

nimmt Neues wahr. Dabei werden möglicherweise bisherige Gewohnheiten und Selbstverständlichkeiten aufgebrochen. Es geht insgesamt um so etwas wie ein „Spazierengehen im Bild". Die Leitfragen dazu heißen: *Was sehe ich?* und *Wie ist das Bild aufgebaut?*

- Was kommt mir bekannt vor?
- Was gefällt mir?
- Was erfreut mich?
- Was ist ungewöhnlich?
- Was befremdet mich?
- Was irritiert mich?
- Was überrascht mich?

Es geht um ein „Lesen" des Dargestellten, um die spontane Sammlung von Eindrücken, um erste Beobachtungen und anfängliche Vermutungen zu dem, was man sieht. Daraus können Fragen entstehen, die zu bedenken sind. Auf diese Weise kommt es zum Entdecken einzelner Teile sowie des Zusammenhangs des Dargestellten, seiner Formen und Struktur, der Bewegung und der Ruhepole im Bild, der Personen und ihrer Beziehungen zueinander. Ein solches Entdecken ist bei Bibelfliesen insofern „relativ" einfach: Die Zahl der Personen und das, was insgesamt dargestellt werden kann, ist aufgrund der Kleinheit der Fliesen begrenzt.

4.2 Deuten

Das, was man wahrnimmt und entdeckt, bedarf der Deutung. Diese Deutung vollzieht sich als Prozess des Verstehens. Dabei ist das Deuten und Verstehen im religiösen Zusammenhang kein Selbstzweck. Es geht vielmehr darum, was das Wahrgenommene für mich und mein Leben bedeutet. Damit ist in didaktischer Hinsicht die Zielperspektive für das Verstehen deutlich: Es geht vor allem um das Verstehen des eigenen Lebens und der eigenen Lebenswelt - mithilfe der Bilder und der dazugehörigen biblischen Texte. Dieses Deuten vollzieht sich auf zwei Ebenen:

Zum einen ist die *persönliche Ebene* des Betrachters bzw. der Betrachterin zu bedenken. Für diesen Bereich lautet die Leitfrage: *Was löst das Bild in mir aus?*

- Wie wirkt das Bild auf mich: anziehend, abstoßend, Interesse erregend, Bekanntes verstärkend, eine neue Sicht eröffnend?
- Welche Assoziationen kommen mir?
- Welche Gefühle werden durch das Bild ausgelöst?

Zum andern geht es um die *thematische Ebene*. Im Blick darauf lautet die Leitfrage: *Was hat das Bild zu bedeuten?*

- Um welchen Text geht es?
- Welche Glaubenssichten haben sich im Bild niedergeschlagen?
- Welche Lebenserfahrungen werden angesprochen?
- Was ist mir aus bildlichen Darstellungen christlicher Kunst bereits geläufig?
- Gibt es eine besondere Pointe, eine Zuspitzung, die die Bibelfliese dem biblischen Thema verleiht?
- Was ist für mich nicht verständlich?
- Gelingt es der Darstellung, die Tiefendimension der biblischen Geschichte zur Sprache zu bringen?
- Welche Lebensbedeutsamkeit der biblischen Botschaft wird erkennbar?

4.3 Gestalten

Vom Deuten und Verstehen führt der Weg der Bild-Begegnung weiter zur *Dimension der Aneignung*. Hier geht es um das Gestalten und in der weiteren Perspektive auch um das Handeln. G. *Lange*[15] formuliert als Leitfrage: *Wo siedele ich mich an auf dem Bild?* bzw. *Was bedeutet das Bild für mich?* Die erste Fragestellung lädt dazu ein, sich selbst auf dem Bild zu positionieren. Dies kann für den Lernprozess hilfreich sein.

- Wo ordne ich mich auf dem Bild ein?
- Gibt es bei mir Widerstände gegen das Dargestellte?
- Was erwartet das Bild von mir?
- Finde ich mich auf dem Bild wieder?
- Führt das Verstehen zum Einverständnis?
- Ermutigt mich das Bild? Verwandelt es mich?

---

15 *Günter Lange*, Umgang mit Kunst, in: G. Adam/R. Lachmann (Hrsg.), Methodisches Kompendium, S. 259f.

Eine weitere Dimension des Aneignens und Gestaltens ist die kreative Weiterarbeit mit dem Bild.[16] Das können kreative Übersetzungsvorgänge sein wie einen Titel suchen, das Bild nachzeichnen, vergleichen, weitermalen, das Malen einer Bibelfliese, das spielerische Umsetzen in ein Bibelspiel, Sprechblasen oder Dialoge erfinden usw.

Die Weiterarbeit kann aber auch die Entwicklung von Perspektiven betreffen auf der Ebene der Glaubenseinsichten, im Blick auf die Horizonte des eigenen Lebens und für den Bereich des alltäglichen Handelns.

5. Abschließende Bemerkungen

In die dargestellte didaktische Grundstruktur von „Wahrnehmen-Deuten-Gestalten" wurden die Stufen der Bilderschließung, wie sie *Günter Lange* formuliert hat, eingearbeitet:

> Spontane Wahrnehmung: Was sehe ich?
> Analyse der Formensprache: Wie ist das Bild gebaut?
> Innenkonzentration: Was löst das Bild in mir aus?
> Analyse des Bildgehaltes: Was hat das Bild zu bedeuten?
> Identifizierung mit dem Bild: Wo siedele ich mich an auf dem Bild?
> bzw.: Was bedeutet das Bild für mich? (Günter Lange)

Die Schritte der Bildbegegnung sind etwas, das zum „Know how" eines Erziehers, einer Pastorin, eines Diakons, einer Gemeindepädagogin, eines Erwachsenenbildners, einer ehrenamtlich Mitarbeitenden gehören sollte. Allerdings sind diese Schritte in der aktuellen Situation nicht immer rein schulmäßig, sondern in freier Weise zu handhaben. So kann der Schwerpunkt im Lernprozess einmal mehr auf dem Wahrnehmen und Deuten, ein anderes Mal stärker auf dem Gestalten liegen.

Außerdem ist zu bedenken, dass Wahrnehmung und Deutung im individuellen Aufnahmevorgang eng miteinander verknüpft sein können bzw. sind. Darum steht am Ende „ein Plädoyer für eine flexible Bilder,-

---

16 Das führt hinüber in den Bereich der Methodik. Dazu siehe in diesem Band die Artikel von *Irene Renz*, Bibelfliesen in der Kindertagesstätte und in der Grundschule, s. u. S. 120ff. sowie *Andreas Scheepker*, „Das hab´ ich mir ganz anders vorgestellt!" Zum praktischen Einsatz von Bibelfliesen in der Sekundarstufe I., s. u. S. 80ff.

schließung".[17] Diese geht zunächst von den Wahrnehmungen der Menschen aus. Sie ist aber offen und bereit, in der Reihenfolge flexibel zu sein und im Interesse einer Schwerpunktsetzung und Konzentration eventuell auch Details, die an sich durchaus interessant sind, auszulassen. Es hängt viel davon ab, wie die Kinder und Erwachsenen reagieren und wie sie den Lernprozess selbst vorantreiben.

---

17 Siehe dazu *Gerd-Rüdiger Koretzki u.a.*, Bilddidaktik im Unterrichtswerk „Religion entdecken-verstehen-gestalten", in: *Bernd Schröder u.a.* (Hrsg.), „Du sollst dir kein Bildnis machen." Bilderverbot und Bilddidaktik im evangelischen, katholischen und jüdischen Religionsunterricht, Berlin 2013, S. 183-202, hier S. 197.

Grundlegendes

„Das hab' ich mir ganz anders vorgestellt!"
Zum praktischen Einsatz von Bibelfliesen in der Sekundarstufe I

Andreas Scheepker

Dieser Beitrag formuliert Überlegungen zum praktischen Einsatz von Bibelfliesen und skizziert methodische Möglichkeiten für die eigene Unterrichtsplanung.[1] Er schließt an die vorhergehenden Ausführungen von *Gottfried Adam* und *Renate Rogall-Adam* an. Der Beitrag hat die Klassenstufen 5 bis 8 im Blick. Vieles ist dabei übertragbar auf den Unterricht in höheren Klassen oder für die Arbeit mit Konfirmandinnen und Konfirmanden oder mit anderen Gruppen.

1. „Das hab' ich mir ganz anders vorgestellt!"

Vom Text zum Bild – vom Bild zum Text

Der Weg der Bibelfliesenkunst geht vom Text aus zum Bild. Religionspädagogische Methoden, die vom Text ausgehend das Bild erschließen, folgen der Bewegung, in der diese Kunst entstanden ist. Die Kompetenzen der Wahrnehmung und Deutung biblischer Symbole und Motive können anhand der einfach strukturierten Fliesenbilder in elementarisierter Form eingeübt und später an Gemälden und anderen Kunstwerken vertieft werden. Dazu werden unten Vorschläge gemacht. Reizvoll ist es aber, zunächst beim Bild zu bleiben und dann vom Bild aus den Text zu erschließen.

Zu dem Fliesenbild kann eine Vorgeschichte erfunden oder bei genauer Bildbetrachtung vielleicht sogar anhand der Informationen in der Fliese „gefunden" werden. Auch für die Bibelfliese gilt, dass sie nicht nur

---

[1] Wichtige Literatur: *Gottfried Adam/Rainer Lachmann* (Hrsg.), Methodisches Kompendium für den Religionsunterricht 1. Basisband, 4. überarb. Aufl., Göttingen 2002. Daraus besonders der Abschnitt „Bildorientierte Unterrichtsmethoden", S. 211–283; *Ralf Bertscheit*, Bilder werden Erlebnisse. Mitreißende Methoden zur aktiven Bildbetrachtung in Schule und Museum, Mühlheim an der Ruhr 2001; *Andreas Schoppe*, Bildzugänge. Methodische Impulse für den Unterricht, Seelze 2011; *Rita Burrichter/Claudia Gärtner*, Mit Bildern lernen. Eine Bilddidaktik für den Religionsunterricht, München 2014.

Abbildung des Textes ist, sondern das Motiv des Textes mit ihren Möglichkeiten gestaltet. Beispielhaft kann anhand der Bibelfliesen zu den Weihnachtsgeschichten sichtbar werden, dass hier durchaus nicht der Bibeltext illustriert wird, sondern dass die religiöse Vorstellungswelt der Entstehungszeit bei der Bildgestaltung ein gehöriges Wörtchen mitredet: Weder der Stall mit Ochs und Esel, noch die drei gekrönten Könige werden in den biblischen Weihnachtserzählungen erwähnt.

Dass ein begrenzter Freiraum in der Bildgestaltung auch Freiheiten gibt, wird schon sichtbar, wenn die abgebildeten Personen, Kostüme, Requisiten und Bestandteile der Kulisse – etwa im Stile *Ursus Wehrlis* Aufräumaktionen in der Kunst[2] – „inventarisiert" und mit dem Inventar der biblischen Erzählung verglichen werden. Das kann zeichnerisch, mit Ausschnitten aus der Fotokopie oder schriftlich erfolgen.

Auf diese Weise werden Differenzen und Dissonanzen zwischen Bild und Text wahrnehmbar. Erklärungen kann man aus den je spezifischen Möglichkeiten und Begrenzungen von Text und Bild finden:
- Welche Begriffe oder Textstücke der biblischen Erzählung sind im Bild nur schwer oder nicht darstellbar?
- Welche Möglichkeiten des Bildes hat der Text nicht oder nur andeutungsweise?

Anhand von einfachen Beispielen können grundlegende Fragen des Verhältnisses von Text und bildlicher Darstellung, von christlicher Botschaft und christlichem Bild, von theologischer Lehre und sakraler Kunst in den Blick genommen werden.

2. Kompetent mit Bibelfliesen unterrichten

Die nachfolgenden Überlegungen konzentrieren sich auf die Erarbeitung der *Wahrnehmungskompetenz*, der *Deutungskompetenz* und vor allem der *Gestaltungskompetenz*. Die Anforderungssituation besteht hier darin, dass die Jugendlichen sich aktiv mit Bildmotiven und Darstellungsformen auseinandersetzen, die sich auf biblische Erzählungen und damit auch auf zentrale Themen des christlichen Glaubens beziehen. Sie nehmen wahr, dass künstlerische Darstellungen an biblischen Texten orientiert sind und dass sie gleichzeitig ein Eigenleben und eine

---

2 Vgl. *Ursus Wehrli*, Kunst aufräumen, Zürich 2002.

eigene Bildsprache und Schlüssigkeit entwickeln, die über eine reine Übertragung aus dem Medium Wort in das Medium Bild hinausgehen.

Diese Freiheit im Verstehen und Gestalten der biblischen Vorgabe wird erst recht in der vergleichenden Auseinandersetzung mit unterschiedlichen Darstellungen des gleichen Textes deutlich: z.b. einer Bibelfliese mit *Rembrandt van Rijns* Gemälde zur Geschichte vom verlorenen Sohn. Aktiv können die Schülerinnen und Schüler biblische Motive mit verschiedenen Methoden und Medien gestalten. Dabei können sie vom biblischen Text oder von der dazugehörigen Bibelfliese ausgehen. Sie können erfahren, dass biblische Texte und Motive eine Vielfalt von Darstellungen ermöglichen. Die Arbeit mit Bildern

> „zielt auf eine ‚Hermeneutik der Freiheit': Fixierte, eingefahrene Glaubensvorstellungen können erweitert werden und verweisen letztlich auf die Unverfügbarkeit der Wirklichkeit Gottes. Die Beschäftigung mit Bildern verhilft dazu, sich kein Bildnis zu machen."[3]

3. „Der hat so Strahlen um den Kopf."

Impulse zur Erarbeitung von Wahrnehmungs- und Deutungskompetenz

„Man sieht nur, was man weiß." So lautet eine alte Ansicht der Kunstpädagogik. Sie wird auf ein Wort Goethes aus einem Brief an seinen Freund, den Staatskanzler *Friedrich von Müller* zurückgeführt: „Man erblickt nur, was man schon weiß und versteht." Dieser Einsicht folgend kann ein klassischer Weg zur Erarbeitung der Bibelfliesenkunst darin bestehen, sich den Verstehenskontext anhand biblischer Texte und anhand eines „ABC's" christlicher Symbole anzueignen. Ein solches ABC oder Minilexikon kann man sich selbst erarbeiten.

Durch die relativ einfache Darstellungsweise der Bibelfliese liegen ziemlich strukturierte Ebenen der Bildsprache vor, so dass die Lehrkraft eine Liste mit einschlägigen Texten und Symbolen (und dazu passenden Fliesen) vorgeben kann, die die Klasse sich in Teams erarbeiten und jeweils anhand einer Fliese und eines Textes vorstellen kann. Einschlägige Symbole wären u.a. Heiligenschein, Engel, Taube, Himmel, Schaf/

---

[3] *Susanne Bürig-Heinze u.a.*, Anforderungssituationen im kompetenzorientierten Religionsunterricht. 20 Beispiele, Göttingen 2014, S. 23.

Lamm, Schiff, Meer/Wellen, Lichtstrahlen, Gesten wie z.B. gefaltete oder ausgestreckte Hände. Dieses kleine ikonographische Lexikon kann fortlaufend erweitert werden.

Soll mit dem biblischen Text begonnen werden, kann eine stille Lesezeit den Anfang bilden, damit die Schülerinnen und Schüler dem Text offen begegnen und ihn mehrere Male lesen können. In einem zweiten Durchgang können Unterstreichungen vorgenommen werden (Personen, Gegenstände, Beziehungen untereinander, wichtige Sätze oder Worte). Danach kann es konkretere Arbeitsaufträge geben, die im Blick auf die weitere Arbeit mit der Bibelfliese und daran anschließende Unterrichtsschritte formuliert sind und in einem kleinen Team bearbeitet werden. Das Team sollte die Personenzahl haben, die auch die Szene auf der Fliese aufweist, damit die Teammitglieder auch die Rollen im Bibelfliesenmotiv einnehmen können.

Ein möglicher Schritt vom Text zum Bild und zu einer späteren Gestaltungsaufgabe ist z.B. die Aufgabe, die Beziehungen in der Geschichte oder die Personenkonstellation in einem Standbild darzustellen, um die Wahrnehmung und Deutung der Erzählung durch das Team vor der Klasse zu präsentieren. Wird in der Perspektive vom Text auf das Bild die Fliese eher als eine von vielen Interpretations- und Gestaltungsmöglichkeiten eines biblischen Motivs gesehen, so richtet sich der Blick beim Weg vom Bild zum Text eher auf die künstlerische Darstellung selbst mit ihrem Eigenwert, mit ihrer eigenen Bildsprache und Logik und mit ihrem eigenen Potential, das zur Aneignung in Wahrnehmung, Interpretation und (Weiter-)Gestaltung einlädt.

Hier wäre eine Unterrichtseinheit denkbar, die mit einer stillen Zeit beginnt, in der die Einzelnen die Bibelfliese je für sich betrachten. Sowohl bei der Lesezeit als auch bei der Betrachtungszeit muss die Lehrkraft auf Einhaltung der Regeln bestehen, weil bereits ein leises Gespräch die Aufmerksamkeit von Bild oder Text ablenkt. Nach einer stillen Zeit können die Schülerinnen und Schüler in der Analyse des Bildes durch Fragen unterstützt werden (z.B. zu Personen, Gesten, Gefühlen, Gegenständen, Hintergrund, Besonderheiten, mögliche Bildunterschrift). In einem Team, das möglichst aus so vielen Personen gebildet wird, wie auf der Fliese zu sehen sind (meist 3 bis 4) kann nun die Bildanalyse vertieft oder ein bestimmter Aspekt des Themas erarbeitet werden.

Der Übergang zu eigener Gestaltung kann hier durchaus fließend sein, wenn z.B. in Standbildern die Situation vor oder nach der Szene, die auf der Fliese abgebildet ist, dargestellt wird oder indem die kopierte Bibelfliese mit Sprechblasen versehen wird, wodurch die Personen auf dem Bild zu Wort kommen können.

4. „Spielen – Malen – Schreiben – Sprechen"

Impulse zur Erarbeitung von Gestaltungskompetenz

Im Folgenden sollen keine ausgearbeiteten Stundenentwürfe vorgestellt, sondern jeweils drei Ideen skizziert werden, die zur Erarbeitung eigener Unterrichtsentwürfe anregen sollen.

Erste Begegnung mit dem Bild

Für die erste Begegnung ist es sinnvoll, dass die Einzelnen zunächst je für sich arbeiten. So können auch die „Stillen" Ergebnisse festhalten, die im weiteren Verlauf des Unterrichts eingebracht oder eingeholt werden können. So werden Gedanken zumindest schriftlich festgehalten und fallen nicht einfach unter den Tisch, nur weil Schülerinnen und Schüler sie nicht im Plenum äußern. Folgende Arbeitsschritte sind hier denkbar: Die Schülerinnen und Schüler
– formulieren (einzeln für sich) einen *möglichen Titel* für das Bild.
– diskutieren die Vorschläge im Team oder – bei nicht zu großen Klassen – auch im Plenum. Dies ist dann sinnvoll, wenn die dargestellte Szene nicht zu bekannt ist.
– notieren nach ca. einer Minute stichwortartig *Assoziationen* und vergleichen diese zu zweit oder zu dritt. Wo gibt es Übereinstimmungen und deutliche Differenzen? Alternativ: stichwortartige *Notizen im Bild* (groß kopiertes Fliesenmotiv) vermerken und Gefühle, Gedanken und Wahrnehmungen benennen.
– überlegen und begründen, *welche Person im Bild* sie gern darstellen würden.

Zweite Begegnung mit dem Bild

Eine zweite, vertiefende Arbeitsphase mit dem Bild erfolgt in Teams. Diese sind klein zu halten (2 bis maximal 4 Personen), damit alle sich aktiv beteiligen können. Die Lehrkraft macht Kurzbesuche in den Klein-

gruppen, kann Impulse geben und achtet darauf, dass niemand im Team blockiert wird und sich niemand der gemeinsamen Arbeit entzieht.
Die Schülerinnen und Schüler
- kreisen einzelne Bereiche im Bild mit einer gemalten *Lupe* ein, die sie für besonders wichtig halten – so wie in einem Text bestimmte Wörter oder Satzteile markiert werden. Dazu wird eine vergrößerte Kopie des Bildes gebraucht. Manche Smartboards haben für eine Lupe eine entsprechende Funktion.
- *kolorieren* das Bild jeweils in den Farben, die zu einer Person oder zu der Gefühlslage und zu den Beziehungen im Bild passen.
- zeichnen und beschreiben *Sprechblasen* und lassen die Personen im Bild zu Wort kommen.

Das Bild in Szene setzen

Die Schülerinnen und Schüler
- stellen in *Standbildern* Szenen dar, die vor und nach der in der Fliese dargestellten Szene spielen. Sie können auch alternative Fortsetzungen wählen.
- die Einzelnen treten *aus dem Standbild* aus ihrer Rolle heraus, oder sie werden in der Bildszene lebendig und erklären in einem Statement, welche Rolle sie in der Bibelfliesenszene darstellen, was sie denken und fühlen und wie die Geschichte weitergehen könnte. Sie können auch von einem Reporter, der von außen an die Bildszene herantritt, interviewt werden.
- stellen in einer *Spielszene* dar, wie es zu der Bibelfliesenszene gekommen ist. Ist diese Situation im *Rollenspiel* erreicht, „friert" das Anspiel ein. Alternative: Das Anspiel beginnt mit der „eingefrorenen" Bibelfliesenszene und zeigt den Fortgang oder einen möglichen anderen Verlauf der Szene.

Das Bild weiter oder neu gestalten

Die Schülerinnen und Schüler
- gestalten *Comics* mit Szenen, die vor und/oder nach der in der Bibelfliese dargestellten Szene ihren Ort haben. Mit etwas Übung können sie im Stil der Bibelfliesen selber Bilder gestalten. Sinnvoll ist es, ihnen die Bibelfliesen-Rahmen mit Verzierungen auf einer kopierten Vorlage zur Verfügung zu stellen. Im Zeichnen Geübte können die

Bibelfliese in ein anderes Comic-Genre übertragen, z.B. mit Stilelementen von Manga.
- bekommen einen *Ausschneidebogen* mit Personen, Requisiten und Kulissen aus Bibelfliesen. Ihnen wird die biblische Geschichte erzählt oder vorgelesen. Aus ausgeschnittenen Figuren und Gegenständen erstellen sie in der kopierten Umrahmung nun ihre eigene Bibelfliese.
- gestalten anhand der Bibelfliese eine *Collage* mit Ausschnitten aus Zeitschriften und Katalogen. So wird die in der Bibelfliese dargestellte Szene „modernisiert" und verfremdet. Interessant ist es, hier mehrfach die gleichen Motive auszugeben, damit die vielfältigen Übertragungsmöglichkeiten sichtbar werden.

Das Bild zu Wort kommen lassen

Die Schülerinnen und Schüler
- verfassen *Elfchen* zu dem Bild. Elfchen sind lyrische Texte, die aus elf Worten in fünf Zeilen bestehen: Zeile 1: ein Wort, Zeile 2: zwei Wörter, Zeile 3: drei Wörter, Zeile 4: vier Wörter, Zeile 5: ein Wort. In der Regel sind die Schülerinnen und Schüler durch den Deutschunterricht mit dem Verfassen von Texten im Elfchen-Schema vertraut. Man kann sogar für jede Zeile eine Vorgabe machen: Zeile 1: Gefühlseindruck, Zeile 2: Personen, Zeile 3: drei Eigenschaften oder Details, Zeile 4: Thema des Bildes, Zeile 5: Einfall/Thema/Kommentar.
- verfassen eine *Kurzgeschichte* zu einem Bibelfliesenmotiv. Dabei kann der biblische Text auch verfremdet werden. Beispielhaft sei hier auf das von der bekannten Kriminalautorin herausgegebene Heft Nr. 10 in der Reihe „Bibelfliesen-Bilder" hingewiesen,[4] in dem zu ausgewählten Bibeltexten und dazugehörigen Fliesen ein Mini-Krimi verfasst wurde.
- schreiben eine *Sprechmotette* zu einem Bibelfliesenmotiv, die dann mit verteilten Rollen vorgetragen wird. Dabei können sie diese Motette aus Sätzen, Satzteilen und einzelnen Wörtern des Bibeltextes gestalten, die in der Reihenfolge verändert werden können. Davon ausgehend kann auch in eigener Sprache ein Text formuliert werden.

Das Schönste ...

... ist sicherlich, selbst Bibelfliesen zu gestalten und im Ofen zu bren-

---

4 Ev.-luth. *Kirchenkreis Norden/Sandra Lüpkes*, Kriminalgeschichten, Bibelfliesen-Bilder, Bd.10, Weener 2009.

nen. Es gibt auch einfache Alternativen: Fertige Fliesen in weiß sind in Baumärkten erhältlich, die Farben sind in guten Bastelgeschäften zu bekommen. Ohne die Möglichkeit, einen Brennofen zu nutzen, ist es auch möglich, weiße Fliesen mit Acrylfarbe – vielleicht in zwei unterschiedlichen Blautönen – als Bibelfliesen zu gestalten. Für den Rahmen mit seinen Verzierungen kann eine Schablone hergestellt werden.

Bibelfliesen in gemeindepädagogischer Perspektive

Matthias Spenn

> *Bildung ist für die Erschließung und das Verstehen des Glaubens wie auch seine Gestaltung eine wichtige Grundlage.*

1. Bibelfliesen und kirchliche Bildungsarbeit

Was haben Bibelfliesen mit kirchlicher Bildungsarbeit in Gemeinde oder Schule zu tun? Diese Frage drängt sich auf, weil zunächst davon auszugehen ist, dass Bibelfliesen von ihrem Hauptzweck her zunächst einmal Fliesen sind: Fliesen für Öfen und Kamine oder für Wände. Sie erfüllen einen Alltagszweck in einem Kontext, der nur dann als Bildungskontext gelten könnte, wenn der Ofen, der Kamin, die Wand diesen Alltagszweck in einem Schulraum oder einem Raum einer Kirchengemeinde erfüllten. Fliesen sind Elemente von Gebrauchsgegenständen bzw. Wandflächen, die irgendwie gestaltet sind oder besonders gestaltet sein sollen. Die Kriterien, nach denen sie gestaltet werden, sind zunächst funktionaler Art. Diese leiten sich aus der Funktion des Gegenstands oder der Fläche, aus dem Material, den kulturellen und ästhetischen Vorstellungen der Nutzerinnen und Produzenten dieses Gegenstands ab.

Damit werden aber auch Inhalte transportiert und sind Informationen verbunden. Diese Gebrauchs- bzw. Gestaltungselemente geben nämlich Auskunft über ihre Funktion in einem kulturellen Kontext, über den sozioökonomischen Anspruch bzw. Status der Besitzer oder gar über religiöse Vorlieben, die über den rein funktionalen Zweck hinausgehen oder diesen kommentieren. Dies trifft freilich auf alle Alltagskontexte zu. Dies kann aber insofern ein Bildungsthema werden, als die Informationen Anlass geben können, ein bestimmtes Bildungsniveau, einen Bildungsanspruch oder sogar bestimmte Bildungsziele und -inhalte der Besitzerinnen und Besitzer zu rekonstruieren. Aber deshalb sind sie noch nicht unbedingt Inhalt von Bildung als einem zielorientierten, didaktisch reflektierten und methodisch gestalteten Lehr- und Lernprozess.

Dennoch zeigen die Beiträge der vorliegenden Veröffentlichung wie bereits andere Publikationen zuvor, dass sich neben Materialkundlern, Historikern und Kulturwissenschaftlern auch Religionswissenschaftler, Theologen sowie speziell Religionspädagoginnen und Religionspädagogen für die Bibelfliesen interessieren. Dies geschieht offensichtlich nicht nur aus historischem Interesse, sondern im Hinblick auf das Anregungspotenzial für die aktuelle religionspädagogische Bildungsarbeit. Wie ist das einzuordnen?

2. Zugänge zu religiöser Bildung

Die Bibelfliesen sind in der Tat ein geeigneter Anlass, sich die unterschiedlichen Bildungsdimensionen bzw. Zugänge zu religiöser Bildung bewusst zu machen. Das ist für die kirchliche Bildungsarbeit in Kirchengemeinde und Schule gleichermaßen anregend. Lässt sich doch an der Thematik Bibelfliesen gut zeigen, dass Lernen und Bildung auf sehr unterschiedliche Weisen geschehen und sich wechselseitig ergänzen.

Zunächst einmal geht es um den Zugang zu christlichen Inhalten. Die christliche Religion ist in vielfacher Weise mit Lernen und Bildung verbunden. Christlicher Glaube setzt immer schon Bildung voraus, und er bringt auch immer Bildungsprozesse in Gang. Das ergibt sich bereits aus der Frage: „Wo finden Menschen eigentlich Zugang zur Glaubensüberlieferung?" Theologen und Theologinnen geben darauf die Antwort: Im Studium der Heiligen Schrift als Offenbarungsquelle. Die christliche Religion ist eine *Buchreligion*. Ihre wichtigsten Aussagen und Grundlagen sind schriftlich in einem Buch, der Bibel, festgehalten.

Zugleich weiß jeder Mensch aus eigener Erfahrung, was Bildungsforscher und Sozialwissenschaftler, insbesondere Pädagoginnen und Pädagogen wissen und professionell reflektieren:
– Unser *Lebenswissen*, die Art und Weise unserer Wissensaneignung, unser Zugang zur Wirklichkeit, unser Repertoire an Sinn-, Deutungs- und Bewältigungsmustern resultieren zunächst nicht aus einer Aneignung und Erschließung der Schrift oder auf einer rationalen Vermittlung von Wissensinhalten.
– Vielmehr sind hier *Sozialisation und funktionales Lernen* von entscheidender Bedeutung. Insbesondere religiöse Inhalte und religiöse Deutungs- und Bewältigungsmuster beggenen zunächst in Narrativen, in Erzählungen und mündlich überlieferten Geschichten, in Symbolen,

Ritualen, Musik und Bildern, Räumen und Gebäuden, bestimmten Zeiten, Festen und Feiern, in einer unüberschaubaren Fülle an Liedern, Gebeten, Bildern, Skulpturen und Bauwerken.

Alle genannten Formen und Sachverhalte sind nicht primär als Inhalte und Gegenstände von Bildung konzipiert, sondern haben in irgendeiner Weise Alltagsfunktionen. Bildungsinhalte im engeren, geplanten Sinn sind sie erst dadurch geworden, dass sich Pädagogen und Pädagoginnen ihrer als Inhalte bedienen. Das gilt nicht erst im Zusammenhang von Schule und Ausbildung, sondern immer schon in gemeindlichen, weniger verbindlichen und formalisierten Kontexten der Weitergabe des Glaubenswissens zwischen den Generationen, in der Sonntagsschule und im Kindergottesdienst, der Konfirmanden- und Jugendarbeit, der Familien-, Erwachsenen- und Seniorenbildung und nicht zuletzt in Gottesdiensten, Bibelkreisen usw.

Es ist eine *beständige Aufgabe*, die überlieferten Glaubenszeugnisse immer wieder neu zu lesen und ihre Inhalte jeweils aktuell auch auf dem Hintergrund wissenschaftlicher Reflexion zu entschlüsseln. Seit jeher sind deshalb die Zugänge zu den offiziellen Glaubensgrundsätzen auch auf die rationale Aneignung und Auseinandersetzung mit den Inhalten angewiesen. Sie sind darum auch in Bezug auf die alltäglichen Fragen der Lebensführung und Weltdeutung mit Bildung und Lernen verknüpft.

In der gemeindepädagogischen Tradition wird deshalb seit den 1970er Jahren „Kommunikation" als Leitbegriff bzw. „Kommunikation des Evangeliums" als zusammenfassende Formel für den kirchlichen Grundauftrag verwendet. Diese Formel geht zurück auf den evangelischen Theologen *Ernst Lange*[1]. „Kommunikation" meint dabei mehr als eine primär sprachliche oder rationale bzw. intellektuelle Weitergabe des Glaubenswissens: Glaube äußert sich in verbaler und nonverbaler Kommunikation, in Wort, Tat und in den vielfältigen Dimensionen des Lebens. In dieser Vielschichtigkeit werden seine Inhalte gelernt und gelehrt.

Dieser Hintergrund ist wichtig für die Einordnung und Wertschätzung von alltagskontextuellen, zunächst gar nicht bildungsintendierten Gelegenheiten, die dennoch Inhalte transportieren, wie etwa die in diesem Band im Fokus stehenden Bibelfliesen.

---

[1] *Ernst Lange*, Kirche für die Welt, München/Gelnhausen 1981, S. 101ff.

3. Unterscheidung von Bildungsbereichen

Formale Bildung – non-formale Bildung – informelle Lernwelten

Im internationalen und im deutschen Bildungsdiskurs hat die Beachtung der unterschiedlichen und vielfältigen Formen, institutionellen Bezüge und Strukturen, in denen sich Lernen und Bildung vollziehen, zugenommen. So wird inzwischen grundsätzlich zwischen mehreren Bildungsbereichen unterschieden: etwa zwischen Bildungsorten und Lernwelten oder zwischen formaler Bildung, non-formaler Bildung und informellen Lernwelten.[2]

Formale Bildung bezeichnet dabei Bildung in Bildungseinrichtungen mit klaren gesellschaftlichen Aufgabenzuschreibungen und Funktionen in hierarchisch aufgebauter Abfolge. Formale Bildung orientiert sich mehr oder weniger an vorgegebenen Rahmenlehrplänen oder in Modulhandbüchern o.ä. formulierten Inhalten mit auch politisch verbindlichen Zielstellungen. Am Ende eines formalen Bildungsgangs steht in der Regel ein Zeugnis oder eine andere Form eines Zertifikats, das Voraussetzung ist für den Zugang zu einem daran anschließenden Bildungsgang oder zu einer dieses Zertifikat voraussetzenden beruflichen Tätigkeit. Typische Einrichtungen formaler Bildung sind Schule, Ausbildung und Studium/Hochschule.

Ein nicht ganz so klar definierter und ungleich vielfältiger strukturierter Bildungsbereich ist die *non-formale Bildung*. Der Begriff der non-formalen Bildung wird verwendet für die Bildungspraxis, die zwar ebenfalls mehr oder weniger organisiert und mit einem impliziten oder expliziten Bildungsziel verbunden ist, wobei die Teilnehmenden aber grundsätzlich freiwillig über ihre Teilnahme entscheiden. Non-formale Bildung ist auch nicht genuin mit dem Erreichen eines formalen Abschlusszertifikats, an das der Übergang in weiterführende Bildungsgänge gebunden wäre, verbunden.

Davon wiederum zu unterscheiden ist die *informelle Bildung* oder besser das informelle Lernen. Dabei handelt es sich um Lerngelegenheiten, die meistens überhaupt nicht als solche bewusst organisiert sind: Familie, Nachbarschaft, Kontakte im sozialen Nahraum und in anderen Alltagswelten, aber auch Jobs und freiwilliges Engagement, die Gruppe Gleichaltriger, Sport usw. Das informelle, nichtgeplante Lernen im All-

---

2 Siehe *Matthias Spenn u.a.*, Lernwelten und Bildungsorte der Gemeindepädagogik. Bedingungen, Bezüge und Perspektiven, Münster 2008, bes. S. 21-24.

tagskontext legt vermutlich in vielfältiger Weise den Grundstock für alles Weitere im Leben, die Art der individuellen Weltdeutung und Lebensbewältigung, den Umgang mit Herausforderungen, Krisen und Konflikten, den Zugang zu Religion, Glauben und anderen Sinnquellen. Deshalb ist eine stärkere Beachtung informeller Lernwelten, aber auch von Bildung vor und außerhalb von Schule, für alle Bildungsbereiche wichtig. Sofern hier christlicher Glaube eine Rolle spielt, wird damit vermutlich ein Grundstein gelegt, an den ein Leben lang anzuknüpfen möglich ist.

4. Bildungshandeln von evangelischer Gemeinde und Kirche

Die evangelische Kirche ist in vielfältiger Weise in alle diese Bildungsbereiche und Bildungskontexte eingebunden und dabei selbst auch als Akteurin aktiv.

– An *formaler Bildung* ist sie beteiligt als Trägerin von Schulen, Einrichtungen beruflicher oder förderpädagogischer Bildung sowie von Hochschulen, aber auch im Bereich von Fort- und Weiterbildung. Insbesondere ist aber auch der schulische Religionsunterricht zu nennen, der in den meisten Bundesländern in gemeinsamer Verantwortung von Staat und Kirche ein fester, sogar vom Grundgesetz besonders geschützter (Art. 7,3 Grundgesetz) Teil formaler Bildung ist.

– Die meisten kirchlich-gemeindlichen Bildungsangebote fallen in den Bereich *non-formaler Bildung*: Angebote für Kinder vor dem Schuleintritt (Tageseinrichtungen für Kinder, Krabbelgruppen für Kleinkinder oder andere Angebote für Vorschulkinder), die kirchliche Arbeit mit Kindern und Jugendlichen von der Christenlehre, der Kindergruppe über Jungschar, Konfirmandenarbeit, Jugendarbeit wie Junger Gemeinde oder außerschulischer Jugendbildung, musikalische und kulturelle Bildung bis hin zur Familien-, Erwachsenen-, Frauen-, Männer- oder Seniorenbildung.

– Sozusagen als Basis und kultureller Hintergrund sind die vielfältigen *informellen Lernwelten* zu sehen, die die evangelische Kirche bietet und darstellt. Sie tut dies allein schon aufgrund ihrer Existenz mit ihren Räumen und Gebäuden, mit ihren Begegnungsmöglichkeiten und Personen, mit ihren Aktivitäten und ihrer Öffentlichkeitsarbeit. Dahinter steht eine Vielzahl und Vielfalt informeller Lerngelegenheiten, ohne dass dies den Akteuren immer bewusst ist.

Eine stärkere Beachtung informeller Lernwelten, aber auch von Bildung vor und außerhalb von Schule ist für alle Bildungsbereiche wichtig. Religiöse Bildung ist dabei in allen Bereichen präsent. Glaube und Glaubensinhalte spielen als Lebensdimension im Alltagskontext etwa in Form wie auch immer gearteter religiöser Praxis eine Rolle und bieten informelle Lernwelten. Anlassbezogene, am Lebenslauf orientierte Angebote kirchlicher Arbeit stellen eine Vielfalt von non-formalen, gemeindlichen, diakonischen und anderen Bildungsangeboten dar. Zugleich gibt es intensive Aktivitäten in formalen Bildungsbereichen. Erst das Zusammenspiel der drei Formen von informellen, non-formalen und formellen Bildungsprozessen ergibt Bildung im umfassenden Sinn.

Ratsam für gelingende Bildungsprozesse ist ein stärkeres Zusammenwirken der unterschiedlichen Bildungsbereiche formaler und non-formaler Bildung. Hier setzt Gemeindepädagogik an, hier sind aber auch die Schnittmengen mit Religionspädagogik in Bildungseinrichtungen wie Tageseinrichtungen für Kinder, Schule und Ausbildung.

5. Was hat das nun mit den Bibelfliesen zu tun?

Am Thema Bibelfliesen lassen sich aus gemeinde- und religionspädagogischer Sicht geradezu modellhaft sehr unterschiedliche und zugleich wechselseitig verschränkte Dimensionen evangelischer Bildungspraxis zeigen.

– *Zunächst* stellen sie als Alltagsgegenstand mit spezifischer Funktion und Ästhetik, die sich biblischer Anregungen bzw. Inhalte bedient – aus welchen Beweggründen auch immer – informelle Lernwelten dar. Es kann sein, dass sich das Gottesbild aus dem alltäglichen, unreflektierten Umgang mit Bibelfliesen für den gesamten weiteren Lebenslauf und die Weltsicht ergibt und die Folie für alle folgenden Bearbeitungsprozesse darstellt.

– Dies kann *zweitens* in irgendeiner Weise aber auch ein Thema werden – in der gemeindlichen Bildungsarbeit oder in der Erwachsenenbildung, als Anlass oder Reflexionsgegenstand für die didaktisch inszenierte Auseinandersetzung mit Fragen der Lebensführung im sinnstiftenden Horizont des christlichen Glaubens.

– *Drittens* bedienen sich – wie auch in diesem Band zu sehen ist – Religionspädagoginnen und Religionspädagogen solcher alltagskontextueller Gegenstände, um diese im formalen Bildungsbereich Schule als

Lerngegenstand für individuelle Bildungsprozesse bei den Schülerinnen und Schülern zu nutzen.

Für die Bildungsakteure bieten Bibelfliesen eine interessante Anregung, Alltagskontexte wahrzunehmen und zu bedenken. Aus der Wahrnehmung von Alltagskontexten können sie Anlass werden, um mit den Menschen Glaubensinhalte in gemeindlicher und schulischer Bildungsarbeit zu thematisieren, um auf diese Weise zur Kommunikation des Evangeliums beizutragen.

Zum Weiterlesen

Gottfried Adam/Rainer Lachmann (Hrsg.), Neues Gemeindepädagogisches Kompendium, Göttingen 2008.
Peter Bubmann u.a. (Hrsg.), Gemeindepädagogik, Berlin/Boston 2012.
Matthias Spenn/Simone Merkel, Glauben lernen und lehren, Eine kleine Gemeindepädagogik, Leipzig 2014.
Matthias Spenn u.a. (Hrsg.), Handbuch Arbeit mit Kindern. Evangelische Perspektiven, Gütersloh 2007.
Yvonne Kaiser/Matthias Spenn u.a. (Hrsg.), Handbuch Jugend. Evangelische Perspektiven, Opladen/Berlin/Toronto 2013.

C. Praxis-Bausteine

Religiöse Bildung und religiöses Lernen vollziehen sich in einem Netzwerk von unterschiedlichen Lernorten. *Matthias Spenn* hat in seinem Beitrag dazu Näheres ausgeführt. In den folgenden Kapiteln werden Praxis-Bausteine für fünf Lernorte beschrieben.

Familie und Kindertagesstätte

sind im vorschulischen Bereich Lebenswelt und vorrangiger Lernort der Kinder.

Irene Renz beschreibt ein Konzept, wie Bibelfliesen auf einer Familienfreizeit eingesetzt werden können Sie führt detailliert aus, wie die inhaltliche Struktur bei einer solchen Freizeit aussehen kann.

Karin Lienemann berichtet von der Entdeckung der Bibelfliesen als neues Medium in der religionspädagogischen Arbeit einer Kindertagesstätte.

Irene Renz stellt in ihrem Artikel eine Grundstruktur von fünf Schritten für den methodischen Umgang mit Bibelfliesen in Kindertagesstätte und Grundschule vor.

Schule

in allen ihren Formen ist für Kinder und Jugendliche der zentrale Lern- und Lebensort. Bibelfliesen werden hier primär im Religionsunterricht, gelegentlich auch in fächerübergreifenden Projekten verwendet.

Für den Grundschulunterricht ist auf den Beitrag von *Irene Renz* zur Kindertagesstätte zu verweisen. Dort wird auch beschrieben, wie in der Grundschule mit Bibelfliesen umzugehen ist.

Auf die Sekundarstufe I beziehen sich vier Unterrichtsentwürfe:

Christian Stahl beschreibt, wie man mit Bibelfliesen die Passions- und Ostergeschichte bearbeiten und das Ergebnis in kreatives Handeln umsetzen kann.

Ann-Kristin Schlüter deutet anhand einer Bibelfliese das Gleichnis vom Splitter und vom Balken (Mt 7,3).

Andreas Scheepker beschreibt in seinem Praxisbericht, wie man durch ein Bibelfliesen-Memory und durch einen Bibelfliesenfilm biblische Geschichten vertiefen kann.

Wernfried Lahr zeigt auf, wie mit Jugendlichen anhand von Bibelfliesen vorhandenes Wissen über biblische Geschichten in spielerischer Form vertieft werden kann.

Für die Sekundarstufe II legt *Ann-Kristin Schlüter* einen Unterrichtsentwurf zum Gleichnis vom verlorenen Sohn (Lk 15,11-32) vor.

Parallel zur Schulzeit fällt im kirchlichen Bereich die Konfirmandenzeit. Die Entwürfe, die im Blick auf den schulischen Bereich entwickelt und erprobt wurden, lassen sich ebenso für die *Konfirmandenarbeit* umgestalten und verwenden.

Erwachsenenbildung in der Gemeinde

Zunächst bedenkt *Jürgen Schönwitz* grundsätzlich die Möglichkeiten des Einsatzes von Bibelfliesen. Sodann zeigt er am Beispiel des Verlorenen Sohnes (Lk 15,11-32) auf, wie die Frage nach der eigenen Identität mit diesem Medium zu bearbeiten ist.

Vera Christina Pabst stellt zum einen vor, welches Anregungspotential die Bibelfliesen für die Veranstaltungsform „Frauenfrühstück" haben können. Zum anderen weist sie auf die Bedeutung dieses Mediums für die Reflexion der eigenen Frömmigkeit hin.

Martin Sundermann verdeutlicht in seinem Praxisbericht, dass Seniorinnen und Senioren durch die Beschäftigung mit Bibelfliesen und biblischen Geschichten der eigenen Frömmigkeit auf die Spur kommen können.

Ausstellungen, Begleitveranstaltungen und Museen

bieten Gelegenheiten, religiöse Bildungsprozesse zu initiieren. Die außerschulischen Lernorte gewinnen zunehmend an Bedeutung. Im Zusammenhang mit der Wanderausstellung „Mit Bibelfliesen durch die Bibel", die an unterschiedlichen Orten präsentiert wurde, gab es jeweils unterschiedliche Begleitveranstaltungen. Aus der Vielzahl dieser Veranstaltungen werden einige exemplarisch dargestellt:

Celia Hübl interviewt Kurt Perrey zu der Entstehung, den bisherigen Erfahrungen und den zukünftigen Perspektiven dieser Wanderausstellung.

Andreas Flick berichtet über die Durchführung einer Predigtreihe zu ausgewählten Bibelfliesen und wie mit Bibelfliesen in der Kreativen-Kinder-Kirche praktisch gearbeitet wurde.

Dorothee Löhr lässt uns teilhaben an einem generationenübergreifenden Gemeindeprojekt, bei dem die Kirche zur Bibelfliesen-Werkstatt wurde.

Christiane Kollmeyer stellt weitere Ideen und Aktionen zur Begleitung von Ausstellungen vor: Bibelfliesenrätsel und Kreativ-Werkstätten.

Matthias Stenger beschreibt, wie die Bibelfliesen zum festen Bestandteil des Ostfriesischen Teemuseums in Norden geworden sind. Er stellt das museumspädagogische Konzept und die museumspädagogische Nutzung dieses Mediums vor.

Predigten

Es gibt inzwischen eine Anzahl von Bibelfliesen-Gottesdiensten und -Andachten. Einige werden hier dokumentiert. Predigt und Gottesdienst sind von Hause aus kein Lernort wie z.B. Schule oder Kindertagesstätte, sie haben gleichwohl auch etwas mit Lernen zu tun. *Gottfried Adam* geht im ersten Beitrag zu diesem Bereich darauf näher ein (s. u. S. 222 ff.).

Praxis-Bausteine

Familie und Kindertagesstätte

„Gottes Liebe ist wie das weite Meer"

Familienfreizeit mit Bibelfliesen zum Thema „Wasser"

Irene Renz

Zielgruppe ■ Die Beschäftigung mit Bibelfliesen ist auch im Rahmen einer Familienfreizeit ein reizvolles Thema. Familienfreizeit bedeutet nicht, dass sich nur junge Familien mit Kindern für ein paar Tage treffen, sondern dass auch Ältere und Singles willkommen sind, sofern sie ein bisschen Trubel mit Kindern nicht nur in Kauf nehmen, sondern daran auch Spaß haben. Ratsam ist es, dass die Teilnehmerzahl die 30 nicht wesentlich übersteigt.

Ziele ■ Eine Familienfreizeit ist ein Mehrgenerationenprojekt, das herausfordernd, spannend und auch bereichernd sein kann. Es gilt: „Jede Generation ist so reich, dass sie der anderen etwas geben kann und zugleich ist jede Generation so bedürftig, dass sie auf andere Generationen angewiesen ist."[1] Die Beschäftigung mit Bibelfliesen bringt eine zusätzliche Komponente mit sich. Sie führt in die Lebens- und Glaubenswelt vergangener Generationen ein und stellt uns hinein in den großen Strom derer, die die Geschichten der Bibel mit ihrem Alltagsleben verbunden haben. Im Blick auf die Ziele gilt es zu unterscheiden zwischen *intentionalen Zielen* und *funktionalen Wirkungen*. Letztere sind zwar nicht so planbar wie Lernziele, sie sollten aber in die Vorüberlegungen einbezogen werden. Dazu gehören z.B. das Bestreben, den Teilnehmerinnen und Teilnehmern positive Erlebnisse zu vermitteln und eine Atmosphäre von Fröhlichkeit und gegenseitiger Zuwendung zu schaffen.

Als Zielvorstellung im engeren Sinne ist das gemeinsame Erarbeiten biblischer Geschichten von Kindern und Erwachsenen anhand von Bibelfliesen zu nennen. Dabei wird es weniger um an „Unterricht" er-

---
1 *Thorsten Riesewell* (Hrsg.), Miteinander – voneinander: leben, lernen, handeln, Kassel 2005, S. 4.

innernde Konzeptionen gehen, sondern um eine „lustvolle" Beschäftigung mit den Fliesenbildern, die dennoch nicht von Oberflächlichkeit bestimmt ist.

Das Konzept eignet sich gut für eine Freizeit auf einer Nordseeinsel[2] von einer Woche bis zu zehn Tagen Dauer. Durch die unmittelbare Nähe zum Meer und das Erleben von Wasser bieten sich biblische Geschichten an, die mit diesem Element in Beziehung stehen. Der Vorteil einer Nordseeinsel besteht darin, dass in Nordfriesland die Hallig Hooge besucht und die echten Fliesen im sogenannten „Königspesel"[3] oder in Ostfriesland die Bibelfliesenwand im Sielhof in Neuharlingersiel angesehen werden können.

■ **Zeit**

1. Vorüberlegungen

■ **Durchführung**

Für die Planung einer solchen Freizeit ist ein Team erforderlich, um die notwendigen Vorbereitungen und Vorarbeiten durchzuführen. Dazu gehören die Verteilung der Aufgaben im Blick auf die Gestaltung des Programms, die Absprachen über die eventuell wechselnde Tagesleitung, die Verantwortlichkeiten für Teilbereiche und Gruppenleitungen. Außerdem sind die Zuständigkeiten für die Ortserkundung, die Möglichkeiten für Aktivitäten und Ausflüge zu regeln. Auch sollten gruppendynamische Aspekte bedacht und die Bedürfnisse der Teilnehmenden, wie Ruhe, Bewegungs- und Aktivitätsbedarf, in die Planung einbezogen werden.

Für ein generationenübergreifendes Freizeitprojekt mit Bibelfliesen sind zusätzliche Überlegungen erforderlich. Da geht es zunächst um Informationen rund um die Bibelfliesen. Diese zeichnen sich durch eine Reihe von Besonderheiten aus: kleines Format (13 x 13 cm), Einfarbigkeit, Beschränkung auf das Wesentliche einer biblischen Geschichte, „Sitz im Leben", Frömmigkeitskultur usw.[4] Dem Vorbereitungsteam ist Anschauungsmaterial zur Verfügung zu stellen. Das ist vor allem in der

---

2 Natürlich kann man auch andere Orte wählen. Es ist jedoch empfehlenswert, Ort und Thematik aufeinander abzustimmen, d.h. im Gebirge eher biblische „Berggeschichten" auszuwählen.
3 Siehe dazu *Gottfried Adam*, Biblische Geschichten kommunizieren, Münster 2013, S. 153f.
4 Näheres siehe *Irene Renz*, Bibelfliesen in der Kindertagesstätte und in der Grundschule, s. u. S. 120. Eine Anleitung, Teil 1.

"Fliesenbibel" zu finden. Zu den Aufgaben des Vorbereitungsteams gehört es, geeignete Fliesen-Bilder auszuwählen, Ideen zum Umgang und zur Gestaltung zu entwickeln, und dies alles in eine Folge methodischer Schritte einzuordnen. Ich schlage dafür folgende Struktur vor: *Hinführung – Bild-Betrachtung – Bild-Vertiefung – Ausklang.*

2. Der Einführungsabend

Der Beginn einer Familienfreizeit sollte gut strukturiert sein und alle Teilnehmerinnen und Teilnehmer in die Aktivitäten einbeziehen. Die erste Einheit wird in der Regel am Anreisetag stattfinden. Sie hat drei Aufgaben: Das Kennenlernen der Teilnehmerinnen und Teilnehmer untereinander, die Erkundung der allernächsten Umgebung und die Vorstellung und Einführung in das Freizeitthema.

Gruppenbildung und Vorstellung in der Gruppe

Nach der Begrüßung durch die Freizeitleitung und der Vorstellung des Teams werden für diesen Abend drei Gruppen gebildet. Dazu zieht jede/jeder einen Zettel. Es gibt Zettel mit drei unterschiedlichen Farben. Erfahrungsgemäß wird von den Teilnehmenden angenommen, dass jede Farbe für eine Gruppe steht. Das wirkt sich bei der Ziehung der Zettel auf deren Auswahl aus. Nach Abschluss des Ziehens wird daher mitgeteilt, dass sich die Gruppen je nach Teilnehmerstärke aus etwa 3 x 3 Zetteln mit verschiedenen Farben zusammenfinden sollen. Dabei ist es wünschenswert, dass sich Kinder und Erwachsene möglichst mischen. Nach einer kurzen Vorstellungsrunde in der Gruppe – man kann sich dazu einen Ball zuwerfen – kommen alle wieder im Plenum zusammen.

Verlesen oder Spielen der Umweltgeschichte „Ich heiße Antje"

Ein Teammitglied kommt aufgeregt mit einem „Brief" herein und vermeldet: „Stellt Euch vor, wir haben einen Brief bekommen." Daraufhin kann die Umweltgeschichte „Ich heiße Antje" (→ Material 1) vorgelesen werden. Als Variante kann das Team diese Geschichte auch als kleine Aufführung szenisch gestalten.

„Gottes Liebe ist wie das weite Meer"

Puzzleteile der drei Bibelfliesen suchen

Vor der Tür werden Puzzleteile von Bibelfliesenbildern versteckt. (Die Verstecke der Puzzleteile sollten nicht zu schwierig sein, damit auch kleinere Kinder sie in kurzer Zeit finden können.) Dazu wurden in der Vorbereitung drei Fliesen in vergrößerter Form fotokopiert, auf starke Pappe geklebt und in etwa fünf bis sechs Puzzleteile zerschnitten. Es sind Bilder, die mit dem Element Wasser zu tun haben. Dabei ist zu beachten, dass es keine Fliesen sind, mit denen in den nächsten Tagen thematisch gearbeitet werden soll. Denn: für die Kinder sind diese Fliesen ja „kaputt", sie werden daher als defizitär betrachtet und erzeugen Enttäuschung. Vorschlag: Mose wird von der Tochter des Pharao gefunden., Jona wird an Land gespien und Jesus, der über den See von Galiläa geht, rettet Petrus.

Mose wird von der Tochter des Pharao gefunden, 2. Mose 2,5-6
(Fliesenbibel O 83, AT S. 80)

Jona wird an Land gespien, Jona 2,11
(Fliesenbibel O 290, AT S. 930)

Jesus, der über den See von Galiläa geht, rettet Petrus, Mt 14,28-31
(Fliesenbibel N 148, NT S. 30)

Plötzlich entsteht ein großes Getöse. Einige Kinder sind vorher beauftragt worden, vor der Tür Lärm zu machen, etwa einen Stuhl umzuwerfen, zu schreien o.ä.
Nun kommt ein Teammitglied verkleidet als „Antje" und ruft: „Stellt Euch vor, der Vater von Pit und Nele ist gerade heimgekommen, aber sein Wagen ist umgefallen und drei von seinen Fliesen sind kaputtgegangen und in der ganzen Gegend rund um das Haus verstreut. Wollt ihr mal versuchen, die Teile zu finden? Welche Gruppe findet wohl die meisten?"

„Tauschbörse" und Zusammensetzung der Fliesenbilder

Im nächsten Schritt versucht jede Gruppe im Tagungsraum ein Fliesenbild zusammenzusetzen. Da es sich aber um Teile von drei verschiedenen Fliesen handelt, passen nicht alle Puzzlestücke, die von den Gruppen gefunden wurden, zusammen. Darum wird eine „Tauschbörse" nötig. Es gilt jetzt, die nicht passenden Teile bei den anderen Gruppen einzutauschen gegen Teile, die für das eigene Bild fehlen. Zu den Spielregeln der Tauschbörse gehört es, dass man sich bei der Kontaktaufnahme mit einer anderen Gruppe zunächst mit dem eigenen Namen vorstellt. Dadurch geht das Kennenlernen rasch über die eigene Gruppe hinaus. Stellt man fest, dass eine andere Gruppe das gleiche Bild vervollständigen will, ist es ratsam, schnell zu wechseln, denn die „freien" Teile sind dann leicht zu haben.

Vorstellung der zusammengesetzten Bilder

Wenn alle Bilder vollständig zusammengesetzt sind, erzählt jede Gruppe, um welche biblische Geschichte es sich handelt und was auf dem Fliesenbild im Einzelnen festgehalten ist. Es wird dann weiter gefragt, was auf allen Bildern identisch ist: Das Wasser! Es erfolgt ein Ausblick auf den folgenden Tag, an dem ein Fliesenbild im Mittelpunkt stehen wird, bei dem das Wasser ebenfalls eine Rolle spielt.

Abschluss mit einem Spaziergang am Meer

Wenn es zeitlich noch möglich und der Strand nicht zu weit entfernt ist, kann der abendliche Abschluss am Meer gestaltet werden. Bei einem kleinen Spaziergang mischen sich die Gruppen erneut. Mit dem Blick auf das Wasser kann mit dem Lied „Gottes Liebe ist wie das weite Meer" (→ Material 2) der Abend beendet werden.

3. Arbeiten mit ausgewählten Bibelfliesen an den folgenden Tagen

Im Mittelpunkt der weiteren Arbeit stehen die folgenden drei Bibelfliesen:

„Gottes Liebe ist wie das weite Meer"

Die Tiere gehen in die Arche,
1. Mose 7,7-9
(Fliesenbibel O 17, AT S. 21)

Jesus stillt den Sturm auf dem See,
Mt 8,23-27
(Fliesenbibel N 140, NT S. 16)

Der wunderbare Fischfang,
Lk 5,5-7
(Fliesenbibel N 132, NT S. 103)

3.1 Die Tiere gehen in die Arche Noah

Bild-Begegnung

Das Fliesenbild steht in Postergröße im Plenum zur Verfügung. Man kann voraussetzen, dass die Arche sofort erkannt wird – und damit auch die biblische Geschichte. Daher ist es sinnvoll, zunächst das *„Aufdeckspiel"* zu spielen: Das Poster liegt in der Mitte des Stuhlkreises und ist mit einzelnen Papptäfelchen verdeckt, die nach und nach abgehoben werden. Es wird benannt, was „entdeckt" wurde. Danach wird überlegt, was sich unter dem nächsten Täfelchen verbergen könnte.

Gedächtnisspiel: Das Bild ist verdeckt. Ein Ball wird einander zugeworfen mit der Frage „Was fällt dir ein?" Daraufhin werden Bildelemente benannt.

Bild-Betrachtung

Fragen an das Bild: Wer könnten die Personen sein? Was denken sie wohl gerade?
Emotionale Wirkung des Bildes: Wie ist die Stimmung auf dem Bild? Macht es mich fröhlich? Macht es mich nachdenklich? Oder wirkt es sogar bedrohlich?

Bild-Vertiefung

Die biblische Geschichte wird erzählt:

Noah tritt auf. Er wird folgendermaßen begrüßt: „Das trifft sich ja gut, Noah, dass du kommst. Wir haben gerade eben von dir gesprochen. Erzähl' uns doch, wie war das damals mit der großen Flut? Erzähl' doch mal: Erzählvorschlag „Ach, das ist lange her ... Ja, so war das damals." (→ Material 3) Jemand intoniert als Vorsänger: „Gottes Regenbogen, seht" (→ Material 4) ... alle stimmen ein.

Alle gehen nach draußen. Es gibt einen Wettbewerb: „Arche-Typen"! Es finden sich Gruppen zusammen und bauen aus Strandmaterialien und Sand nicht wie üblich eine Burg, sondern eine Arche nach ihren Vorstellungen. Jede Gruppe bekommt am Ende einen Preis.

Ausklang

Für den Rückweg zum Haus werden wiederum Zettel gezogen. Darauf stehen die Namen von Tieren, die Laute von sich geben: z.B. Hund, Katze, Frosch, Hahn, Esel, Bär, Schaf, Ziege, Hummel, Pferd, Spatz, Elefant, Eule, Rabe, Taube. Von jeder Tierart müssen jeweils zwei Zettel vorhanden sein.

Wenn alle einen Zettel gezogen haben, werden die Tierstimmen nachgeahmt und in dem lustigen Tierkonzert die jeweiligen Partner gefunden. Es darf dabei nicht gesprochen werden. – Mit dem „Arche-Lied" (→ Material 5) zieht man in den Gruppenraum.

3.2 Jesus stillt den Sturm auf dem See

Bild-Begegnung

Das Fliesenbild – in Postergröße, mit Karton verstärkt – steht aufrecht auf einem Tisch, mit der Rückseite zum Publikum. Die Gruppe sitzt davor im Halbkreis. Abwechselnd dürfen ein Kind und ein Erwachsener „dahinter" schauen und ein (!) Bildelement den anderen mitteilen.

Bild-Betrachtung

Das Bild wird umgedreht, es ist für alle sichtbar. Was ist das für eine Szene auf dem Bild? Was geschieht dort gerade? Wenn das ein Ausschnitt aus einem Film wäre: Was könnte man hören? Wie fühlen sich die Menschen im Boot? Was werden sie wohl sagen oder rufen?

Das Bild sagt uns nicht, wie die Geschichte wohl ausgeht. Es ist ein

Bild, auf dem Spannendes geschieht. Wem fällt also eine spannende Überschrift dazu ein?

Auch hier kann man sich einen Ball zuwerfen. Wem gerade nichts einfällt, wirft den Ball weiter. Wer einen Titel weiß, signalisiert seine Bereitschaft zum Fangen des Balles.

Bild-Vertiefung

Hinführung zum Bibeltext
„Es war in einer kleinen Stadt am Mittelmeer. In einem Hause sitzen Menschen beisammen. Die Tür geht auf. Es kommt noch eine Person hinzu. Erschreckt blicken die anderen auf. Doch der Mann bückt sich und zeichnet mit dem Finger einen Fisch auf den Lehmboden. Da sind alle erleichtert. Es sind Christen, die vor langer Zeit lebten. Sie werden verfolgt, vertrieben, misshandelt. Sie haben ein Erkennungszeichen: den Fisch. Wer den Fisch zeichnet, der gehört zu ihnen. Vor allen anderen haben sie Angst, große Angst. ‚Ich bin Simon', sagt der Fremde, ‚ich bringe euch Grüße von den Christen aus dem Nachbardorf. Auch wir haben große Angst. Ich bringe euch eine Geschichte mit. Es ist eine Geschichte gegen die Angst. Ich habe sie vor einiger Zeit auf dem Markt einem Händler abgekauft, der gar nichts damit anfangen konnte'." Er entrollt ein Schriftstück und *liest den Bibeltext Mt 8,23-27.*

Die nötige Bewegung wird jetzt dazu genutzt, die Stühle so aufzustellen, dass sie den Grundriss eines Bootes bilden. Alle setzen sich wieder. Wie schaukelt so ein Schiff? Alle bewegen sich auf ihren Plätzen hin und her, auch gegeneinander. Der Sturm wird stärker. Jetzt stehen diejenigen, die an dem einen „Bootsrand" sitzen, auf. Wenn sie sich wieder setzen, stehen die gegenüber Sitzenden auf. Auf diese Weise entsteht eine große Schaukelbewegung, so als würde das Schiff von den Wellen hin und her geworfen.

Ist die Bewegung eingeübt, kann das Lied „Die Jünger, die im Schiffe sind" (→ Material 6) gesungen werden.

Es beginnt mit der kleinen Bewegung, bei der noch alle sitzend hin und her schaukeln. Der Mittelteil des Liedes wird dann stürmisch mit der großen Bewegung (Aufstehen/Setzen) gestaltet. (Am einfachsten ist dies nach dem Prinzip „Vorsänger oder Vorsängerin/Alle wiederholen" zu gestalten.) Am Schluss der letzten Strophe wird die Bewegung geringer. Die letzte Zeile „und alles Toben stillt" wird mehrmals wiederholt, immer leiser werdend bis zum rhythmischen Flüstern als „Fading out". Dabei machen die Hände anfangs noch kleine Wellenbewegungen, die sich dann aber glätten. Die Hände streichen dann wie über eine ebene Fläche.

Es werden sodann mehrere *Gruppen in altersspezifischer Zusammensetzung* gebildet: kleinere Kinder, größere Kinder jeweils mit einem Teammitglied, Erwachsene mit oder ohne Gesprächsleitung. Die Gruppenmitglieder tauschen sich über die Frage aus: „Was macht mir Angst?"

Aus blauem Kartonpapier werden „Wellen" ausgeschnitten – oder sind schon vorbereitet. Diese werden mit den besprochenen Angstthemen beschrieben. Alles wird zu einem großen „Wellenmeer" aus Fotokarton zusammen geklebt.

Ausklang

Zum Abschluss kann nach einer kurzen Einführung in den Begriff „Gemeinde" das Lied: „Ein Schiff, das sich Gemeinde nennt" (EG 612, Verse 1, 4 und 5) gesungen werden. Während es bisher eher kindgerechte Lieder waren, kommen damit auch ältere Kinder und Erwachsene zu ihrem Recht.

3.3 Der wunderbare Fischfang

Bild-Begegnung

Pantomime: Die Teilnehmerinnen und Teilnehmer sitzen im Halbkreis. Drei bis vier Spieler sitzen – für alle gut sichtbar – auf dem Boden oder auf einem Tisch. Sie haben ein leeres Netz in der Hand. Sie heben und senken dieses mit langsamen Bewegungen. Ihre Gesichter sind enttäuscht, frustriert. Von Zeit zu Zeit klauben sie eine kleine Muschel oder etwas Tang aus dem Netz: Wertlos! Sie werfen es weg. Sie sind müde, sie gähnen, stützen den Kopf in die Hand. Alles geschieht sehr langsam. Ausspielen! Dann ertönt ein Gongschlag o.ä., die Spielerinnen und Spieler verlassen die „Bühne".

Das Fliesenbild als Poster steht nun an der Stelle der Spieler: Welche Bildelemente gleichen denen der Pantomime? (→ Netz, Menschen) Welche Bildelemente gibt es außerdem? Von besonderem Reiz ist es, wenn die

Bildelemente dann jeweils mit einer Taschenlampe angeleuchtet werden.

Bild-Betrachtung

Fragestellungen: Worin besteht der Unterschied zur Pantomime? Was tun die Menschen hier? Was ruft wohl der eine Mensch zum anderen Schiff hinüber? Was für eine Situation ist dargestellt?

Bild-Vertiefung

Hinführung zum Bibeltext
„Petrus erinnert sich: Es war am Pfingstfest. Jesus war nicht mehr bei uns und doch war es so, als wäre er da, ganz dicht bei mir. Und ich predigte, ich erzählte den Menschen von Jesus. Dichtgedrängt standen sie vor mir. Sie wollten vom Reich Gottes hören, sie wollten dazugehören. Und plötzlich sah ich vor mir ein großes Fischernetz, prallvoll mit Fischen, dicht gedrängt, so wie die Menschen jetzt vor mir. Und ich erinnerte mich an Jesus. Er sagte damals: ‚Von jetzt an wirst du Menschen fangen ... Menschen für das Reich Gottes.' Ja, wie war das eigentlich damals mit den Fischen? Ach wisst ihr, Lukas hat das aufgeschrieben, damit man die Geschichte noch viele Jahre später lesen kann."
Lesen der biblischen Geschichte Lk 5,1-11.

Anschließend wird ein Netz geknüpft: Jeder bekommt zwei ca. 50 cm lange Bindfadenstücke. Die Teilnehmerinnen und Teilnehmer bilden drei Reihen und knüpfen die ersten Enden aneinander. Die zweiten Abschnitte werden zum Vorder- oder Hintermann geknüpft. Dabei kann das Lied „Jeder knüpft am eignen Netz" (→ Material 7) gesungen werden.

Gesprächsrunde für Erwachsene: Thema ist das Symbol „Netz" (Wortfeld: soziales Netz, vernetzt-sein und weitere Assoziationen). Erfahrungen: vergeblich gearbeitet – das Netz ist leer. Kenne ich das? Kleine oder große Erfolge. Kenne ich das auch?

Parallel dazu schneiden die Kinder Fische aus, malen oder bekleben sie bunt. Beliebt ist Glitzerpapier. Dann wird jeder Fisch mit dem eigenen Namen versehen. Weitere Fische werden für die Erwachsenen angefertigt. Diese schreiben nach der Gesprächsrunde auch ihre Namen darauf.

Das vorher geknüpfte Netz wird aufgehängt und die Fische werden daran befestigt. Man kann das Netz auch über den „Wellen" mit den formulierten Ängsten aus der „Sturmgeschichte" anbringen.

Ausklang

In einem großen Stuhlkreis sitzen fünf verschiedene „Fischgruppen" (Dorsche, Makrelen, Heringe, Flunder, Sprotten). Ein Stuhl fehlt und einer/eine steht in der Mitte und lässt zwei bis fünf Fischgruppen die Plätze tauschen und versucht nun, selbst einen Sitzplatz zu ergattern. Es bleibt wieder jemand übrig und das Spiel beginnt von Neuem.

Zum Abschluss wird gemeinsam ein Lied gesungen: „Ich lobe meinen Gott" (EG 272)

Zusammenfassende Übersicht

Der Einführungsabend
Gruppenbildung und Vorstellungsrunde
Umweltgeschichte „Ich heiße Antje" lesen oder spielen.
Puzzleteile von Fliesen mit biblischen Geschichten suchen lassen.
„Tauschbörse" und Zusammensetzung der Fliesenbilder
Vorstellung der erstellten Bilder
Abendausklang: Spaziergang am Strand und Lied: „Gottes Liebe ist wie das weite Meer "

Arbeiten mit Bibelfliesen
1. „Die Tiere gehen in die Arche"
   Bild-Begegnung
   Das „Aufdeckspiel"
   Gedächtnisspiel: „Was fällt mir ein?"
   Bild-Betrachtung
   Fragen an das Bild
   Emotionale Wirkung des Bildes
   Bild-Vertiefung
   Noah erzählt
   Lied „Gottes Regenbogen, seht"
   Ausklang
   Gestalten: „Archen" am Strand bauen
   Spielen: „Tierpartner" finden sich
   Singen: „Arche-Lied"

2. **„Jesus stillt den Sturm auf dem See"**
   Bild-Begegnung
   „Hinter" das Bild schauen und Bildelemente mitteilen
   Bild-Betrachtung
   Zusammenhänge finden
   Emotionale Wahrnehmung
   Einen möglichen Titel finden
   Bild-Vertiefung
   Hinführung zum Bibeltext
   Vorlesen des Bibeltextes Lk 5,1-11
   Bewegungsspiel und Lied: „Die Jünger, die im Schiffe sind"
   Altersspezifische Gruppen bilden: „Was macht mir Angst?"
   „Wellen" beschriften
   Ausklang
   Lied: „Ein Schiff, das sich Gemeinde nennt"
   (EG 612, Verse 1, 4 und 5)

3. **Der wunderbare Fischfang**
   Bild-Begegnung
   Pantomime
   Benennen der Bildelemente
   Bild-Betrachtung
   Vergleich mit der Pantomime
   Wahrnehmung einzelner Aktivitäten
   Beschreibung der Situation
   Bild-Vertiefung
   Hinführung zum Bibeltext
   Lesung der biblischen Geschichte Lk 5,1-11
   Ein Netz knüpfen
   Gesprächsrunde für Erwachsene
   Parallel dazu: Kinder basteln und beschriften Fische
   Fische werden am Netz bzw. über den „Wellen" angebracht
   Ausklang
   Bewegungsspiel der „Fische"
   Gemeinsames Lied: „Ich lobe meinen Gott" (EG 272)

Vorbereitung ■ **Material 1**
Umweltgeschichte „Ich heiße Antje"

„Ich heiße Antje und ich will euch etwas erzählen von unserem Leben. Ich wohne mit meinem jüngeren Bruder Jan und meiner Mutter in einem kleinen Ort in Ostfriesland. Mein Vater wohnt natürlich auch hier. Aber er ist oft ganz lange weg. Warum? Das erzähle ich Euch später. Wir leben in einem kleinen Haus mit Wohnzimmer und Schlafkammern. Aber der schönste Raum ist für mich die Küche. In der Mitte steht ein großer Tisch, an dem wir immer essen. Und da ist natürlich auch ein Herd, wo Mutter uns immer etwas kocht. Besonders lecker riecht es in der Küche, wenn sie Apfelkuchen im Backrohr hat. Aber das ist noch nicht alles. Ich mag die Küche so gern, weil es da so viel zu sehen gibt, nämlich an der Wand hinter dem Herd. Da haben wir viele kleine Bilder. Nein, nicht auf die Wand gemalt. Es sind bemalte Fliesen aus Porzellan. Auf einigen sind Blumen oder schöne Muster. Aber am besten finde ich die Fliesen mit Geschichten. Ich weiß, die sind aus der Bibel.

Ihr denkt wohl jetzt, Bibelbilder gehören doch in die Kirche und nicht in die Küche. Aber bei uns ist es so: In unseren Kirchen haben wir keine Bilder. Mein Vater hat gesagt, dass die Menschen dann vielleicht abgelenkt werden und nicht auf das Wort Gottes hören. Aber zu Hause, da könne man biblische Bilder schon haben, weil sie uns an die Bibelgeschichten erinnern. Ich glaube mit dem Abgelenkt-werden hat er recht. Manchmal wenn ich mit Jan am Küchentisch sitze und Schularbeiten mache, dann gucke ich plötzlich auf die Fliesenwand und dann sagt die Mutter: ‚Träum nicht, schreib deine Aufgaben weiter.' Aber wenn ich die Fliesen angucke, dann denke ich auch an Vater. Ach so, ja, jetzt fällt mir ein, von Vater wollte ich Euch doch erzählen. Mein Vater ist ein ‚Hollandgänger'. So heißen die Männer, die nach Holland gehen und da arbeiten. Meistens fahren sie auf Schiffen und sind auf Fischfang. Viele Väter von meinen Schulkameraden sind Hollandgänger. Sie sind oft Wochen und Monate nicht bei uns. Gestern hat Mutter gehört, dass unser Nachbar, der Vater von Pit und Nele bald heimkommen wird. Mutter hat gesagt: ‚Dann wird auch unser Vater bald nach Hause kommen.' Oh, ich bin schon so aufgeregt! Ich freue mich so auf meinen Vater und Jan auch.

Aber ich bin auch sehr neugierig auf das, was er mitgebracht hat. Er bringt nämlich nicht nur Geld nach Hause, damit wir etwas kaufen können, sondern er bekommt auch als Lohn einige von den schönen blau oder braun gemalten Fliesen. Ich hoffe ja so, dass es auch Fliesen mit

„Gottes Liebe ist wie das weite Meer"

Bibelgeschichten sind. Jan wünscht sich David und Goliath, weil David so mutig ist. Aber ich möchte lieber die Geschichte vom barmherzigen Samariter. Ich finde, der Samariter ist auch mutig. Mutter sagt: ‚Vielleicht bringt Vater ja auch ein Fliesenbild mit einer Geschichte mit, die ihr noch nicht kennt.' Jetzt kann ich es gar nicht mehr aushalten, so gespannt bin ich."

Material 2
Lied „Gottes Liebe ist wie das weite Meer"

1. Got-tes Lie-be ist wie das wei-te Meer. Got-tes Lie-be ist wie das wei-te Meer. Got-tes Lie-be ist wie das wei-te Meer, weit wie das Meer.

2. Gottes Liebe ist wie das tiefe Meer.
   (Bewegung: Hände zum Herzen. Hände zum Boden)
   Tief wie das Meer.
3. Gottes Liebe ist wie ein Wellenberg.
   (Bewegung: Hände zum Herzen. Hände hoch in die Luft)
   Hoch wie ein Berg.
4. Gottes Liebe ist wie das große Meer.
   (Bewegung: Hände zum Herzen. Hände im Halbrund)
   Groß wie das Meer.
   Passend zur Fliese: Petri Fischzug kann auch gesungen werden:
5. Gottes Liebe ist wie ein Friedensnetz
   (Bewegung: Hände zum Herzen, Hände vor dem Körper, Handflächen nach unten, zur Seite ausbreiten und wie ein Netz heranziehen)
   Ein Friedensnetz.

Melodie: traditional
Text und Gestaltungsidee: Irene Renz
in Anlehnung an: Gottes Liebe ist so wunderbar

Material 3
Erzählvorschlag „Noah und die große Flut"

„Ach, das ist lange her, aber ich weiß es noch ganz genau. Das war nicht einfach. Ich meine nicht, das große Schiff zu bauen. Das haben wir, meine Söhne und ich, ganz gut hinbekommen. Aber die Leute, die Leute, wie haben die sich lustig gemacht: ‚Guck mal, Noah, lauter Sand.' Und dann ließen sie den trockenen Sand durch ihre Finger rieseln, oder sie hielten mir die trockenen Klumpen unter die Nase: ‚Hau ab, du Spinner, oder wir machen dich fertig!', sagten sie. Ich war mir ja manchmal auch nicht ganz sicher: War das wirklich Gottes Stimme, die mir gesagt hatte, dass ich hier, wo weit und breit kein Wasser war, ein großes Schiff bauen sollte? Und was wäre, wenn ich nun mit diesem Schiff auf dem Trocknen sitzen bliebe?

Und dann kamen plötzlich die Tiere. ‚Ach, und jetzt will Noah noch einen Zoo aufmachen. Haha, das wird ja immer besser. Lange nicht so gelacht.' So sagten die Leute ... Aber die Tiere ließen sich nicht stören, sie zogen an ihnen vorbei. Nur die Löwen brüllten einmal, als ein paar Männer mich schubsten. Ich aber rief die Tiere hinein in die Arche. Jetzt wusste ich es ganz sicher: Die große Flut wird kommen. Die ersten Tropfen fielen schon. Es waren sehr große Tropfen! Die Katzen rannten so schnell sie konnten. Die mögen ja kein Wasser! Als alle Tiere ihren Platz in der Arche gefunden hatten, gingen auch wir, meine Söhne und ihre Familien hinein. Wir hörten noch, wie die Menschen gegen die Arche traten, als wollten sie sie weghaben. Aber dann hörten wir nur noch den Regen, tagelang, und die Arche hob sich und schwamm auf dem Wasser, und es gab kein Land mehr.

Nach 40 Tagen ließ ich einen Raben aus dem oberen Fenster hinausfliegen. Er kam nicht wieder. Wer weiß, wo er hingeflogen ist? Dann ließ ich eine Taube hinaus. Sie kam ganz schnell zurück. Überall Wasser! Was wäre, wenn das so bliebe? Unsere Vorräte reichten nicht mehr lange. Ich wartete. Dann ließ ich noch einmal eine Taube hinaus. Schon nach kurzer Zeit kam sie zurück. Ein grünes Blatt trug sie im Schnabel. Das war wie eine Botschaft. Die Erde ist wieder neu! Kurz darauf rumpelte es ganz fürchterlich. Die Arche hatte auf einen Felsen aufgesetzt. Bald merkten wir, das war nicht nur ein Felsen, das war ein hoher Berg, der Ararat. Und nun konnten wir weit in die Ebene sehen. Das Wasser war weg. Nur ein paar kleine Seen gab es. Aber ich glaube, die waren vorher auch schon da. Weit öffnete ich die Tür. Frische Luft strömte herein und die Sonne schien.

Wir zogen aus der Arche ins Freie. Die Tiere hüpften und sprangen und auch wir reckten die Glieder. Ja, es war schon recht eng in der Arche gewesen! Aber wir hatten überlebt. Wir erhoben unsere Hände zum Himmel und dankten Gott für die Rettung. Und dann sahen wir ihn, den Regenbogen, und ich hörte Gott in meinem Herzen: ‚Ich will die Erde beschützen.' Daran denke ich immer, wenn ich einen bunten Regenbogen sehe, und dann weiß ich, auch wir sollen helfen, die Erde zu bewahren. ... Ja, so war das damals."

Material 4
Regenbogen-Lied

1. Gottes Regenbogen, seht, Halleluja,
   Über Erd' und Himmel steht, Halleluja.
2. Dieses Zeichen macht uns kund, Halleluja,
   Gott schließt mit uns einen Bund, Halleluja.
3. Auf der Welt soll Friede sein, Halleluja,
   allen Menschen, groß und klein, Halleluja.
4. Gott gibt euch dazu die Kraft, Halleluja,
   dass ihr Recht und Frieden schafft, Halleluja.

Text: Sigisbert Kraft/Melodie: Michael, row the boat ashore
(Katholisches Kirchengesangbuch der Schweiz, KG 602)

Material 5
Arche-Lied

Noah ruft: Kommt schnell herbei,
alle Tiere zwei und zwei.
Überall wird Wasser sein.
In die Arche geht hinein!
Und so eilen sie herbei
Alle Tiere zwei und zwei.
(weitere Strophen erfinden)

Text: Irene Renz/Melodie: Alle Vögel sind schon da

Material 6
Lied „Die Jünger, die im Schiffe sind"

(Notenbeispiel)

Die Jün-ger die im Schif-fe sind, die fürch-ten sich gar sehr. Die
Se-gel sind zer-fetzt vom Wind, der Sturm braust ü-bers Meer.
Der Sturm braust ü-bers Meer. Der Sturm braust ü-bers Meer. Die Se-gel sind zer-fetzt vom Wind, der Sturm braust ü-bers Meer.

2. Wer hilft uns denn aus großer Not? Die See ist rau und kalt
Wir haben so ein kleines Boot und sind verloren bald.
Und sind verloren bald. Und sind verloren bald.
Wir haben so ein kleines Boot und sind verloren bald.

3. Herr Jesus, unsre Angst ist groß. Die Wellen sind so wild
Du bist, der Sturm und Meer bedroht und alles Toben stillt
und alles Toben stillt und alles Toben stillt.
Du bist, der Sturm und Meer bedroht und alles Toben stillt.

Text: Irene Renz/Melodie: nach einem englischen Kinderlied

„Gottes Liebe ist wie das weite Meer"

Material 7
Lied „Jeder knüpft am eignen Netz"

Friedensnetz

1. Jeder knüpft am eignen Netz, versucht rauszuholen, was zu holen ist. Wer denkt da an Frieden, wer denkt an Shalom. Wer denkt da an Frieden, wer denkt an Shalom.
Kehrvers: Wir knüpfen aufeinander zu, wir knüpfen aneinander an, wir knüpfen miteinander, Shalom, ein Friedensnetz. Wir knüpfen Friedensnetz.

2. Jeder fängt ins eigne Netz, versucht einzufangen, was zu fangen ist. Wer denkt da an Frieden, wer denkt an Schalom?
Kehrvers
3. Einer hängt im fremden Netz, versucht noch zu retten, was zu retten ist.

Er denkt an Frieden, er denkt an Schalom.
Kehrvers
4. Wir zappeln im alten Netz, versuchen zu tragen, was zu tragen ist.
Wir suchen den Frieden, wir suchen Schalom.
Kehrvers
5. Wir knüpfen ein neues Netz, verbinden, was für Frieden ist.
Wir bringen den Frieden, wir bringen Schalom.
Kehrvers

> *Text: Hans-Jürgen Netz*
> *Musik: Peter Janssens*
> *Aus: Ich suche einen Sinn heraus, 1975*
> *Alle Rechte im Peter Janssens Musik Verlag,*
> *Telgte-Westfalen*

Material 8
Arbeitsmaterialien

Bibelfliesen in Postergröße, möglichst mit Karton verstärkt
Bibelfliesen in Postergröße als Puzzleteile für den Einführungsabend
Bibel
Farbige Zettel
Hellblaues und dunkelblaues Papier (Fotokarton)
Kleines Fischernetz
Softball
Bindfadenstücke
Abdeckplättchen (Karton)
Fliesen und blaue Farbe zum Bemalen
Die üblichen Bastel- und Mal-Utensilien

Kontakt ■ Dr. Irene Renz, Religionspädagogin, Laboe

Bibelfliesen als „neues Medium" in der Kindertagesstätte

Karin Lienemann

Kinder im Alter von 3 bis 6 Jahren ■ **Zielgruppe**

In den Wochen vor Ostern erzählten wir den Kindern vom Leben Jesu. ■ **Ziele**
Dabei stellte ein Kind die Frage: „Wo ist Jesus jetzt?" Die Erzieherinnen nahmen die Frage auf und schlugen den Kindern vor, mit Hilfe einer „Zeitmaschine" in die Zeit Jesu zu „reisen" und das Leben Jesu zu „erforschen". Diese Vorstellung begeisterte die Kinder. Damit wurde bei den Kindern das Interesse an biblischen Geschichten geweckt. Über diese spielerische Möglichkeit können Kinder den Weg zu den „alten" biblischen Geschichten finden.

Als neuer Impuls kamen die Bibelfliesen hinzu. Mit diesem neuen Medium wird den Kindern die Möglichkeit gegeben, über die Gebrauchskunst aus dem 17. Jahrhundert mit biblischen Geschichten vertraut zu werden.

Schließlich wird angenommen, dass der Eindruck, den die Bibelfliesen mit ihrem einprägsamen Darstellungsstil bei Kindern hinterlassen, diese zu einer eigenständigen Gestaltung einer Bibelfliese animiert.

Einmal wöchentlich ■ **Zeit**

Der Bau und die Funktion einer „Zeitmaschine" ■ **Durchführung**

Nach einem „Bauplan" wurde die Maschine von den Kindern und Erzieherinnen aus Kartons, altem Elektrozubehör, einer Computertastatur und einer Menge Alufolie gebaut. In unserem Bewegungsraum hat die „Zeitmaschine" einen festen Platz. Jeden Freitag wird sie gestartet. Ein „Sicherheitsingenieur" mit Sonnenbrille und feuerfesten Handschuhen übernimmt den Start durch die Eingabe eines geheimen Zahlencodes, der im Büro sicher aufbewahrt wird. Dieser Erzieher darf als Einziger hinter den Vorhang und in die Nähe der gestarteten Maschine.

Der Start wird mit kleinen Feuerwerkskörpern akustisch „verstärkt". Die kleine Qualmwolke, die hinter einem Vorhang aufsteigt, ist für die Kinder sehr beeindruckend. Nach dem Abziehen des Qualms darf ein

Praxis-Bausteine

Die Zeitmaschine und der „Sicherheitsingenieur"

Kind eine Klappe in der Maschine öffnen und einen Gegenstand, der aus der Zeit Jesu stammt, herausholen.

Mit Hilfe der „Zeitmaschine" eine biblische Geschichte „erforschen"

Das gefundene Objekt steht in Verbindung mit einer Geschichte aus der Bibel. Nun „erforschen" die Kinder und die Erzieherinnen gemeinsam diese Geschichte:
- Wo finden wir die Geschichte?
- Wen kann man danach fragen?
- Wer hat sie erzählt?
- Wer hat sie aufgeschrieben?
- Was steht in der Geschichte?
- Was sagt uns die Geschichte?

Beispiele zu den Gegenständen aus der „Zeitmaschine" zu den entsprechenden biblischen Geschichten:

Kleiner Krug aus der Puppenstube
→ Die Hochzeit zu Kana (Joh 2,1-12)

Kleiner Teil eines Fischernetzes
→ Jesus als Menschenfischer (Mt 2,18-22)
„Antikes" Gemälde
→ Jesus und seine Jünger (Mk 3,13-19)
Lateinisches „Vaterunser" auf einer Pergamentrolle
→ Jesus bringt den Menschen das „Vaterunser" (Mt 6,9-13)
Kleiner runder Kieselstein
→ Auferstehung (Mk 16,1-8)

Die Aneignung der biblischen Geschichten erfolgt auf vielfältige und methodisch abwechslungsreiche Weise.

Bibelfliesen als „neues" Medium

Um dieses Medium kennen zu lernen, wurden den Kindern eine „Fliesenbibel" und alte Bibelfliesen gezeigt. Sie erfuhren vom Alter der Fliesen, wo man sie in den Häuser finden kann und welche Bedeutung sie für die Menschen hatten. Auch über das Bemalen der Fliesen wurden die Kinder informiert.

Nachdem die Kinder und die Erzieherin die biblische Geschichte erforscht hatten, wurde ihnen die jeweilige Bibelfliese zu der ausgewählten biblischen Geschichte gezeigt. Gemeinsam wird dann entdeckt, was auf der Bibelfliese von der biblischen Geschichte zu sehen ist. Im Anschluss daran werden die Kinder selber kreativ. Sie bemalen eine eigene Bibelfliese mit dem, was ihnen von der „erforschten" biblischen Geschichte wichtig ist.

Zeitmaschine bauen ■ **Vorbereitung**
Gegenstände für die Zeitmaschine zu den einzelnen biblischen Geschichten bereitlegen
Weiße Fliesen und blaue Fliesenfarbe
Backofen

Karin Lienemann, Evangelisch-lutherischer Kindergarten und Familienzentrum „Schneckenhaus" in Osteel ■ **Kontakt**

Bibelfliesen in der Kindertagesstätte und in der Grundschule

Ausgewählte Methoden

Irene Renz

Bibelfliesen sind Beispiele christlicher Gebrauchskunst. Sie sind als Kulturgut, nicht nur theologie- und frömmigkeitsgeschichtlich sondern auch sozialhistorisch interessant. Als Fliesen sind für sie folgende Charakteristika kennzeichnend:
- Das kleine Format von ca. 13 x 13 cm lässt nur die Bemalung mit Bildern in einem entsprechend kleinen Format zu.
- Abgesehen von Ausnahmen sind Bibelfliesen einfarbig bemalt: meistens in Blautönen, aber auch manganfarbene Ausführungen sind anzutreffen.
- Die Darstellungen beschränken sich auf das Wesentliche. Das steht im Gegensatz zu den heute beliebten „Wimmelbildern". Im Fokus stehen zumeist nur zwei bis drei Personen.
- Bibelfliesen werden nach Vorlagen in einem speziellen Verfahren mittels Sponsen „serienmäßig" als kleine dünne Platten aus gebranntem Ton hergestellt und bemalt. Der individuellen Gestaltung ist wenig Raum gegeben. Sie tritt zugunsten einer Typik zurück. Trotzdem erkennt man die unterschiedlichen Maler an ihrem Stil.
- Da die Gesichter nicht individuell eindeutig erscheinen, lassen sie Raum für Phantasie, Empathie und für die „Projektion" von Emotionen.
- Bibelfliesen haben ihren besonderen „Sitz im Leben" und repräsentieren weniger eine kunstgeschichtliche Epoche, sondern eher eine Frömmigkeitskultur unter Einbeziehung sozialhistorischer Bedingungen.

Die Bibelfliesen stellen unter den niederländischen Fliesen ein Genre ganz eigener Art dar. Angesichts ihrer Besonderheiten sind nicht alle Methoden, die sich in der einschlägigen Literatur[1] zum religionspäd-

---

1 Z.B. *Franz W. Niehl*, Damit uns die Augen aufgehen, Materialbrief 1/94 RU (Beiheft zu den Katechetischen Blättern, München 1994). Die Methoden sind ebenfalls abgedruckt in: *Franz W. Niehl/Arthur Tömmes*, 212 Methoden für den Religionsunterricht, München 1998 (verschiedene Auflagen), S. 13-45, sowie in: *Franz W. Niehl*, Damit uns die Augen aufgehen, Trier 1988=³1992. Siehe auch: *Günter Lange*, Umgang mit Kunst, in: *Gottfried*

agogischen Arbeiten mit Bildern finden, auch bei diesem Medium einsetzbar.

Kinder im Alter von 3 bis 6 Jahren im Kindergarten ■ **Zielgruppe**
Kinder im Alter von 6 bis 10 Jahren in der Grundschule

Die Ausgangssituation bei den Kindern ist im Blick auf dieses Thema ■ **Ziele**
gekennzeichnet durch eine große Bilderflut, die zumeist in schneller Folge in TV-Serien und Videoclips auf sie einwirkt. Angesichts dieser Entwicklung drängt sich die Frage auf, wieso jetzt auch noch weitere Bilder als methodisch-didaktisches Medium im religionspädagogischen Bereich aufgenommen werden sollen? Der beschriebene Trend zeigt, dass Kinder sehr stark optisch orientiert sind und gerade durch Bilder besonders angesprochen werden können. Es stellt sich damit die Aufgabe, ein „stehendes" Bild erst einmal mit Bedacht wahrzunehmen und somit eine „Kultur der Aufmerksamkeit" wiederzugewinnen. Einen Beitrag hierzu können Bibelfliesen in ihrer auf das Wesentliche konzentrierten Art leisten.

Gleichzeitig können sie das Interesse an Bibelgeschichten wecken. Denn auch für sie gilt:

> „Die Stärke der Bilder gegenüber dem Buchstaben und dem Wort liegt in ihrer Sinnlichkeit: Im Spiel der Farben und Formen, in ihrer elementaren ‚Sprache' der menschlichen Gesten sprechen sie uns unmittelbar an. Das Bild muss nicht wie beim Lesen oder Erzählen auf der ‚inneren Bühne' imaginiert werden, sondern es tritt von außen, quasi ungefiltert an uns heran."[2]

Um den Zugang möglichst übersichtlich zu gestalten und gezielt die Arbeitsweise für die jeweilige Zielgruppe aufzuzeigen, werden die Bereiche Kindergarten und Grundschule gesondert beschrieben. Dadurch lassen sich einige Redundanzen nicht ganz vermeiden.

Für die unterschiedlichen Adressatengruppen je nach Bedarf ■ **Zeit**

Adam/Rainer Lachmann (Hrsg.), Methodisches Kompendium für den Religionsunterricht, Bd. 1. Basisband, Göttingen (1993) ⁵2010, S. 247-261, bes. S. 259f.; *Susanne Vogt*, Bildbetrachtung aktiv, Mühlheim 2007.
2 *Hans Schmid*, Die Kunst des Unterrichtens, Neuausgabe, München 2012, S. 132f.

Praxis-Bausteine

Durchführung ■ Für die Darstellung ausgewählter Methoden[3] für beide Adressatengruppen werden die folgenden fünf Aspekte[4] zugrunde gelegt: Hinführung – Bild-Begegnung – Bild-Betrachtung – Bild-Vertiefung – Ausklang. Es müssen nicht immer alle Methoden angewandt werden. Wichtig ist aber, dass die Reihenfolge der Schritte stets konsequent beibehalten wird. Auf diese Weise kann sich das Bildverständnis der Heranwachsenden kontinuierlich aufbauen.

1. Lernort: Kindertagesstätte

Hinführung

Die Sehgewohnheiten der Kinder sind in der Regel durch bunte bis grelle Farben bestimmt. Kleinkinder reagieren besonders stark auf kräftige Töne. Es gilt daher, Kinder in der Kindertagesstätte und Vorschule auf Einzelfarben einzustimmen. So bietet es sich als Hinführung an, Kinder *eine Farbe* (Buntstift oder Kreide) auswählen zu lassen, um damit ein Bild zu malen. Da gibt es dann ein rotes, ein grünes oder ein blaues Bild.

Nun kann bereits das Bild einer Bibelfliese angeschaut werden: „Hier ist also ein blaues Bild." Die Darstellung von Jesu Einzug in Jerusalem ist beispielsweise dazu gut geeignet.[5]

Der Einzug in Jerusalem, Mt 21,8-9 (Fliesenbibel N 161, NT S. 41)

---

[3] Ich beziehe mich dabei, wenn nicht anders angegeben, auf *Franz W. Niehl, Damit uns die Augen aufgehen* (1994) und auf eigene, bisher unveröffentlichte Methoden.

[4] In Anlehnung an *Irmi Heindlmeier*, http://www.Heindlmeier.de/ihb-bild-begegnung.htm.

[5] Andere geeignete Bibelfliesen sind: Der barmherzige Samariter (Fliesenbibel N 92, NT S. 116), Einladung zum Festmahl (Fliesenbibel N 100, NT S. 125), Die Mahlzeit zu Emmaus (Fliesenbibel N 208, NT S. 146).

Bild-Begegnung

Das *Spiel reihum*: „Ich sehe was, was du nicht siehst".
Für dieses Spiel empfiehlt es sich, so viele Kopien bereitzustellen, dass 2 bis 3 Kinder gemeinsam darauf schauen können. Durch dieses Spiel werden Aufmerksamkeit und Konzentration gefördert.
Das *Aufdeck-Spiel*:
Hierfür liegt das Bibelfliesenbild in Postergröße in der Mitte des Stuhlkreises und ist mit einzelnen Papptäfelchen verdeckt, die nach und nach abgehoben werden. Es wird benannt, was „entdeckt" wurde und überlegt, was sich unter dem nächsten Täfelchen verbergen könnte.
Das *Bildpuzzle*:
Hier klebt man das Bibelfliesenbild in Postergröße auf einen Karton und zerschneidet es in Puzzleteile. Anschließend werden Bildelemente benannt, zusammengesetzt und weitere Elemente vermutet.

Bild-Betrachtung

Fragen an das Bild:
Was machen die Menschen dort? Wie sind sie gekleidet? Was reden sie wohl? Welche Geräusche könnte man hören?
Zusammenhänge finden:
Was „erzählt" das Bild? Was passiert dort?
Was ist wohl vorher geschehen? Kann das der Teil einer Geschichte sein?

Bild-Vertiefung

Die biblische Geschichte erzählen:
Beim Erzählen werden die bereits erarbeiteten Elemente aufgenommen. Die Kinder zeigen beim Erzählen auf die Personen, Tiere oder Gegenstände, die genannt werden. Besonders effektvoll ist es, die betreffenden Stellen auf dem Poster mit einer Taschenlampe anleuchten zu lassen.
Die Biblische Geschichte aus einer Kinderbibel vorlesen:
Beim Vorlesen sollte Zeit gelassen werden, damit die Kinder die Bildelemente finden können.
Sich selbst „ins Bild" bringen:
„Wenn du dabei wärst, wo würdest du stehen, was würdest du machen, was würdest du denken, wem würdest du etwas sagen oder wen etwas fragen?"

Teile der Geschichte nachspielen:
Bei dieser Methode werden die Kinder angeleitet, Teile der Geschichte nachzuspielen.

Ausklang

Mit vorhandenen Instrumenten (Trommeln, Xylofon, Triangel etc.) kann zusammen mit den Kindern ein *Klangbild* erstellt werden. Dazu werden Kernsätze gefunden, die rhythmisch untermalt werden. Ein Beispiel zum „Einzug in Jerusalem": Marschrhythmus mit Xylophon (Quinte), Trommeln und Schellenkranz; Pferdehufe mit Röhrentrommel (Es können auch zwei Holzklötze aneinander geschlagen werden.); Klatschen und Rufe z.B. bei „Jesus, wir freuen uns". Für das „Hosianna" wird die Triangel dazu genommen. Die Instrumente werden mit der Zeit immer leiser; zuletzt wird mit einem weichen Schlegel auf die Röhrentrommel geschlagen und abschließend dreimal die Triangel leiser werdend eingesetzt.

Zusammenfassende Übersicht

Hinführung
Ein Bild mit nur einer Farbe malen lassen
Bild-Begegnung
Das Spiel „reihum": Ich sehe was, was du nicht siehst
Das Aufdeckspiel
Das Bildpuzzle
Bild-Betrachtung
Fragen an das Bild? (Bilddialog)
Zusammenhänge finden (Elemente verbinden)
Bild-Vertiefung
Die biblische Geschichte erzählen
Die biblische Geschichte vorlesen
Sich selbst „ins Bild" bringen
Teile der Geschichte nachspielen
Ausklang
Ein Klangbild erstellen

2. Lernort: Grundschule

Hinführung

Im Grundschulalter ist es besonders wichtig, Schülerinnen und Schüler angesichts ihrer heutigen „Sehgewohnheiten" für ein eher unscheinbares Fliesenbild zu interessieren und an diese Form des Bildes heranzuführen. Ein guter Einstieg wäre eine *Erstbegegnung* mit den Bibelfliesen an einem Ort, an dem sich die Schülerinnen und Schüler Bibelfliesenwände ansehen können.

Im 3. und 4.Schuljahr finden in der Regel Klassenfahrten statt. Man könnte z.B. eine solche Klassenfahrt in einem Landschulheim auf Amrum oder Föhr durchführen. Dort besteht die Möglichkeit, einen Ausflug zur Hallig Hooge zu planen. Bei dieser Gelegenheit hätten die Schülerinnen und Schüler die Gelegenheit, sich den Königspesel mit seinen Fliesenwänden anzusehen. Aber nicht nur dort gibt es Bibelfliesen zu sehen. Es gibt eine beachtliche Anzahl weiterer Orte, an denen Bibelfliesen und Bibelfliesenwände zugänglich sind.[6]

Um die Sensibilität für nur *eine Farbe* zu wecken, kann damit begonnen werden, ein einfarbig koloriertes Bild auf quadratischem Format zu malen. Die Sehgewohnheiten der Grundschüler sind teilweise noch wie die der kleineren Kinder in der Vorschulzeit durch bunte bis grelle Farben bestimmt. So bietet es sich als Hinführung an, dass die Kinder eine Farbe – Buntstift oder Kreide – auswählen und ein Bild malen. Danach kann methodisch fortgesetzt werden, wie beim Lernort Kindertagesstätte.[7]

Darüber hinaus bilden für das Grundschulalter auch „Schönheit" und vor allem „Realismus" Motive für den Zugang zu Bildern. Schönheit ist dabei ein Kriterium für die Attraktivität eines Inhaltes. Die sorgfältige, realistische Darstellung des Gemalten ist von besonderem Interesse.[8] Auch unter diesen beiden Aspekten eignet sich die Fliese vom Einzug Jesu in Jerusalem gut für das Grundschulalter. Auf dieser Fliese gibt es viele Details zu sehen.

---

6 Siehe dazu das „Verzeichnis von öffentlich zugänglichen Bibelfliesen und Bibelfliesenwänden" auf der Homepage www.fliesenbibel.de.
7 S. zuvor S. 122-124.
8 Weiteres dazu bei *Gottfried Adam/Renate Rogall-Adam*, Didaktische Überlegungen zum Umgang mit Bibelfliesen, s.o. S. 72.

Für das 3. und 4. Schuljahr ist auch ein *Bilddiktat* möglich. Mit dieser Methode wird der Blick der Kinder für das Betrachten von Bildern geschärft. Dabei beschreibt die Lehrkraft langsam ein Bild. Währenddessen zeichnen die Schülerinnen das Bild. Eine Sichtung und ein Vergleich der Zeichnungen mit dem Originalbild schließen sich an. Eine Variante besteht darin, dass man ein Blatt austeilt, das bereits einzelne Bildelemente enthält. Dieses Blatt wird dann weiter bearbeitet und während des Bilddiktates „vervollständigt".

Eine weitere Möglichkeit besteht darin, eine *fiktive Umweltgeschichte zu erzählen*. Diese Geschichte zum Umfeld der Bibelfliesen handelt von der Zeit, als die Fliesen einen festen „Sitz im Leben" hatten.[9] Dabei ist es wichtig, dass eine solche Geschichte Informationen über das Alltagsleben, über soziale Gegebenheiten und die Frömmigkeitspraxis der damaligen Zeit enthält. So kann bei den Kindern Interesse und Spannung erzeugt werden.

Bild-Begegnung

Wenn es die Möglichkeit gibt, einen Stuhlkreis zu bilden, dann eignen sich das *Aufdeckspiel* oder das *Bildpuzzle* für die Bild-Begegnung.[10] Steht der freie Fußboden nicht zur Verfügung, so kann das Aufdeckspiel mit Hilfe eines Overheadprojektors und das Bildpuzzle mit einem an der Tafel befestigtem Flanelltuch und mit Puzzleteilen, die mit Klettband beklebt sind, durchgeführt werden.

Hat man mit einer *fiktiven Rahmengeschichte* gearbeitet, kann diese weitergeführt werden. Nacheinander können die „vom Vater mitgebrachten" Fliesenbilder angeschaut werden, z.B. David und Goliath, Der barmherzige Samariter und Jona wird in das Meer geworfen. Es werden drei Gruppen gebildet. Eine Gruppe stellt jeweils ihr Bild vor, indem einzelne Bildelemente beschrieben werden. Die anderen Gruppen versuchen, den Bildinhalt zu erraten.

Mit der Methode *Gedächtnisspiel* wird die Memorierfähigkeit eingesetzt. Dazu schauen sich die Kinder einen kurzen Moment das Bibelfliesenbild an. Aus dem Gedächtnis werden dann einzelne Bildelemente aufgezählt.

---

9 S. o. S. 110f.: Umweltgeschichte „Ich heiße Antje".
10 S. o. S. 122.

Bibelfliesen in der Kindertagesstätte und in der Grundschule

David und Goliath,
1. Sam. 17, 48-50
(Fliesenbibel O 174, AT S. 322)

Der barmherzige Samariter,
Lk 10,29b-34a
(Fliesenbibel N 92, NT S. 116)

Jona wird in das Meer geworfen,
Jona 1,15-16
(Fliesenbibel O 289, AT S. 930)

Bild-Betrachtung

Fragen an das Bild:
Was machen die Menschen dort? Wie sind sie gekleidet? Was reden sie wohl? Welche Geräusche könnte man hören? Wie ist die Stimmung in der dargestellten Szene?
Zusammenhänge finden:
Was „erzählt" das Bild? Was passiert dort? Was ist wohl vorher geschehen? Kennst du Personen aus einer anderen Bibelerzählung? Kann das die Szene einer neuen Geschichte sein?
Für die Geschichte einen Titel finden:
Im 3. und 4. Schuljahr sind bei den Kindern Schreib- und Lesefähigkeiten bereits so weit vorhanden, dass sie einen Titel auf einen Zettel schreiben können. Mit dieser Methode gibt es die Möglichkeit, auch weniger spontane Kinder zu beteiligen. Die Zettel werden nach Ähnlichkeit oder Andersartigkeit geordnet. Auf diese Weise erhält man eine vielseitige Anzahl von Betrachtungsweisen. Diese können bei der anschließenden Bildvertiefung als Interpretationen eingebracht werden.
Sprechblasen für die Personen auf dem Fliesenbild gestalten:
Um alle Kinder mit einzubeziehen, wird auch hier das individuelle „Zettelprinzip" empfohlen.

Bild-Vertiefung

Die biblische Geschichte erzählen und die bereits erarbeiteten Elemente verwenden.

Die biblische Geschichte aus einer Kinderbibel *vorlesen.*[11]
Sich selbst „ins Bild" bringen:
Wenn du dabei wärst, wo würdest du stehen, was würdest du machen, was würdest du denken, wem würdest du etwas sagen oder wen etwas fragen? Würdest du gern etwas tun?
Emotional auf das Bild reagieren:
Würdest du froh, erstaunt, ärgerlich oder noch etwas anderes sein?
Die Szene der jeweiligen Fliese als *„Skulptur" darstellen.*
Auch hier können Gruppen gebildet werden, deren Skulpturen von den anderen erraten werden.
Teile der Geschichte nachspielen.
Schreibmeditation:
Was ist für dich wichtig an der Geschichte? Die Ergebnisse auf einzelne Zettel schreiben und sammeln. Anschließend werden diese Zettel nach Themen geordnet und auf Kartonpapier geklebt.
Einen Brief an das Mädchen *„Antje" schreiben.*

Ausklang

Ein Klangbild erstellen:
Vorschlag zum barmherzigen Samariter: Trommelwirbel (Überfall), *langsame Paukenschläge (sich nähernde Schritte des Priesters), kurze Pause. (Der Überfallene wird gesehen) schnelle hastige, unrhythmische Paukenschläge, leiser werdend (der Priester eilt weg), Stille. Reibung mit der Hand auf der Trommel (ein leichter Wind weht), es entsteht Spannung.
Wiederholung ab* für das Nahen des Leviten. Stille. Einsamkeit, leise Geräusche. Viererrhythmus auf der Röhrentrommel oder Klanghölzer (Esel), erst leise dann näherkommend. Kurze Pause. Dann Xylophon mit Dreiklängen, leise Triangel (dem Überfallenen wird geholfen). Viererrhythmus wieder aufnehmen und mit leiser Triangel begleiten. Fading out.
Bei einem Klangbild wird die Imagination und damit das Entstehen „innerer Bilder" ermöglicht.
Durch das Erlernen eines geeigneten Liedes oder eines Textes, der auch mit (evtl. selbst gebastelten) Rhythmusinstrumenten unterlegt werden

---

11 Z.B. *Regine Schindler,* Mit Gott unterwegs, Zürich 1996 (alle Aufl.) oder *Werner Laubi,* Kinderbibel, Lahr 1992 (alle Aufl.).

kann, wird auf kognitiver Ebene die Memorierfähigkeit gefördert. Auch finden Viertklässler schon Gefallen am Rappen.

Last, but not least bietet es sich an, selbst ein Bibelbild auf eine Fliese zu malen. Hierbei sollte man möglichst auch bei einer Farbe bleiben, da sonst das betrachtete einfarbige Fliesenbild abgewertet würde.

Zusammenfassende Übersicht

Hinführung
Ein Bild mit nur *einer* Farbe malen lassen.
Ein *Bilddiktat* erstellen
Eine *fiktive* „Umweltgeschichte" erzählen
Bild-Begegnung
Das Aufdeckspiel
Das Bildpuzzle
Das Ratespiel in Gruppen
Das Gedächtnisspiel
Bild-Betrachtung
Fragen an das Bild?
(Bilddialog und emotionale Wirkung des Bildes)
Zusammenhänge finden.
(Elemente verbinden, Bekanntes erkennen)
Einen Titel finden
Sprechblasen einfügen
Bild-Vertiefung
Die biblische Geschichte erzählen
Die biblische Geschichte vorlesen
Sich selbst „ins Bild" setzen
Emotional auf ein Bild reagieren
Bildszene als „Skulptur" darstellen
Teile der Geschichte nachspielen
Eine Schreibmeditation anleiten
Einen Brief an das Mädchen „Antje" schreiben
Ausklang
Ein Klangbild erstellen[12]

---

12   In vielen Schulen gibt es oft ein „Orff-Instrumentarium", das nicht benutzt wird. Es lohnt sich, hier einmal auf die Suche zu gehen. Es können auch Instrumente selbst

> Ein geeignetes Lied einüben
> Kurztexte erfinden und als Rap gestalten
> Eine Fliese selbst gestalten

Hinweis ■ „Ein Bild sagt mehr als tausend Worte." Dieses Sprichwort wird häufig zitiert und gewiss auch überstrapaziert. Allerdings macht es auf die Bedeutung und den Stellenwert der „optischen Rezeption" aufmerksam. Die Rezeption, d.h. die verstehende Annahme eines Werkes durch den Betrachter bzw. die Betrachterin, ist indes mehr als nur ein neurologisches Phänomen. Das wird durch die Arbeit mit Bildern – auch mit den für den religionspädagogischen Bereich neu entdeckten Bildern der Bibelfliesen – deutlich. Wie weit die Dimension sich öffnen kann, zeigt der Aphorismus von *Johann Wolfgang von Goethe:* „Denken ist interessanter als Wissen, aber nicht als Anschauen."[13]

Kontakt ■ Dr. Irene Renz, Religionspädagogin, Laboe

---

gebastelt werden. Unter dem Suchbegriff „instrumente basteln mit kindern" gibt es eine gute Auswahl an Anleitungen im Internet.
13 *Johann Wolfgang von Goethe,* Werke. Hamburger Ausgabe, Bd. 12, München 1981, S. 399.

Schule und Konfirmandenarbeit

Stationen der Passions- und Ostergeschichte
Unterrichtsentwurf für die Sekundarstufe I

Christian Stahl

Schülerinnen und Schüler der 5. bis 7. Klasse ■ **Zielgruppe**

Mit Bibelfliesen, einer unbekannten Form bildlicher Darstellung von bi- ■ **Ziele**
blischen Geschichten, bekanntmachen.
Sich mit Stationen der Passions- und Ostergeschichte mittels Bibelfliesen auseinandersetzen.
Zum Umgang mit biblischen Texten anleiten.

Zwei bis drei Doppelstunden ■ **Zeit**

Die Vorgehensweise bei diesem Unterrichtsvorhaben lehnt sich an die ■ **Durchführung**
allgemeinen Schritte einer Bildbetrachtung an.[1]

Bibelfliesen betrachten und beschreiben

Für diese Phase werden die Schülerinnen und Schüler zunächst in Lern-
gruppen eingeteilt. Jeweils zwei Jugendliche erhalten ein DIN-A4-Blatt
mit zwei kopierten Bibelfliesen. (→ Material 1)
In einem ersten Schritt schauen sie sich die beiden Fliesenabbildungen
an und lassen diese auf sich wirken.
Dann erfolgt ein Austausch über ihre Eindrücke in Partnerarbeit.
Variationsmöglichkeit: Anstelle verteilter Kopien mit Bibelfliesenabbildungen können einzelne Fliesen auf DIN-A3-Blättern vergrößert und
an verschiedenen Orten im Raum aufgehängt werden. Die Schülerinnen
und Schüler schreiben ihre Eindrücke auf die Plakate.

Im nächsten Schritt werden im Plenum die bearbeiteten Bibelfliesen

---

[1] Siehe dazu *Gottfried Adam/Renate Rogall-Adam*, Didaktische Überlegungen zum Umgang mit Bibelfliesen, Teil 4, s. o. S. 74ff.

Praxis-Bausteine

Schülerinnen bei der Recherche

vorgestellt. Die jeweils zu beschreibende Bibelfliese wird mit einem Laptop an die Wand projiziert.

Wichtig ist dabei, dass auch scheinbar Unwichtiges, Nebensächliches und Selbstverständliches benannt wird.

Für die Beschreibung sind folgende Fragestellungen hilfreich:
Worum geht es bei den ausgewählten Bibelfliesen?
Wie ist die Thematik dargestellt?
Was hebt der Künstler besonders hervor?
Welche spezifischen Überzeugungen und Probleme kommen zum Ausdruck?

Informationen zu Bibelfliesen einbringen

Die Lehrkraft gibt allgemeine Informationen zu den Bibelfliesen.[2]

---

2 Vgl. die entsprechenden Beiträge in diesem Band von *Reinhard Stupperich*, Bibelfliesen: Geschichte-Herstellung-Bildmotive, s. o. S. 41ff., *Vera C. Pabst*, Frauenfrühstück, s. u. S. 176ff., *Andreas Flick*, Kreative-Kinder-Kirche und Predigtreihe zu Bibelfliesen, s. u. S. 194ff., *Dorothee Löhr*, Die Kirche als Bibelfliesen-Werkstatt, s. u. S. 200ff.

Stationen der Passions- und Ostergeschichte

Die Bibelfliesen mit den jeweiligen Bibelstellen vergleichen und deuten

Die Schülerinnen entwerfen eigene Bibelfliesen

In diesem Schritt werden die angegebenen Bibelstellen aufgeschlagen und die Textinhalte mit den Darstellungen auf den Bibelfliesen, die die Jugendlichen zuvor beschrieben haben, verglichen. Das geschieht in Partnerarbeit. Dazu wird ein Arbeitsblatt verteilt. (→ Material 2)
Die Ergebnisse werden im Plenum präsentiert. Dabei wird die jeweils besprochene Bibelfliese mit dem Beamer an die Wand projiziert.

Gestaltung der Bibelgeschichte durch kreatives Handeln

Bibelfliesen abzeichnen und/oder kolorieren.
Entwürfe für eigene Bibelfliesen erstellen und ausgestalten.
Nachstellen der Szenen auf den Bibelfliesen in pantomimischer Form. Dazu eignen

Johanna Wagner, Bremen, 7. Klasse, Entwurf zur Kreuzigung

133

Praxis-Bausteine

sich z.B. die Bibelfliesen „Jesus am Kreuz" (N 196) und „Die Emmausjünger" (N 207)

Vertiefung der Thematik „Bibelfliesen" durch eine Exkursion

beispielsweise zu einer Bibelfliesensammlung.[3]

Vorbereitung ■ Laptop, Beamer und Bibeln bereitstellen
Arbeitsblätter erstellen
Zehn Bibelfliesen auf einem Laptop speichern

Material 1
Arbeitsblatt für die Betrachtung von zwei Bibelfliesen erstellen: Jeweils zwei Bibelfliesen in Originalgröße auf eine DIN-A4-Seite kopieren. (Bibelstelle und Thema dabei aussparen.) Folgende Bibelfliesen aus dem Ausstellungskatalog „Mit Bilderfliesen durch die Bibel" von der Homepage www.fliesenbibel.de herunterladen und ausdrucken:
N 160, Mk 11,4 Die Jünger holen die Eselin
N 161, Mt 21,8-9 Der Einzug in Jerusalem
N 174, Mt 26,49 Der Judaskuss
N 186, Joh 19,1 Die Geißelung
N 190, Mt 27,24 Pilatus wäscht seine Hände in Unschuld
N 191, Joh 19,17 Jesus trug selbst sein Kreuz aus der Stadt
N 194, Mt 27,5 (Lk. 23,33) Die Soldaten losen um Jesu Kleider
N 196, Joh 19,26-27 Jesus am Kreuz
N 204, Mt 28,5-6 Ein Engel teilt den Frauen mit, dass Jesus auferstanden ist
N 207, Lk 25,15 Emmaus Jünger

Material 2
Arbeitsblatt zum Vergleich der Bibelfliese mit der Bibelstelle erstellen:
Was zieht mich an der jeweiligen Darstellung an?
Was ist gelungen?
Was berührt mich?
Was stimmt mit der Bibeltextstelle überein, was ist unstimmig?
Womit habe ich Probleme?

---

3 Ortsangaben für Exkursionen sind im „Verzeichnis von öffentlich zugänglichen Bibelfliesen und Bibelfliesenwänden" auf der Homepage www.fliesenbibel.de zu finden.

Stationen der Passions- und Ostergeschichte

Abschließende Bemerkungen und Beobachtungen zur Durchführung: ■ **Hinweise**
Die Schülerinnen und Schüler fanden die Beschäftigung mit den Bibelfliesen interessant und spannend. Die Darstellungen sprachen sie unmittelbar an.

Beim Vergleich von Bibelfliese und Bibeltext haben Schülerinnen und Schüler z.B. folgende Beobachtungen gemacht:

N 160 Die Jünger holen die Eselin: Allen fiel auf, dass hier die Abweichungen zwischen Bibeltext und -fliese relativ groß sind: Der Esel ist nicht an einer Tür an der Straße festgebunden, sondern an einem Baum; es standen nicht mehrere Menschen dabei, sondern nur ein Mann, der Besitzer.

Die Jünger holen die Eselin,
Mk 11,4 (Fliesenbibel N 160, NT S. 82)

N 161 Der Einzug in Jerusalem: Die Darstellung des Esels erschien weniger gelungen, sie ähnelt eher einem Pferd. Dass relativ wenige Menschen dargestellt sind, erschien als Tribut an das quadratische Format einer Fliese. Die Kirche im Hintergrund fiel auf als Interpretation des Künstlers, da es zur Zeit Jesu noch keine Kirchengebäude gab.

Der Einzug in Jerusalem,
Mt 21,8-9 (Fliesenbibel N 161, NT S. 41)

135

Praxis-Bausteine

N 191 Jesus trug selbst sein Kreuz aus der Stadt: Insgesamt erschien diese Darstellung allen als recht stimmig.

Kontakt ■ Christian Stahl, Lehrer an der St.-Johannis-Schule in Bremen

Jesus trug selbst sein Kreuz aus der Stadt, Joh 19,17, (N 191, Ausstellungskatalog „Mit Bilderfliesen durch die Bibel", 1. Aufl., 2010, S. 190)

Das Gleichnis vom Splitter und vom Balken
Unterrichtsentwurf für die Sekundarstufe I

Ann-Kristin Schlüter

Schülerinnen und Schüler der 5./6. Klasse ■ **Zielgruppe**

Am Beispiel des Gleichnisses vom Splitter und vom Balken (Mt 7,3) Bi- ■ **Ziele**
belfliesen als Medium für Bibelgeschichten kennenlernen.
Das Gleichnis vom Splitter und Balken anhand der Bibelfliese deuten.
Die Schülerinnen und Schüler erkennen, dass Jesus durch das Gleichnis
darauf hinweist, nicht andere Menschen wegen ihrer Fehler zu verurteilen und die eigenen Fehler dabei zu übersehen.

Eine Doppelstunde ■ **Zeit**

Einstieg ■ **Durchführung**

(in Partnerarbeit und im Plenum):
Die Schülerinnen und Schüler erhalten auf Papier kopierte Wörter bzw. Satzteile der Bibelstelle Mt 7,3, die für diese Stunde im Fokus steht, schneiden sie aus und versuchen, sie in die richtige Reihenfolge zu bringen:

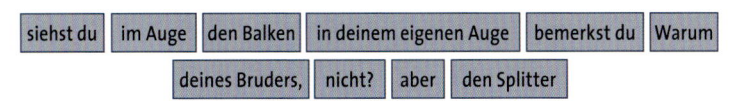

| siehst du | im Auge | den Balken | in deinem eigenen Auge | bemerkst du | Warum |
| deines Bruders, | nicht? | aber | den Splitter |

Eine Gruppe sortiert die Folienschnipsel auf dem Overheadprojektor, sodass alle den Satz vergleichen können.
 Die Schülerinnen und Schüler nennen die Gattung, unter die dieser Satz fällt: Gleichnis.
 Als Überschrift der Stunde wird an der Tafel notiert: „Das Gleichnis vom Splitter und vom Balken", Mt 7,3. Darunter wird der in die richtige Reihenfolge gebrachte Satz geschrieben.
 Das übernehmen die Schülerinnen und Schüler in ihre Hefte, indem sie die Papierschnipsel in der richtigen Reihenfolge einkleben.

Praxis-Bausteine

Der Splitter und der Balken, Mt 7,3 (Fliesenbibel N 77, NT S. 13)

Erarbeitung I

(im Plenum, in Einzel- und Gruppenarbeit)
Es wird darauf hingewiesen, dass in dieser Stunde ein besonderes Medium zum Einsatz kommt, das die meisten noch nicht kennen: die Bibelfliesen.
Die Schülerinnen und Schüler sollen zunächst mit dem Medium Bibelfliesen vertraut gemacht werden.
Dazu erhalten sie alle eine Kopie der Bibelfliese N 77 zum Gleichnis (→ Material 2), schneiden diese aus und kleben sie in ihr Heft unter den dort eingeklebten Satz.

Ziele ■ Das neue Medium „Bibelfliese" soll im Vordergrund stehen: Im Klassenraum werden fünf Plakate verteilt. Die Schülerinnen und Schüler gehen in Kleingruppen umher und können auf jedem Plakat Notizen zu folgenden Fragen vornehmen:

– Was meinst du, warum es Bibelfliesen überhaupt gibt?
– Schätze, in welcher Zeit die Bibelfliesen entstanden sind.
– Die meisten Bibelfliesen befanden sich in Wohnhäusern. Warum?
– Was unterscheidet Bibelfliesen von „normalen" Bildern?
– Welche Fragen hast du bezüglich der Bibelfliesen?

Sicherung I

(Moderation durch Schülerinnen und Schüler sowie Gespräch im Plenum)
Die Schülerinnen und Schüler hängen die Plakate an die Tafel und stellen ihre Antworten vor. Im Plenum werden sie verglichen und Fragen werden geklärt. Gemeinsam wird ein kurzer Text zur Entstehung und Funktion der Bibelfliesen formuliert und als Sicherung im Heft notiert.

Erarbeitung II

(im Plenum und in Einzelarbeit)
Die Schülerinnen und Schüler betrachten die in ihr Heft eingeklebte Bibelfliese N 77 und beschreiben mündlich, was sie darauf sehen.
Der Bibeltext Mt 7,1-5 wird im Plenum laut vorgelesen. Anschließend wird die Bedeutung des Gleichnisses im Gespräch gemeinsam herausgearbeitet.

Die Schülerinnen und Schüler erläutern, warum sich die Szene besonders gut eignet, um sie auf einer Bibelfliese festzuhalten. (Es handelt sich um eine eindeutige und klare Aussage.) Darüber hinaus sollen sie darauf eingehen, was sie bei der Darstellung dieser Szene für besonders gelungen halten.
Dafür ergänzen sie in ihren Heften die beiden Satzanfänge, die auch an der Tafel festgehalten werden:
– Das Gleichnis vom Splitter und vom Balken kann gut auf einer Bibelfliese dargestellt werden, weil ...
– Für besonders gelungen bei der vorliegenden Darstellung halte ich ...

Sicherung II

(im Plenum)
Die Sätze der Schülerinnen und Schüler werden verglichen. Jeweils ein Beispielsatz wird an der Tafel festgehalten.

Hausaufgabe

Die Schülerinnen und Schüler bekommen eine auf einen Zettel kopierte leere Bibelfliese (→Material 4). Zuhause wählen sie eines der bereits in den vorigen Stunden besprochenen Gleichnisse aus und versuchen die für sie entscheidende Szene des Gleichnisses auf einer Bibelfliese zeichnerisch festzuhalten.
In einem Satz sollen sie schriftlich erläutern, warum sie genau diese Szene zur Darstellung des Gleichnisses verwendet haben.

Vorbereitung ■ **Material 1**

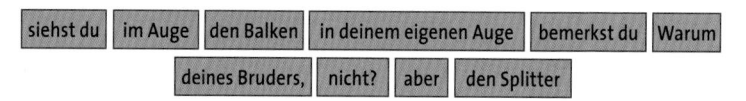

| siehst du | im Auge | den Balken | in deinem eigenen Auge | bemerkst du | Warum |
| deines Bruders, | nicht? | aber | den Splitter |

Als Folienschnipsel für den Overheadprojektor vorbereiten und für alle auf Papier kopieren.

Material 2
Bibelfliese zu Mt 7,3 für alle kopieren:
Der Splitter und der Balken, Mt 7,3, Fliesenbibel N 77, NT S. 13.

Material 3
Fünf Plakate mit folgenden Fragen anfertigen:
1. Was meinst du, warum es Bibelfliesen überhaupt gibt?
2. Schätze, in welcher Zeit die Bibelfliesen entstanden sind.
3. Die meisten Bibelfliesen befanden sich in Wohnhäusern. Warum?
4. Was unterscheidet Bibelfliesen von „normalen" Bildern?
5. Welche Fragen hast du bezüglich der Bibelfliesen?

Material 4
Leere Bibelfliese für die Hausaufgabe von der Homepage www.fliesenbibel.de herunterladen und für alle kopieren.

Weitere Materialien
Kleber, Scheren und Overheadprojektor

Kontakt ■ Ann-Kristin Schlüter, Lehrerin am Johannes-Kepler-Gymnasium in Ibbenbüren

Bibelfliesen-Memory und Bibelfliesenfilm erstellen
Zwei Unterrichtsprojekte für die Sekundarstufe I

Andreas Scheepker

1. Unterrichtsprojekt: Ein Bibelfliesen-Memory erstellen

Schülerinnen und Schüler der 5. und 6. Klasse im Alter von zehn bis elf Jahren, eventuell auch Vorkonfirmandinnen und -konfirmanden. ■ **Zielgruppe**

Im Anschluss an eine „Jesus-Einheit" werden die behandelten biblischen Geschichten mit einem Bibelfliesen-Memory vertieft. ■ **Ziel**

Zwei Doppelstunden ■ **Zeit**

Biblische Geschichte kennenlernen ■ **Durchführung**

Jeweils zwei Kinder erhalten ein Textblatt mit einer kurzen oder kurz zusammengefassten biblischen Geschichte. Sie lesen die Geschichte gemeinsam und tauschen sich darüber aus, was in der Geschichte wichtig ist.
16 Bilder von Bibelfliesen werden mit dem Beamer gezeigt. Die Kinder entdecken „ihre Geschichte".
Die einzelnen Bilder je mit ihrer Geschichte werden kurz (!) besprochen.

Biblische Geschichte mit Bibelfliesen-Memory vertiefen

Ein Memory zum Thema Bibelfliesen mit 16 Karten erstellen.
Denkbar sind dabei drei Möglichkeiten:
– zwei identische Bilder wie im üblichen Memory
– zwei ähnliche Bilder: die gleiche Szene auf zwei unterschiedlichen Bibelfliesen
– Wort und Bild: auf einer Karte des Kartenpaares ist die Bibelfliese ab-

gebildet, auf der anderen Karte stehen der Titel oder eine kurze Inhaltsangabe der biblischen Geschichte.

Für das Memory werden die farbig kopierten Fliesen ausgeschnitten, auf festes Papier oder Pappe geklebt und laminiert. Das zweite Blatt des Kartenpaares wird dann mit der Variation oder der Inhaltsangabe aufgeklebt und laminiert. Zum Abschluss wird das Memory in der Gruppe gespielt.

Vorbereitung ■ Auswahl der biblischen Geschichten und Vorbereitung der Textblätter
Auswahl der Fliesen und Erstellen von Farbkopien
Erstellen von Textkarten mit kurzer Inhaltsangabe
Vorbereitung der quadratischen Memory-Karten aus Pappe
Vorbereitung der Bilder als Bilddateien – auf Stick oder CD
Beamer, Klebstoff, Schere, feste Pappe, Laminiergerät und Laminierfolien

2. Unterrichtsprojekt: Einen Bibelfliesenfilm drehen

Zielgruppe ■ Schülerinnen und Schüler der 5. und 6. Klasse im Alter von zehn bis elf Jahren, eventuell auch Vorkonfirmandinnen und -konfirmanden

Ziele ■ Die Darstellung biblischer Geschichten auf Bibelfliesen kennenlernen.
Eine ausgewählte biblische Geschichte mit Hilfe der entsprechenden Bibelfliese erarbeiten.
Durch einen „Bibelfliesenfilm" das Verständnis der biblischen Geschichte vertiefen.

Zeit ■ Drei Doppelstunden

Durchführung ■ **Biblische Geschichten auf Bibelfliesen kennenerlernen**

Die ausgewählten biblischen Geschichten spielerisch mit einem Quiz, einem Bibelfliesen-Memory oder mit Hilfe eines Beamers in Form von „Dalli-Klick" erschließen oder wieder vergegenwärtigen.
Möglich ist es auch, die ausgesuchten Bibelfliesen mit dem Beamer einzeln zu zeigen und anhand der Abbildung gemeinsam die biblische Geschichte nachzuerzählen.

Jede Gruppe einigt sich, welche Bibelfliese sie verwenden möchte, um eine biblische Geschichte in einem Trickfilm darzustellen. Manchmal muss man Kulissen, Gegenstände und Personen aus anderen Bibelfliesen „entleihen", wenn sie in der Erzählung vorkommen aber auf dem Fliesenmotiv nicht dargestellt sind. Auf der Internetseite des Norder Bibelfliesenteams (www.fliesenbibel.de), in der Fliesenbibel oder dem Standardwerk von *Jan Pluis* „Bijbeltegels/Bibelfliesen" (1994) kann die Lehrkraft auch Fliesen zu anderen biblischen Texten finden.

Mögliche Beispiele mit kürzerem und eher einfachem Handlungsablauf sind:
– Zachäus: Lk 19,1-10, Bibelfliese „Jesus ruft Zachäus vom Baum herunter", Lk 19,3-6, Fliesenbibel N 64, NT S. 135.
– Die Berufung des Petrus: Lk 5,1-11, Bibelfliesen „Der wunderbare Fischfang", Lk 5,5-7, Fliesenbibel N 132, NT S. 103 und „Jesus predigt von einem Schiff aus", Fliesenbibel N 47, NT S. 25.

Mögliche Beispiele mit längerem und komplexerem Handlungsablauf sind:
– Der verlorene Sohn: Lk 15,11-24, Bibelfliesen N 103 – N 108, Fliesenbibel, NT S. 127-128.
– Die Weihnachtsgeschichten: Mt 2,1-12, Bibelfliesen N 15 – N 17, Fliesenbibel, NT S. 4-5; Lk 2,1-20, Bibelfliesen N 11 – N 13, Fliesenbibel, NT S. 96-98.

Gemeinsam könnte die Klasse in einzelnen Teams je verschiedene Szenen der Josefsgeschichte bearbeiten, so dass eine Mini-Serie entsteht. Dazu gehören die Bibelfliesen O 61 – O 80, Fliesenbibel AT, S. 59-76. (Fehlende Personen und Requisiten müssen auch hier aus anderen Fliesen entliehen werden.)

Zur nächsten Doppelstunde wird das Bild/werden die Bilder der ausgewählten biblischen Geschichte mehrfach farbig kopiert als Ausschneidevorlage zur Verfügung gestellt. Man erleichtert den Schülerinnen und Schülern die Arbeit, wenn die Bilder etwas größer auf festerem Papier kopiert werden.

Biblische Geschichten durch einen Bibelfliesenfilm vertiefen

Eine Bibelfliese liegt farbig kopiert vor. Die auf der Bibelfliese abgebildeten Personen werden so ausgeschnitten, dass Arme, Beine und Kopf einzeln vorliegen, damit sie in die verschiedensten Positionen gebracht werden können. Geeignet sind dafür die Bibelfliesen, auf denen die Personen und Gegenstände möglichst klar konturiert sind.

„Nachspielen" der Geschichte
Die Szene wird in viele Einzelbilder zerlegt. Eine Unterlage liegt mit einem leeren Bibelfliesenrahmen bereit, in dem der Film spielt. Die Kamera ist so fest installiert, dass sie nicht mehr bewegt wird und immer auf den Bilderrahmen gerichtet bleibt.

Nun wird die Anfangsszene gelegt, d.h. die Figuren müssen so platziert und Arme, Beine, Köpfe so ausgelegt werden, dass sie den Anfang des Films darstellen. Das wird fotografiert.

Anschließend wird der Bewegungsablauf in viele, viele Einzelbilder zerlegt, die jeweils fotografiert werden. Nach jedem Foto werden je nach Handlungsablauf die Figuren minimal bewegt. Je kleinschrittiger die Bewegungen sind und je mehr Fotos gemacht werden, umso besser „fließt" nachher die Handlung. Achtung: Das Ergebnis dieser langen und sorgfältigen Arbeit wird dennoch ein relativ kurzer und wohl auch etwas wakkeliger Film sein!

Jede Gruppe hat einen Laptop mit entsprechendem Filmbearbeitungsprogramm zur Verfügung und schneidet aus dem aufgenommenen Bildmaterial den Film zurecht. Eigentlich gibt es an jeder Schule ältere Schüler und Schülerinnen, die mit diesen Programmen sehr gut umgehen und gastweise in die Klasse kommen und das Projekt unterstützen können.

Zum Schluss präsentiert jede Gruppe ihren Film der ganzen Klasse.

Vorbereitung ■ Auswahl geeigneter Bibelfliesen
Auf festem Papier farbig kopierte Bibelfliesen zur Auswahl
Mehrere Kameras und Computer mit entsprechendem Programm

Hinweis ■ Diese Einheit könnte auch als gemeinsames Projekt in den Fächern Religion und Kunst durchgeführt werden.

Kontakt ■ Andreas Scheepker, Schulpastor und Studienleiter an der Arbeitsstelle für Evangelische Religionspädagogik Ostfriesland (ARO) in Aurich

Jugendliche erkunden mit Bibelfliesen die Bibel

Wernfried Lahr

Jugendliche im Alter von 12 bis 14 Jahren in Schule und Gemeinde ■ **Zielgruppe**

Die Bibel in die Hand nehmen und mittels Bibelfliesen sich mit ihr be- ■ **Ziele**
schäftigen.
Vorhandenes Wissen über biblische Geschichten anhand von Bibelfliesen in spielerischer Form vertiefen.

Zwei Doppelstunden ■ **Zeit**

Die Geschichte der Bibelfliesen kennenlernen.[1] ■ **Durchführung**
Einzelne Bibelfliesen betrachten und beschreiben.[2]
In Kleingruppen anhand eines Fragebogens biblische Geschichten ent-
decken, beschreiben, vergleichen und deuten. (→Material 1)
Im Plenum die Ergebnisse vorstellen und diskutieren.

Bibelfliesen für die Informationsphase auf dem Laptop oder als Plakat ■ **Vorbereitung**
bereithalten.
Fragebogen für alle Jugendlichen vervielfältigen.

Material 1
Fragebogen
(Er kann ohne weiteres durch andere Abbildungen für die eigenen Zwe-
cke abgewandelt werden.)

---

[1] Informationen dazu finden sich in den Beiträgen von *Reinhard Stupperich*, Bibelfliesen: Geschichte-Herstellung-Bildmotive, s. o. S. 41ff., *Vera C. Pabst*, Frauenfrühstück, s. u. S. 176ff., *Andreas Flick*, Kreative-Kinder-Kirche und Predigtreihe zu Bibelfliesen, s. u. S. 194ff., *Dorothee Löhr*, Die Kirche als Bibelfliesen-Werkstatt, s. u. S. 200ff.
[2] Hinweise zum methodischen Vorgehen bieten *Gottfried Adam/Renate Rogall-Adam*, Didaktische Überlegungen zum Umgang mit Bibelfliesen, s. o. S. 74ff.

Praxis-Bausteine

Welche Geschichte stellt die Fliese dar?

Diese Fliese gibt Hiob 1,5 wieder. Beschreibe, was Hiob tut.

Finde diese Fliese und vergleiche die Stellenangabe der Bibel. Nenne die Parallele zum Lukasevangelium.

Zu welchem Buch der Bibel gehört die Geschichte?

Nenne das Gleichnis, das diese Fliese darstellt.

Beschreibe, was diese Geschichte mit Geld zu tun hat.

Fragebogen und Bibelfliesen können von der Homepage www.fliesenbibel.de heruntergeladen werden.

Kontakt ■ Wernfried Lahr, Pastor der Evangelischen Gemeinde Lengerich

146

Das Gleichnis vom verlorenen Sohn
Unterrichtsentwurf für die Sekundarstufe II

Ann-Kristin Schlüter

Schülerinnen und Schüler der Oberstufe eines Gymnasiums ■ **Zielgruppe**

Oberstufenschülerinnen und -schüler betrachten Bibelfliesenabbildungen

Mit dem Medium Bibelfliese vertraut werden. ■ **Ziele**
Die Rückkehr des verlorenen Sohnes aus der Bibelgeschichte „Vom verlorenen Sohn" (Lk 15,11-32) und Reaktionen auf dieses Ereignis anhand einer Bibelfliese erarbeiten und deuten.
Das in den vorherigen Stunden erworbene Wissen zu diesem Gleichnis reaktivieren.

Eine Doppelstunde ■ **Zeit**

Durchführung ■ **Einstieg**

(im Plenum):
Zu Beginn sehen die Schülerinnen und Schüler eine Bibelfliese, die den verlorenen Sohn als Schweinehirten zeigt (Lk 15,14-17). Sie wird mit Hilfe von Laptop und Beamer an die Wand projiziert. (→ Material 1)
Sie beschreiben die Darstellung, ordnen das Bild in das Gleichnis „Vom verlorenen Sohn" ein und deuten die Szene.

Hinführung zum Medium „Bibelfliese"

(im Plenum):
Da die Schülerinnen und Schüler im Unterricht zum ersten Mal mit einer Bibelfliese arbeiten, werden zunächst Vermutungen zur Entstehungszeit, zum Entstehungsort sowie zur Funktion von Bibelfliesen geäußert. In Form eines kurzen Tafelanschriebs werden Informationen zu dem Kulturgut Bibelfliesen festgehalten.

Erarbeitung der Bibelgeschichte

(im Plenum und in Partnerarbeit):
Der Fortgang des Gleichnisses wird im Plenum gelesen (Lk 15,18-28a).
Drei verschiedene Bibelfliesendrucke werden verteilt. Die drei Kopien
stellen alle die Rückkehr des verlorenen Sohnes dar. (→ Material 2)
Gemeinsamkeiten, Unterschiede und Besonderheiten werden zu zweit herausgearbeitet.
Die Ergebnisse werden in Form einer Tabelle festgehalten. (→ Material 3)
Die Funktion dieser konkreten Bibelfliesen vor dem Hintergrund der Textstelle wird formuliert.

Der verlorene Sohn als Schweinehirt, Lk 15,14-17 (Fliesenbibel N 107, NT S. 128)

Vertiefung

(in Einzelarbeit):
Die Schülerinnen und Schüler wählen eine der dargestellten Figuren von einer der drei Bibelfliesen aus und schreiben einen inneren Monolog. Auf diese Weise soll noch einmal vertiefend auf die Aussage des Gleichnisses und auf die unterschiedlichen Reaktionen zur Heimkehr des verlorenen Sohnes eingegangen werden.

Hausaufgabe

Den Schluss des Gleichnisses lesen (Lk 15,28-32) und eine eigene Bibelfliese zu dieser Textstelle zeichnen. Dabei soll besonders auf eine aussagekräftige Darstellung der Personen gemäß der eigenen Interpretation der Szene geachtet werden.

Material 1
Bibelfliese von der Homepage www.fliesenbibel.de auf einen Laptop laden. ■ **Vorbereitung**

Material 2
Drei Bibelfliesen im Vergleich auf ein Blatt kopieren.

Die Heimkehr des verlorenen Sohnes,
Lk 15,20
(Fliesenbibel N 108, NT S. 128)

Die Heimkehr des verlorenen Sohnes,
Lk 15,20
(N 108, Bibelfliesenheft Bd. 5, S. 35)

Die Heimkehr des verlorenen Sohnes,
Lk 15,20
(N 108, Bibelfliesenheft Bd. 17, S. 19)

Material 3

Arbeitsblatt „Vergleich der drei Bibelfliesen" von der Homepage www.fliesenbibel.de herunterladen

	Bibelfliese 1	Bibelfliese 2	Bibelfliese 3
Beschreibung der Körperhaltung des verlorenen Sohnes			
Deutung			
Beschreibung der Körperhaltung des Vaters			
Deutung			
Position des älteren Bruders im Bild; seine Körperhaltung			
Deutung			
Darstellung weiterer Personen?			
Funktion			
Genauer Ort des Geschehens			
Deutung			

1. Betrachten Sie die drei Bibelfliesen und füllen Sie die Tabelle aus.
2. Markieren Sie Gemeinsamkeiten in derselben Farbe und markieren Sie andersfarbig Besonderheiten der einzelnen Bibelfliesen, die auf eine andere Interpretation des Geschehens deuten könnten.
3. Erläutern Sie für jede einzelne Bibelfliese die Reaktion des Vaters, gehen Sie dabei auch auf die mögliche Aussage des Gleichnisses ein.
4. Äußern Sie Vermutungen, warum genau diese Szene vor dem Hintergrund des Gleichnisses „Vom verlorenen Sohn" so oft gezeichnet wurde. Stellen Sie auch einen Bezug zu Aufgabe 3 her.

Das Gleichnis vom verlorenen Sohn

Material 4
Leere Bibelfliese für die Hausaufgabe von der Homepage www.fliesenbibel.de herunterladen und kopieren.

Weitere Materialien
Bibel, Beamer, Laptop

Ann-Kristin Schlüter, Lehrerin am Johannes-Kepler-Gymnasium in Ibbenbüren ■ **Kontakt**

Praxis-Bausteine

Erwachsenenbildung

Bibelfliesen – Medien religiöser Identitätsbildung

Anmerkungen zur erwachsenenbildnerischen Praxis am Ort der Gemeinde

Jürgen Schönwitz

Hinführung ■ **1. Annäherung: Bibelfliesen und ihre biblisch-hermeneutische Dimension**

Blickt man auf die Ergebnisse der 2010 vom Arbeitskreis „Praxisbuch zur Fliesenbibel" gestarteten Umfrage zum bisherigen Einsatz von Bibelfliesen, dann erscheint die Frage nach einem spezifisch erwachsenenbildnerischen Zugang überflüssig. Beschreiben doch gut und gerne zwei Drittel der Rückmeldungen eine Praxis, bei der die Generation 50+ mit Abstand die größte Besucher- bzw. Teilnehmergruppe bei Veranstaltungen stellt.

Dass dabei das Format Ausstellung dominiert, kann nicht überraschen. Sinn und Anspruch der Bibelfliese ist es ja, dass sie betrachtet wird. Immer häufiger finden dazu Ausstellungen an Orten statt, wo sie kulturell nicht beheimatet ist. Dieses Phänomen einer steigenden Nachfrage außerhalb des nordwestdeutschen Raums findet seine Erklärung, wirft man einen Blick auf die Bibelfliesen selbst: Sie veranschaulichen die biblischen Erzählungen in einer so elementaren und ansprechenden Weise, dass sie – Zeit und Raum gleichsam überschreitend – unmittelbar mit ihrem Betrachter kommunizieren. „Bibelfliesen bringen in mir gleich ganze Erinnerungswelten zum Klingen", hat ein Ausstellungsbesucher diese Unmittelbarkeit treffend in Worte gefasst.

Neben diesem zeitlich wie organisatorisch eher aufwändigen Format haben sich zahlreiche kleinere und handhabbarere Formen etabliert. Um nur einige zu nennen:
- Kirchengemeinden laden ein zum Vortragsabend über die Entstehung

Bibelfliesen – Medien religiöser Identitätsbildung

und Verbreitung von Bibelfliesen.
- Kreativ-Workshops zur Herstellung eigener Bibelfliesen erfreuen sich nicht nur bei Jüngeren großer Beliebtheit.
- Das bei Seniorennachmittagen durchgeführte Bibelfliesenquiz („Dalli-Klick") verbindet Bibelkenntnis und Gedächtnistraining.

Gemeinsam ist diesen Veranstaltungsformen, dass sie die Bibelfliese in den Mittelpunkt stellen. Eine Reihe weiterer Formate weist ihr dagegen eine eher unterstützende oder impulsgebende Funktion zu:
- Für die religionspädagogische Fortbildung wird die Bibelfliese zunehmend interessant, da sie in ihrer Reduktion auf das Wesentliche vor allem für den Primarbereich Anknüpfungspunkte bietet.
- Bei Bibelarbeiten animiert sie Teilnehmerinnen und Teilnehmer, bekannte biblische Texte einmal mit anderen Augen zu sehen und zu deuten, weil sie auf eine ungewohnte Weise den Gehalt einer Erzählung auf den Punkt bringt.
- In Gottesdiensten, wie sie häufig zu Beginn einer Ausstellung stattfinden, kann eine überdimensionale begehbare Bibelfliese (ca. 2 x 2 Meter) dazu benutzt werden, in ihr biblische Szenen darzustellen (Standbildmethode).

Es sind gerade diese Veranstaltungsformate, an denen deutlich wird: Bibelfliesen können (und sollen) nicht allein durch die kulturhistorische Brille betrachtet werden. Weil in der Art und Weise, wie sie eine biblische Erzählung veranschaulichen, zugleich auch die Lebenswelt und das Lebensgefühl derer sichtbar werden, die sie in ihre Häuser holten, können sie in ihrer Ganzheit erst da wahrgenommen werden, wo auch ihre biblisch-hermeneutische Dimension erkannt und gedeutet wird.

Zu welch überraschenden Ergebnissen dies führen kann, zeigt eine Bibelfliese zu 5. Mose 34,1-5. Auf ihr ist zu sehen, wie Mose am Ende der 40-jährigen Wüstenwanderung auf dem Berg Nebo steht und auf das verheißene gelobte Land blickt – das sich aber als friesisch-niederländische Landschaft präsentiert.

Auf den ersten Blick betrachtet erscheint das hier zum Ausdruck kommende Selbstverständnis nicht frei von Überheblichkeit. Bei näherer Betrachtung erweist sich die Szene jedoch als eine gelungene Deutung der eigenen Existenz vor dem Hintergrund der biblischen Tradition. Denn künden die imposante Steinbrücke, die stattlichen Bürgerhäuser und die mächtige doppeltürmige Kirche nicht davon, dass dies wirklich ein Land ist, auf dem der Segen Gottes ruht? Oder in der Sprache der Verheißung:

Moses Tod, 5. Mose 34,1-5 (Fliesenbibel O 120, AT S. 235)

Ist dies nicht wirklich „ein Land, darin Milch und Honig fließt" (2. Mose 3,8)?

Nichts spricht also gegen die Annahme, dass diese Fliese vor vielleicht 300 Jahren im *guten Glauben* in Auftrag gegeben bzw. hergestellt wurde. Darum wird man sie auch als theologisch legitimes Beispiel dafür ansehen können, wie der Bedeutungsgehalt einer biblischen Überlieferung in der Gegenwart neu freigesetzt werden kann, um Aktualität zu gewinnen. Dieser Aktualisierungsprozess verläuft nach dem Muster: Eine *ursprüngliche* Erfahrung des Glaubens, die ihren Ausdruck in einer biblischen Erzählung gefunden hat, wird aufgenommen und zu einer *aktuellen* Erfahrung des Glaubens transformiert. Im gezeigten Beispiel mündet sie in der Aussage: Das gelobte Land ist die eigene Lebenswelt. Oder aus der Perspektive des frommen Individuums formuliert: Ich lebe unter dem Segen Gottes.

Bibelfliesen sind also nicht nur ein kulturhistorischer Schatz aus vergangener Zeit. Sie sind auch *Medien religiöser Identitätsbildung*, die den Transformationsprozess von der ursprünglichen zur aktuellen Erfahrung des Glaubens musterhaft veranschaulichen und ihre Betrachter dazu animieren, diesen Weg bezogen auf die eigene religiöse Existenz nachzuvollziehen. Dabei ist es gerade ihre auf das Wesentliche reduzierte Anschaulichkeit, die dafür offen ist, die eigenen Lebensfragen im Licht der biblischen Überlieferung zu bedenken und die gefundenen Antworten so zu deuten, dass sie unter den Bedingungen der Gegenwart lebensweltlich anschlussfähig sind.

Wenn nun im Folgenden Möglichkeiten vorgestellt werden, wie Bibelfliesen als Medien religiöser Identitätsbildung am Ort der Gemeinde eingesetzt werden können, dann darf der Hinweis nicht fehlen, dass diese Form der Erwachsenenbildung von denen, die sie planen und durchführen, eine erwachsenenbildnerische Grundkompetenz abverlangt. Eine

Bildungsveranstaltung, die die Vielfalt der Glaubenshaltungen thematisiert, die Menschen aus ihren Lebensbezügen heraus mitbringen, lebt ja von der Offenheit ihrer Teilnehmerinnen und Teilnehmer und der Fähigkeit der Leitung, diese Offenheit zu gewährleisten. Chancen und Risiken liegen hier nahe beieinander. Nach welcher Seite das Pendel ausschlägt, hängt nicht zuletzt davon ab, ob alle Beteiligten in einer Weise zueinander finden, die die eingeschliffenen Rollenzuweisungen und -erwartungen überwindet.

Eine solchermaßen die religiösen Innenansichten der Teilnehmerinnen und Teilnehmer thematisierende Bildungsarbeit ist kein Selbstläufer, erst recht nicht im Kontext der Kirchengemeinde. Darum soll es zunächst in grundsätzlicher Weise darum gehen, was die Begegnung zwischen dem Gemeindepfarrer oder der -pfarrerin – nun in der Rolle des Moderators oder der Moderatorin – und den Gemeindegliedern – nun in der Rolle der mündigen Teilnehmerinnen und Teilnehmer – fördert und was sie behindert.

2. Chancen und Risiken: Identitätsbildung am Ort der Gemeinde

Menschen sind mündige religiöse Subjekte. Bemerkenswerterweise erhält diese religionssoziologische Erkenntnis ihre Bestätigung durch die Umstände, die zum Aufkommen der Bibelfliesen geführt haben. Entstanden im 17./18. Jahrhundert sind sie Ausdruck einer Volksfrömmigkeit im Raum der reformierten Kirche, die – anders als die lutherische Kirche – am alttestamentlichen Bilderverbot festhält. Im Kern ist dieses Bilderverbot ein „Vergötzungsverbot", denn *„Gottes Ehre wird in frevlerischem Betrug angegriffen, wo man ihm irgendwelche äußere Gestalt andichtet"* (Johannes Calvin: Institutio I/11/1). Gleichwohl gestattet es die reformierte Lehre, Bilder herzustellen, die *„zur Belehrung und Ermunterung einen Nutzen"* haben (Institutio I/11/12). Das heißt: Menschen können und dürfen sich weiterhin *ein Bild von dem machen, was ihren Glauben ausmacht* und diese Bilder in ihre Häuser holen, sofern das Gebot der Nichtvergötzung Gottes beachtet wird. Bibelfliesen sind somit Ausdruck einer Frömmigkeit, die nicht ohne Anschauung auskommen will – und sei es auch nur in Gestalt einer unscheinbaren Fliese, die als Wandschmuck in einer niederländischen Küche ihren Platz hat.

Was vor 400 Jahren nicht ohne Risiko war, sein religiöses Lebensgefühl in die eigenen Hände zu nehmen, ist in der modernen Lebenswelt Normalität geworden. Menschen pochen auf ihre religiöse Selbstbestimmtheit und befragen die ihnen auf dem religiösen Markt präsentierten Angebote danach, ob sie in einem ganz und gar subjektiven Sinn lebensdienlich sind. Auch die freimachende Wahrheit des Evangeliums ist für sie nur eine Möglichkeit unter vielen. Ob sie sie zu *ihrer* Wahrheit machen, hängt zum einen davon ab, ob sie ihre Lebensfragen in den biblischen Schriften ausgesprochen finden, zum anderen davon, ob sie die als Glaubenserfahrung überlieferten Antworten auch auf sich beziehen können. Aber selbst da, wo es dazu kommt, stellt das biblische Zeugnis von dem, der sich als Gott Israels und Vater Jesu Christi den Menschen zuwendet, nicht automatisch Maß und Mitte dar. Häufig ist es eingewoben in ein individuelles Religionsmuster, in das etliche, durchaus auch nichtchristliche Formen von Religion Eingang gefunden haben.

Diese sogenannte „Patchwork-Religiosität" ist auch im Alltag der Gemeinde anzutreffen. Diese ist ja keine homogene religiöse Sonderwelt, sondern spiegelt den religiösen Pluralismus der Gesellschaft wieder. Man muss um diese Voraussetzung wissen, will man Menschen außerhalb der Kerngemeinde auf ihre Lebensfragen ansprechen und gemeinsam mit ihnen nach Antworten suchen. Mit ihnen ins Gespräch kommen, bedeutet zunächst einmal, ein Angebot machen, das niederschwellig genug ist, um auch Randständigen und Kirchenfernen den Zugang zu ermöglichen. Dass ein solches Angebot nicht ins Leere läuft, belegen neuere religionssoziologische Erhebungen, wenn sie feststellen: Auch Distanzierte beziehen die Kirche in ihre religiösen Suchbewegungen ein. Entscheidend ist allerdings, dass ihnen das, was sie dort vorfinden, einladend angeboten und nicht normativ vorgehalten wird.

Die Konsequenzen, die sich daraus ergeben, betreffen vor allem das Selbstverständnis derjenigen, die den Schritt vom Predigen und der Seelsorge zur Erwachsenenbildung riskieren. In ihrer bisherigen Rolle immer wieder mit der Erwartung konfrontiert, *gute Worte* und *letzte Wahrheiten* zuzusprechen, die *frohe Botschaft* gleichsam linear von A nach B unter die Menschen zu bringen, fordert sie die erwachsenenbildnerische Situation nun heraus, nicht abschließende Antworten zu geben, sondern weiterführende Fragen zu stellen. Ihre Glaubwürdigkeit hängt nicht mehr daran, dass sie als Theologinnen oder Theologen überzeugend das Wort führen, sondern ob es ihnen gelingt, als Moderatorin oder Moderator (als „Mäßiger" = auf mäßigende Weise) eine *offene* Kommunikation anzustoßen, in der unterschiedliche Glaubenshaltungen zu ihrem Recht kommen. Sie können Impulse geben, Denkalternativen und Deutungsangebote vorbringen und auch mit gut dosierten Provokationen arbeiten, um dem Kommunikationsprozess auf die Sprünge zu helfen – aber sie sollen ihn nicht dominieren.

Neben der Fähigkeit zur Selbstrücknahme müssen erwachsenenbildnerisch Handelnde im kirchlichen Kontext auch ein gehöriges Maß an Toleranz aufbringen. Umso mehr dort, wo sie mit religiösen Lebensformen und Glaubensäußerungen konfrontiert werden, die aus christlicher Sicht *grenzwertig* sein mögen. An einem solchen Punkt hilft es, sich bewusst zu machen:
- Auf Menschen, die für sich das Recht in Anspruch nehmen, „nach ihrer Façon selig zu werden", wirkt es wenig glaubwürdig, wenn die Kirche sich das Recht herausnimmt, sie in Sachen Glauben zu belehren. Zieht sich doch durch ihre 2000-jährige Geschichte der rote Faden der Lehrstreitigkeiten und Abspaltungen.
- Bei aller Unterschiedenheit in Fragen des Glaubens: Wir sind untereinander verbunden durch dieselben Lebensfragen:
Was ist der Grund und der Sinn meines Lebens?
Was gibt mir Halt in den Brüchen meines Lebens?
Wie kann ich angesichts der Endlichkeit meines Lebens Hoffnung entwickeln?

Über diese gemeinsame Ausgangslage ins Gespräch zu kommen und darin Antworten auszutauschen, die sich als tragfähig oder trügerisch, verheißungsvoll oder enttäuschend erwiesen haben – darin ereignet sich religiöse Identitätsbildung am Ort der Gemeinde. Wer hier als Gemeindepfarrerin oder -pfarrer in der Rolle der Moderatorin oder des Moderators die Antwort des christlichen Glaubens so einbringt, dass sie auf eine unaufdringliche Weise als *anziehend* und *weiterführend* wahrgenommen wird, liefert ein erwachsenenbildnerisches Gesellenstück ab.

3. Zugänge ermöglichen:
Die mittlere Generation als Zielgruppe

Dass die Gruppe der ca. 25–55-jährigen Gemeindeglieder, also die der jungen Erwachsenen bis Spätmittelalterlichen, eine klassische Zielgruppe in der kirchengemeindlichen Arbeit sein sollten, ist eine Erkenntnis, die sich so noch nicht allgemein durchgesetzt hat. Ein doppeltes Gedankenexperiment mag das veranschaulichen: a) Wie werden wohl Kirchenvorsteher und -vorsteherinnen reagieren, wenn ihnen mitgeteilt wird, dass aufgrund der Arbeitsüberlastung künftig keine Senioren an ihren hohen Geburtstagen besucht werden? b) Wie oft kommt es vor, dass ein Kirchenvorstand die klare Erwartung ausspricht: In unserer Gemeinde sollen Erwachsene in der mittleren Lebensphase Angebote vorfinden, die sich gezielt an sie richten?

Dort, wo diese Angebote bereits bestehen (z.B. als Kirchenkino, Frauenfrühstück, Elternschule, Literaturkreis), sind sie häufig auf Eigeninitiative entstanden und finden weitgehend selbstorganisiert statt. Ihre Kirchlichkeit ist eher unverbindlich-niederschwellig, was sie von einem häuslichen Bibelkreis oder einer Taizéandacht unterscheidet. Gerade das ist es aber, was auf die, die nur einen losen Kontakt zur Kirche suchen, Anziehungskraft ausübt. So wird eine Pfarrerin oder ein Pfarrer, der in solch einen Kreis eingeladen wird, drei interessante Erfahrungen machen:

- Sie oder er ist eindeutig nicht Gastgeberin oder Gastgeber, sondern Gast.
- Sie oder er trifft hier auf Menschen, die im üblichen pfarramtlichen Alltag nicht vorkommen oder nur bei besonderen Anlässen anwesend sind.
- In diesen Gruppen ist die mittlere Lebensphase sehr viel stärker repräsentiert als bei anderen Gemeindeveranstaltungen (einschließlich des Gottesdienstes).

Wie es zu dieser letztgenannten Auffälligkeit kommt, dafür kann die von dem Soziologen *Peter L. Berger* geprägte Formel „Sehnsucht nach Sinn" als Erklärung dienen. Tatsächlich bricht die Frage nach dem, was dem Leben Sinn gibt, ja gerade in der mittleren Lebensphase an zahlreichen Stellen auf. Wie keine andere steht die Generation der 25–55-Jährigen unter dem permanenten Anspruch, ihr Leben nach zwei Seiten auszurichten.

Es kann also nur dazu ermutigt werden, gerade die Lebenswelt der mittleren Generation in den Blick zu nehmen und sie daraufhin zu befragen, welche identitätsfördernden Angebote sich hier nahelegen. Wichtig ist jedoch, schon in dieser frühen Phase der konzeptionellen Planung die pfarramtliche Brille abzulegen, d.h. die Adressaten dieser Angebote eben *nicht* als Tauf- oder Konfirmandeneltern, als Angehörige im Trauerfall oder als (mögliche) Personen einer kirchlichen Mitarbeiterschaft wahrzunehmen, sondern als das, was sie vor allem anderen sind: Menschen in der Lebensmitte, die eigene Lebensfragen haben. Ihnen die Möglichkeit zu geben, sich darüber in einer anregenden und offenen Gesprächsatmosphäre auszutauschen, ihre Lebensfragen einmal anders zu stellen, um damit die scheinbar bewährten Deutungsmuster auf ihre Tauglichkeit zu befragen, einen Perspektivenwechsel zu riskieren, indem man die eigene Identität auf's Spiel setzt und versuchsweise in eine fremde Identität schlüpft – darum geht es. Nicht nur für schwedische Möbelhäuser gilt an dieser Stelle: Entdecke die Möglichkeiten!

4. Das Anregungspotential von Bibelfliesen einbringen und nutzen

Als selbständig gewordene junge Erwachsene gerade selbst aus ihrem Elternhaus gegangen, erleben die 25–55-Jährigen nun das Werden und Wachsen der eigenen Kinder. Beginnen diese, ihre volle Selbständigkeit zu erlangen und auf eigenen Füßen zu stehen, nehmen sie wahr, wie ihre Eltern im Alter um ihre Selbständigkeit ringen und am Ende aus dem Leben gehen. Mit ihrem beruflichen und sozialen Engagement sind sie die Säulen der Gesellschaft und stehen doch zugleich unter dem permanenten Anspruch, in einer immer schneller sich fortentwickelnden Lebenswelt das persönliche Koordinatensystem ständig „upzudaten". Diese Anpassungsleistung nach vorne und hinten muss so nur die mittlere Generation erbringen. Entsprechend groß ist das Bedürfnis nach einer unterstützenden Lebensbegleitung. ■ Zielgruppe

Die folgende *Ablaufskizze* einer Veranstaltung zum Gleichnis vom verlorenen Sohn beschränkt sich darauf, die *unterstützende* und *impulsgebende* Funktion von Bibelfliesen exemplarisch vorzustellen. Konkret: Es geht um die Methodik, ihr Anregungspotential so ins Spiel zu bringen, dass Teilnehmerinnen und Teilnehmer animiert werden, ihr Inneres „zu äußern". Wo es dazu kommt, kann der Prozess der religiösen Identitätsbildung ins Laufen kommen, ist die Transformation einer ursprünglichen Glaubenserfahrung zu einer aktuellen, subjektiv bedeutungsvollen Glaubenserfahrung möglich. ■ Ziele

Wichtig: Auch eine Veranstaltung, in der Bibelfliesen lediglich eine dienende Funktion als Medien haben, kommt nicht ohne eine kurze Einführung zu den Umständen ihrer Entstehung aus. Das Wissen darum, dass sich hier eine besondere Form der Volksfrömmigkeit Geltung verschafft hat, kann Teilnehmerinnen und Teilnehmer zudem ermutigen, auch ihr eigenes religiöses Lebensgefühl in Worte zu fassen und mitzuteilen.

Zeit ■ Eine Doppelstunde

Durchführung ■ **4.1 Annäherung an den Text:**

Das Gleichnis vom verlorenen Sohn (Lukas 15,1-3.11-32)

Ähnlich wie das Gleichnis vom barmherzigen Samariter, die Erzählung vom Sündenfall oder das Hiob-Drama ist das Gleichnis vom verlorenen Sohn (zutreffender: Das *Gleichnis von der Liebe des Vaters, die den Sohn nicht verloren gibt*) ein Stück biblische Überlieferung, das Eingang gefunden hat in das kulturelle Gedächtnis der Menschheit. Das gilt vor allem für jene Szene, die zweifellos den emotionalen Höhepunkt der Erzählung darstellt: Der Vater schließt den heimgekehrten Sohn wieder in seine Arme (Lk 15,20). Wie sehr gerade dieses Bild die Wahrnehmung der gesamten Erzählung dominiert, macht eine Bildrecherche deutlich: Den zahlreichen Bildern und Plastiken zum Motiv der Heimkehr stehen nur wenige Darstellungen des sozialen Abstiegs gegenüber.

Läuft also in diesem Gleichnis alles darauf hinaus, dass der Vater den Sohn in die Arme schließt? Ein solch klassisches Happy-end ließe sich immerhin als theologische Punktlandung mitten ins Zentrum der Verkündigung Jesu begreifen, dass Umkehr zur Vergebung führt. Aber – obwohl die Wiedereinsetzung des Heimgekehrten in die Sohnesrechte (V. 22-23) und ihre Begründung (V. 24) einen deutlichen Abschluss markieren, kann man an dieser Stelle nicht von einem „Ende gut, alles gut" sprechen. Im Gegenteil entwickelt sich die Erzählung ab hier erst recht zu einem Familiendrama. Es kommt zu einem neuen Vater-Sohn-Konflikt.

Pointiert formuliert: Die Familienzusammenführung bringt nun einen Sohn hervor, bei dem mit Blick auf das Ende offen bleibt, ob er tatsächlich *verloren* ist oder ob er noch einmal die innere Kraft aufbringt, in den Kreis der Familie zurückzukehren. Jetzt jedenfalls, da die Familie im Haus die Rückkehr des Bruders feiert, bleibt er außen vor. Dabei richtet sich sein Zorn nicht etwa gegen den, der die Kühnheit besessen hat, als gescheiterte Existenz dem Vater wieder unter die Augen zu treten. Was ihn viel mehr empört und in dieser Empörung schließlich blockiert, ist vielmehr das Verhalten des Vaters. „Siehe, so viele Jahre diene ich dir und habe dein Gebot noch nie übertreten, und du hast mir nie einen Bock gegeben, dass ich mit meinen Freunden fröhlich gewesen wäre. Nun aber, da dieser dein Sohn gekommen ist, der dein Hab und Gut mit Huren verprasst hat, hast du ihm das gemästete Kalb geschlachtet." (V. 29-30) So wird am Ende ausgerechnet die Großherzigkeit, mit der sich der Vater dem Sohn zuwendet, der sein Leben ohne ihn führen wollte, dem anderen Sohn, der ihm treu blieb, zur Ungerechtigkeit. Und offen bleibt, ob die Erklärung des Vaters, mit der das Gleichnis schließt, ihn wieder *heimholt* in den Kreis der Familie.

Mit dieser dramatischen Wende geht das Gleichnis vom liebenden Vater und seinen beiden Söhnen deutlich über das einfache Erzählschema des „*Verloren-gefunden*" der vorausgehenden Gleichnisse vom verlorenen Schaf (Lk 15,4-7) und vom verlorenen Groschen (Lk 15,8-10) hinaus. Wo diese mit einem versöhnlichen Schluss enden, der die alte Ordnung wieder herstellt, wird dem Hörer oder Leser hier zugemutet, selbst einen Weg aus der Unordnung zu finden, die dieses Familiendrama hinterlässt. Er muss sich entscheiden, ob er sich über die Umkehr des Gescheiterten und die alles verzeihende Liebe des Vaters freut – oder ob er sich mit dem treu gebliebenen Sohn solidarisiert und dessen Empörung über die grenzenlose Großherzigkeit des Vaters teilt.

Damit entwickelt sich das vermeintliche Happy-end am Ende für den Hörer oder die Leserin, zu einer Zumutung, in der alles auf die Frage zuläuft: Bist du bereit, dich auf die alles verzeihende Liebe des himmlischen Vaters auch dann einzulassen, wenn sie nicht nur dir, sondern auch anderen gilt – oder bleibst du gefangen in den Zwängen einer nach menschlichen Maßstäben richtenden Gerechtigkeit?

Mit der gleichen Frage – nur eben in bestechender Kürze auf den Punkt gebracht – endet auch das Gleichnis von den Arbeitern im Weinberg (Mt 20,1-16), zu dem das Gleichnis vom verlorenen Sohn eine große sachliche Nähe aufweist. Denen, „die des Tages Last und Hitze getragen haben" (V. 12) und sich darüber beklagen, dass sie doch nur den gleichen Lohn bekommen wie die, die nur eine kühle Abendstunde gearbeitet haben, wird in schönstem Luther-Deutsch gesagt: „Siehst du scheel drein, weil ich so gütig bin?" (V. 15b) Auch hier ein offenes Ende, für dessen Schluss der Hörer oder die Leserin zuständig ist.

Diese Gedanken zum Text mögen genügen, um deutlich zu machen: Es gibt darin zahlreiche Anknüpfungspunkte, die sich anbieten, von ihnen aus die eigene Identität in den Blick zu nehmen und zu befragen. Dass dies zu einer spannenden Angelegenheit werden kann, hat darin seinen

Grund, dass das Gleichnis ja selbst eine durchgehende Spannung erhält durch die Polaritäten, die es durchziehen:
- Verbundenheit und Trennung
- Autonomie und Abhängigkeit
- Reichtum und Armut
- Gelingen und Scheitern
- Hoffnung und Verzweiflung
- Annahme und Ablehnung
- Nähe und Distanz
- Freude und Ärger
- Liebe und Hass

Auf der zwischenmenschlichen Ebene scheinen diese Polaritäten unweigerlich auf ein „*entweder–oder*" hinauszulaufen. Das Gleichnis zeigt eine andere Möglichkeit auf: Gott kann Verzweiflung in Hoffnung wenden, Trennung in Verbundenheit, Distanz in Nähe und Ablehnung in Annahme. Aber weil seine dem Menschen entgegenbrachte Zuwendung im besten Sinne des Wortes *maß-los* ist, ist sie auch eine Zumutung. Nichts an ihr ist plausibel oder berechenbar. Man kann sich nur, wie das Beispiel der beiden Söhne zeigt, auf sie einlassen oder sich von ihr abwenden. Darüber so ins Gespräch zu kommen, dass Menschen neue, weiterführende Einsichten über den eigenen inneren Standort ermöglicht werden, darin liegt die Chance einer religiösen Identitätsbildung, die es riskiert, die frohe Botschaft am Ort der Gemeinde auch einmal auf eher ungewöhnliche Weise einzubringen.

4.2 Zugang herstellen: Rekonstruktion

Wie lassen sich Teilnehmerinnen und Teilnehmer aktiv in eine Erzählung hineinnehmen, die sie womöglich schon seit Kindertagen (Kinderbibel, Kindergottesdienst, Kinderbibelwoche) kennen und die für sie daher relativ überraschungsfrei daherkommt? Eine Möglichkeit, einer solchen Erzählung an den eingepflanzten Wahrnehmungen und Assoziationen vorbei wieder Aufmerksamkeit zu verschaffen, liegt darin, sie auf eine unerwartete Weise gemeinsam zu entwickeln.

Unerwartet heißt: Die Teilnehmerinnen und Teilnehmer nehmen gar nicht erst die passive Rolle einer Hörerin oder eines Hörers ein, sondern werden zu Beginn ermutigt, die Erzählung aus der Erinnerung heraus selbst zu rekonstruieren. Damit dieser Rekonstruktionsprozess nicht zu einem überschießenden Ergebnis führt, sind zwei „Bremsen" eingebaut:

- Mit der Szene zu beginnen, in der der jüngere Sohn von seinem Vater das Erbteil fordert, um dann chronologisch fortzufahren, ist weder originell noch anregend und verführt zudem dazu, das Gleichnis linear *abzuarbeiten*. Vielversprechender ist der Einstieg bei der Freude des Vaters über die Heimkehr des verlorenen Sohnes. Bei diesem Wendepunkt des Gleichnisses einzusetzen, an dem das Drama um den jüngeren Sohn endet und das um den älteren Sohn seinen Anfang nimmt, fordert die Teilnehmerinnen und Teilnehmer dazu auf, aus einem anderen Blickwinkel ihre Erinnerungen wachzurufen. Der Rekonstruktionsprozess selbst gewinnt dabei an Dynamik.
- Bilder können verschüttete Erinnerungen nicht nur freilegen, sondern auch an passender Stelle verorten. Als Impulse bringen und halten sie den Austausch über das Gleichnis nicht nur in Gang, sie sind zugleich auch dessen Leitplanken, indem sie Deutungen wohl herausfordern, allzu phantasievollen Teilnehmerbeiträgen aber auch Grenzen setzen. Gerade der fünfteilige Bibelfliesenzyklus zum Gleichnis vom verlorenen Sohn ist dazu in besonderer Weise geeignet. Seine schlichte Anschaulichkeit hat einen hohen Wiedererkennungswert und ist doch offen genug, um Deutungen Raum zu geben.

So also könnte die Veranstaltung beginnen

Moderatorin/Moderator:
„Die Erzählung, mit der wir uns beschäftigen wollen, ist den meisten von uns wohl seit Kindertagen bekannt. Sie ist aus dem Stegreif zu erzählen, macht keine Mühe. Aber so leicht wollen wir es uns nicht machen. Lassen Sie uns einmal den umgekehrten Weg gehen, indem wir zunächst auf das Ende blicken und danach fragen, wie es dazu gekommen ist. Wenn wir so in unseren Erinnerungen graben, liegt darin auch die Chance, wahrzunehmen, warum diese Erzählung ganz bestimmte Gefühle in uns auslöst. Betrachten wir also in Ruhe dieses Bild. Warum es uns nicht auf Leinwand oder Papier begegnet, dazu gleich mehr.
Zunächst soll es um die Fragen gehen: Was sehe ich und was löst es in mir aus? Vielleicht begeben wir uns als stille Beobachterin oder stiller Beobachter selbst in das Bild, gehen umher, besichtigen Gegenstände, interviewen die Beteiligten ...

Praxis-Bausteine

Die Heimkehr des verlorenen Sohnes, Lk 15,20-21 (Fliesenbibel N 108, NT S. 128)

Danach wollen wir zusammentragen, was wir entdeckt und in uns wahrgenommen haben."

Die eindrücklichste und am einfachsten zu realisierende Methode der Präsentation besteht darin, die einzelnen Fliesen als Fotodruck im Großformat (ca. 40 x 40 cm) nacheinander vorzustellen.

Die „Phantasiereise" als Methode der Bilderschließung (ca. 3 Minuten) begünstigt einen emotionalen Zugang zum Bild. Der anschließende Austausch sollte jedem Teilnehmenden die Gelegenheit geben, sich zu äußern, ohne jedoch eine Äußerung abzufordern. Es gilt das Prinzip der Freiwilligkeit, das gegebenenfalls auch gegen ein „Sag du doch auch mal was!" durchgesetzt werden muss. Wenn das Gleichnis identifiziert wird (wovon auszugehen ist), ist es für den weiteren Fortgang wichtig, nun *nicht alle Katzen aus dem Sack zu lassen*, sondern sich weiter von hinten her an den Anfang des Gleichnisses zurück-zuarbeiten.

Im Anschluss an diesen ersten Austausch (ca. 10 Minuten) kann eine kurze Einführung zur Entstehung und Verbreitung von Bibelfliesen erfolgen.[1] Es folgen vier weitere Bildbetrachtungen in rückwärtiger Reihenfolge mit je anschließendem Austausch. Insgesamt sind ca. 45 Minuten zu veranschlagen.

Je mehr Bilder in den Blick kommen, umso mehr wird sich die Erzählung verdichten. Dass dabei die Grenze von der Wahrnehmung zur Deutung überschritten wird, gehört dazu. Wichtig ist jedoch an dieser Stelle, dass es nicht zu *voreiligen* Deutungen kommt. Das Bild des jüngeren Sohnes unter den Schweinen verdeutlicht: Nicht von der Verschwendung *her*deuten („Das hat er nun davon!"), sondern auf die Heimkehr *hin*deuten („Was bleibt ihm noch?").

---

[1] Informationen dazu finden sich in den Beiträgen von *Reinhard Stupperich*, Bibelfliesen: Geschichte-Herstellung-Bildmotive, s. o. S. 41ff., *Vera C. Pabst,* Frauenfrühstück, s. u. S. 176ff., *Andreas Flick*, Kreative-Kinder-Kirche und Predigtreihe zu Bibelfliesen, s. u. S. 194ff., *Dorothee Löhr*, Die Kirche als Bibelfliesen-Werkstatt, s. u. S. 200ff.

Bibelfliesen – Medien religiöser Identitätsbildung

Der verlorene Sohn als Schweinehirt,
Lk 15,14-17 (Fliesenbibel N 107, NT S. 128)

Der verlorene Sohn lebt verschwenderisch,
Lk 15,13b (Fliesenbibel N 105, NT S. 127)

Der verlorene Sohn verabschiedet sich,
Lk 15,13a (Fliesenbibel N 104, NT S. 127)

Der verlorene Sohn bekommt sein Erbteil,
Lk 15,11-12 (Fliesenbibel N 103, NT S. 127)

Wo es angezeigt ist, kann durch die Moderation dem Rekonstruktionsprozess Impulse gegeben werden, z.B. durch erhellende Hintergrundinformationen:

– Schweine (Inbegriff der Unreinheit nach dem jüdischen Gesetz) zu hüten in einem fernen Land (V. 13) – weiter kann sich ein „Kind Israels" nicht vom Gottesvolk entfernen. Als Schweinehirt hat der Sohn nicht nur seinen Reichtum verloren, sondern auch seine religiöse Identität. Rückkehr hat an dieser Stelle damit nicht nur eine *quantitative*, sondern auch eine *qualitative* Seite.
– Als Sohn wieder angenommen zu werden, setzt den früheren Rechts-

zustand der „Sohnschaft" wieder in Kraft. Äußeres Zeichen ist das Anstecken des Rings (V. 22). Der jüngere Sohn ist nun wieder im Besitz der Vollmacht über die Finanzgeschäfte. Verständlich, dass der ältere Bruder gegen diesen scheinbaren Eingriff in seine Rechte protestiert (V. 29).
Mit der Betrachtung und Deutung der Fliese, die die Forderung des jüngeren Sohnes nach seinem Erbteil darstellt, haben die Bibelfliesen ihre Funktion als Medien im Kern erfüllt. Für den Fortgang der Veranstaltung sollten sie aber im Blick bleiben. Zunächst so, dass sie in der richtigen Reihenfolge nebeneinander betrachtet werden können, wenn nun der Text des Gleichnisses mit seiner Einleitung (V. 1-3) vorgelesen wird.

Moderatorin/Moderator:
„Das Gleichnis vom verlorenen Sohn – wir haben es so zusammengetragen, wie es uns in der Erinnerung geblieben ist. Damit unser Erinnerungstempo etwas ausgebremst wird und wir auch das in uns wahrnehmen, was uns an dieser Geschichte berührt oder auch irritiert, haben wir einen ungewöhnlichen Weg eingeschlagen: Vom Ende her auf den Anfang zu entlang an Bildern, die selbst auf eine ganz und gar ungewöhnliche Weise den Inhalt des Gleichnisses zum Ausdruck bringen. Jetzt ist es an der Zeit, dass wir es so hören, wie es Lukas in seinem Evangelium niedergeschrieben hat."

Lukas 15,1-3.11-32 aus der BasisBibel[2] vorlesen.

Das Hören des Textes offenbart die hohe erzählerische Kunst und Komplexität, mit der das Gleichnis das Gott-Mensch-Verhältnis am Beispiel einer Vater-Söhne-Beziehung beschreibt. Den Teilnehmerinnen und Teilnehmern wird zudem auffallen, dass nicht nur ihre Erinnerung, sondern auch die Darstellung auf den Bibelfliesen lückenhaft war bzw. ist. Als Anknüpfungspunkte für ein Nachgespräch bieten sich an:
– Wurde gewusst, dass die Erzählung des Gleichnisses durch einen Konflikt zwischen Jesus und den Pharisäern und Schriftgelehrten ausgelöst wurde? Die Bibelfliesen gehen jedenfalls darüber hinweg. Dabei ist das Wissen darum der Schlüssel zum Verständnis des Gleichnisses. Wenn Jesus sich im Namen Gottes Sündern zuwendet und sogar Tischgemeinschaft mit ihnen hält, ist dies in den Augen der religiösen

---

2 BasisBibel. Das Neue Testament, Stuttgart 2011.

Führer ein unglaublicher Affront, weil damit der traditionelle und von der Tora geforderte Gottesglauben gänzlich auf den Kopf gestellt wird. Das Gleichnis will das Handeln Jesu rechtfertigen, indem es klarstellt: Als himmlischer Vater handelt Gott nicht anders als ein irdischer Vater, der seinem Kind auch in dessen Scheitern mit Liebe begegnet.

- Auch der ab V. 25 aufbrechende Konflikt zwischen Vater und älterem Sohn findet in der entsprechenden Bibelfliese keinen angemessenen Ausdruck. Im Zentrum und im Vordergrund stehen der Vater und der jüngere Sohn. Der ältere Sohn ist in eigenartig verkrümmter Körperhaltung dahinter auf eine Nebenrolle reduziert. Dabei sind doch in ihm diejenigen abgebildet, an die sich das Gleichnis eigentlich richtet: Die Vertreter von Redlichkeit und Gesetzestreue (s. V. 29), d.h. die Pharisäer und Schriftgelehrten. V. 1-2 und 25-32 bilden so die notwendige *Fassung*, in der die V. 3-24 ihr eigentliches, über das allgemein Menschliche hinausgehende, *theologische Profil* gewinnen.

4.3 Fortführung mit „Kopf, Herz und Hand" (Johann Heinrich Pestalozzi)

Wie kann es in der Veranstaltung nun weitergehen? Drei Möglichkeiten sollen vorgestellt werden. Ihnen ist die Zuwendung zum Gleichnis von der Fassung her gemeinsam.

Der kreative Weg:
Den Fliesenzyklus zum Gleichnis komplettieren

Die Teilnehmerinnen und Teilnehmer können gemeinsam zwei Fliesen entwickeln, die a) den Konflikt darstellen, der das Gleichnis herausgefordert hat (Jesus und die Sünder im Angesicht der Frommen) und b) den Konflikt zwischen Vater und älterem Sohn darstellen.

Unter den Teilnehmenden findet sich sicherlich jemand, der die Begabung hat, die Einfälle der anderen zeichnerisch umzusetzen (Flipchart). Wenn allen Beteiligten klar ist, dass hier keine künstlerischen Höchstleistungen abgefordert werden, liegt in diesem Fortgang der Veranstaltung nicht nur ein hohes Spaßpotential. Er schärft auch noch einmal die Sinne für den theologischen Spitzensatz des Gleichnisses: Gott nimmt die Sünder an.

Der affektive Weg:
Perspektivenvielfalt ermöglichen durch „Rollen-Sätze"

Die Beteiligten sitzen in einem Halbkreis, in dessen offener Fläche Blätter liegen (DIN-A3), die die Aufschrift tragen: Jesus, Jünger, Pharisäer, Zöllner, Vater, jüngerer Sohn, älterer Sohn, Mutter, Knecht.

Moderatorin/Moderator:
„Wir gehen einen Schritt weiter und hören das Gleichnis nun in der Übersetzung Martin Luthers. Mit dieser etwas anders akzentuierten Textmelodie im Ohr wollen wir versuchen, uns selbst in das Gleichnis hineinzubegeben, um dort einen *Standpunkt* einzunehmen. Das geschieht so, dass jede und jeder nach einer kurzen Phase der Stille einen *Rollen-Satz* äußern kann, den sie oder er als Stimmungsbild *zwischen den Zeilen* herausgehört hat.

Gesprochen wird aus der Perspektive einer Person, die im Text vorkommt – oder auch nicht vorkommt, aber beteiligt ist. Etwa so:
‚Mein jüngerer Sohn/Vater/Mutter/älterer Sohn/Zöllner/Jünger/Pharisäer/Knecht …

- sagt: …
- denkt bei sich: …
- spürt/fragt sich: …
- freut sich: …
- wundert sich: …'

Wer einen Rollen-Satz sprechen möchte, bezieht seinen Standpunkt auf dem Blatt mit dem entsprechenden Namen. Damit soll noch einmal optisch deutlich werden, aus welcher jeweiligen Perspektive gesprochen wird. Rollensätze können für mehrere Personen gesprochen werden. Diese werden nicht kommentiert. Am Ende wollen wir uns über das Gehörte austauschen."

Das Gleichnis Lukas 15,1-3.11-32 nun in der Übersetzung Martin Luthers vorlesen.

Der Zeitansatz dieser Methode ist nur schwer einzuschätzen. Realistisch ist ein zeitlicher Rahmen von ca. 30–45 Minuten. Vieles hängt davon ab, ob sich die Beteiligten auf die Methode des „Rollen-Satzes" einlassen, konkret: ob sie sich getrauen, *aus sich herauszutreten* und *Stellung zu beziehen*. Wenn die Methode anschlägt, bringt sie nicht nur hervor, an welcher Stelle sich die Teilnehmerinnen und Teilnehmer in den Text haben hineinnehmen lassen. Zugleich können die Rollen-Sätze auch deutlich machen, welche – unter Umständen bis jetzt noch nicht wahrgenommene – Bedeutung die eine oder andere Person im Ganzen des Textes hat.

Der kognitive Weg:
Der jüngere und der ältere Sohn – zwei Seiten unserer Persönlichkeit

Der niederländische Theologe und Schriftsteller *Nico ter Linden* hat in den sechs Bänden seiner Reihe „Es wird erzählt" den biblischen Geschichten als „kommentierten Nacherzählungen" eine neue Fassung gegeben. Der Abschnitt, der sich der Auseinandersetzung zwischen Vater und älterem Sohn widmet, ist unten abgedruckt (→Material 1). Der Text ist noch einmal ein ganz eigener Schlüssel, der das Gleichnis auf sehr subjektive Weise öffnet. Darüber ins Gespräch zu kommen, lohnt sehr. Es bietet sich an, den Text vorzulesen, und erst danach auszuhändigen und in Kleingruppen einen freien Gedankenaustausch (ca. 15 Minuten) zu ermöglichen. Im abschließenden Plenum werden die Eindrücke ausgetauscht.

5. Fazit

Bibelfliesen sind ein Schatz. Und das Beste daran ist: Dieser Schatz liegt offen zutage – in der Fliesenbibel, in der Heftreihe „Bibelfliesen-Bilder", auf der Homepage des Norder Bibelfliesenteams (www.fliesenbibel.de), in den Bibelfliesenausstellungen. Die „Ikonen des Nordens" (*Julia Helmke*) finden immer mehr Anhänger, längst auch schon jenseits ihres ursprünglichen Verbreitungsgebietes.

Man kann davon ausgehen, dass dabei zunächst ein kulturhistorisches und ästhetisches Interesse im Vordergrund steht. In ihrer Kleinformatigkeit, Schlichtheit und Konzentration auf das Wesentliche stellen Bibelfliesen gegenüber der Reizüberflutung der modernen Lebenswelt einen wohltuenden Gegensatz dar. Wer sie betrachtet, spürt, dass er ihnen nicht ausgeliefert ist, sondern von ihnen freundlich eingeladen wird, sie als Spiegelbild einer volkstümlichen Frömmigkeit wahrzunehmen. So gesehen darf man annehmen, dass Bibelfliesen von vornherein nicht als *Kunstobjekt* entstanden sind, sondern als *Ausdruck eines religiösen Lebensgefühls*, das künstlerische Züge trägt.

Von daher öffnet sich ein Zugang, der die kulturhistorische Betrachtung überschreitet. Bibelfliesen sind auch *Medien einer religiösen Identitätsbildung*. Jedenfalls können sie es dort werden, wo die in ihnen zum Ausdruck gebrachte Glaubenshaltung zum Ausgangspunkt einer Betrachtung des eigenen religiösen Lebensgefühls wird. Dieser Erkenntnisweg ist in den Bibelfliesen schon abgebildet: Sie haben eine ursprüngliche Glaubenserfahrung, die ihren Ausdruck in einer biblischen Erzählung fand, aufgenommen und in eine aktuelle Glaubenserfahrung überführt (z.B. 5. Mose 34,1-5: Mose blickt auf das verheißene Land). Das ist gemeint, wenn von „Transformation" gesprochen wird.

Eine Bildungsveranstaltung, die diesen Prozess initiieren und unterstützend begleiten will, könnte man daher – um im Bilde zu bleiben – als „Transformator" bezeichnen. Ein Transformator ist ein „Spannungswandler", der eine Eingangsspannung zu einer Ausgangsspannung transformiert und sie damit nutzbar macht unter den gegebenen Bedingungen. Anders als in der Physik vollzieht sich ein solcher Transformationsprozess in der erwachsenenbildnerischen Praxis nicht schon dadurch, dass man den Transformator ans Netz bringt und die Anschlüsse richtig legt. Erwachsenenbildung, die die religiösen Innenansichten der Beteiligten thematisiert, ist kein Selbstläufer und bedarf einer entsprechenden Handlungskompetenz. Darauf aufmerksam zu machen, ist auch ein Anliegen dieses Beitrages.

Vorbereitung ■ Die Bibelfliesen N 103, N 104, N 105, N 107, N 108 von der Homepage www.fliesenbibel.de herunterladen und als Fotodruck im Großformat (ca. 40 x 40 cm) anfertigen
Flipchart und dazugehörige Stifte bereitstellen
DIN-A3-Blätter mit unterschiedlichen Beschriftungen anfertigen: Jesus, Jünger, Pharisäer, Zöllner, Vater, jüngerer Sohn, älterer Sohn, Mutter, Knecht
Einführungsreferat zur Entstehung und Verbreitung von Bibelfliesen bereithalten[3]
Bibeltext Lk 15,25-32 aus der BasisBibel und aus der Lutherbibel besorgen

---

3 Vgl. die entsprechenden Beiträge dieses Bandes, die in Fußnote 1 auf S. 164 genannt sind.

Bibelfliesen – Medien religiöser Identitätsbildung

Material 1
Nico ter Linden: Der verlorene Sohn (Lukas 15,25-32)

Ein gewisser Mensch hatte zwei Söhne.
Adam hatte zwei Söhne: Kain und Abel. Abraham hatte zwei Söhne: Ismael und Isaak. Isaak hatte zwei Söhne: Esau und Jakob.

Es ist auffallend: Jedes Mal gibt es da in Israel einen Vater mit zwei Söhnen und jedes Mal stimmt da etwas nicht mit diesen beiden Söhnen. Kain wurde zornig auf Abel und erschlug ihn. Ismael war die Frucht von Abrahams Unglauben und musste Isaak weichen. Esau verspielte für einen Teller Suppe sein Erstlingsrecht an Jakob. Die Letzten werden die Ersten sein, die Ersten die Letzten. Es ist ein seltsamer Refrain in den Geschichten Israels, des kleinen Volkes inmitten all der großen Völker.

Sieh *doch, wie gut, wie lieblich ist's,*
dass Söhne desselben Hauses wie Brüder beieinander wohnen,
singt der Psalmist *(Psalm 133,1)*, doch so einfach ist das Ganze nicht. Kinder aus einer Familie sind wie zu dicht nebeneinander gepflanzte Bäume. Sie stoßen einander weg, um das Sonnenlicht aufzufangen, jeder will sich an der elterlichen Liebe wärmen. Es kommt zu Rivalität und Zwietracht, denn der eine fühlt sich vor dem anderen benachteiligt, der Letzte will der Erste werden, der Erste nicht der Letzte sein.

Der älteste Sohn war nicht zu Hause, als der jüngste Sohn zurückkehrte. Er war auf dem Feld. Ja, wo sonst auch? Er war der typische Erstling, pflichtbewusst und verantwortungsvoll, fromm und fleißig, immer bereit, seinen Eltern gefällig zu sein, und in der Furcht, sie zu enttäuschen. Er war – um mit Mark Twain zu sprechen – ein guter Mensch in der schlechtesten Bedeutung des Wortes.

Als er vom Feld kam, hörte er Musik und Tanz. Er verstand nicht, was hier gespielt wurde. Oder verstand er es sehr gut? Denn warum ging er nicht schnurstracks ins Haus, warum fragte er erst einen der Knechte, was hier los sei? Sie wollten ihm doch nicht erzählen, sein Bruder sei wieder zurückgekehrt! Dieser lästige Bruder, der immer da war, obwohl er weg war. Warum konnte er ihn nicht aus seinen Gedanken verbannen? Erschien er jetzt tatsächlich wieder lebendigen Leibes auf der Bühne?
Dein Bruder ist zurückgekommen und dein Vater hat das gemästete Kalb geschlachtet, weil er ihn wohlbehalten wiederbekommen hat.

Dieser einfache Knecht freute sich an der Freude seines Herrn, er strahlte vor Glück. Nicht aber der Älteste. Er wurde zornig, ganz so, wie es von Kain berichtet wird, der nicht ertragen konnte, dass Gott auch Abel liebte.

(Gen 4,5) Seine Miene verfinsterte sich und er weigerte sich, ins Haus zu gehen.

So schnell können sich die Dinge wenden, denn nun schloss *er* sich aus dem Vaterhaus aus! War der eine Sohn gerade zurückgekommen, ließ sich der andere verleugnen. Nun hatte der Vater wieder einen verlorenen Sohn.

Wieder ging der Vater aus dem Haus, nun aber, weil ein Sohn nicht hinein wollte. Denn er liebte auch seinen Ältesten. Er wollte nichts lieber, als dass auch er nach Hause kommt. *Komm doch herein, freue dich!* Der Vater hat kein Lieblingskind, er liebt beide Söhne gleich. Voller Liebe kann er auf die Leidenschaft seines jüngsten Sohnes blicken, auch wenn diese nicht durch Gehorsam gezügelt wird. Und ebenso kann er voller Liebe auf den Gehorsam seines ältesten Sohnes schauen, auch wenn dieser nicht von Leidenschaft beseelt ist.

Doch der Älteste weigerte sich und wehrte sich gegen einen Vater, der es wagte, Untugend auch noch zu belohnen. Er *sagte zum Vater* (hier steht nicht »zu seinem Vater«): *Wie viele Jahre diene ich dir nicht schon, niemals habe ich dein Gebot übertreten und ich bekam noch nicht einmal einen Ziegenbock, dass ich mit meinen Freunden hätte feiern können. Aber dieser dein Sohn* (er sagte nicht: »dieser mein Bruder«, wodurch er sich sowohl von seinem Vater als auch seinem Bruder distanziert), *dieser dein Sohn, der sein Geld bei Huren verprasste, wird mit dem gemästeten Kalb empfangen!*

Woher wollte er eigentlich wissen, dass sein kleiner Bruder zu den Huren ging? Davon war noch gar nicht die Rede gewesen! Träumte er vielleicht selbst davon, sprach er von seinen eigenen heimlichen Wünschen? Natürlich, er hat nicht ein einziges Gesetz übertreten, in spröder Treue blieb er brav auf seinem Posten. Doch war er damit *in dem, das seines Vaters ist*? Hielt ihn die Gottesfurcht zu Hause oder war es die Angst? Man kann mit Bedauern auf sein Leben und die selbst gewählte Freiheit zurückblicken, ebenso aber auch auf die Freiheit, die man sich nicht nahm.

Nein, auch wenn es von außen schwieriger zu sehen ist als bei einem notorischen Schürzenjäger – unter der tugendhaften Oberfläche dieses ältesten Sohnes verbarg sich ein selbstsüchtiges Kerlchen, voller Missgunst, Groll und Selbstmitleid. Seine Dienstbereitschaft ist zum freudlosen Trott geworden. *Ich diene dir schon so lang.*

Vielleicht sollten wir uns nochmals in Erinnerung rufen, wem Jesus dieses Gleichnis erzählt: Jenen Schriftgelehrten und Pharisäern, die ihren Halt, ihr zeitliches und ewiges Heil in der strikten Befolgung der Thora finden, und die deshalb nur schwer erkennen können, dass die Sonne auch für die Huren und Zöllner scheint, mit denen Jesus an einem Tisch sitzt. Voller Kummer sieht Jesus den Starrsinn, die Freudlosigkeit und Rechthaberei, die Karikatur, die Menschen immer und überall vom Glauben und der Religion machen. Warum ist in den Herzen vieler Frommer so wenig Verständnis, so wenig Zärtlichkeit, so wenig Freude? Wissen sie denn nicht, was Mutlosigkeit ist, was Verzweiflung? Dann müssten sie doch erkennen, dass sie nur eine dünne Wand von ihren Brüdern und Schwestern trennt! Wissen denn die Schriftgelehrten, wie hilflos ein Mensch sein kann? Lernt dies ein Sterblicher nur weit weg von zu Hause im Elend und in der Not? Dass die Arbeiter der elften Stunde denselben Lohn wie jene erhalten, die sich den ganzen Tag im Weinberg mühen – warum gibt es immer wieder Gläubige, die sich nicht über so viel Gnade freuen können? *(Matthäus 20,1-16)*

Dieser Sohn von dir ... und ich, der ... Nein, ohne mich, dafür bedanke ich mich bestens!

Und eigentlich hat der Vater darauf nichts zu erwidern. Denn dieser Älteste hat Recht, völlig Recht. Es gibt eine Form des Scharfsinns, die so schlüssig und zwingend ist, dass sich keine Argumente dagegen vorbringen lassen. Aber man spürt, dass es nicht stimmt. Wo der Fehler liegt, wird dieser Älteste erst wissen, wenn er weiß, was ein Vaterhaus ist. Und das weiß er nicht. Er hat zwar nie an einem anderen Ort gewohnt, doch dadurch wird er noch nicht zu einem Kind des Hauses. Die schwierigste Bekehrung in dieser Geschichte ist zweifellos die des Sohnes, der zu Hause geblieben war, und der im Wahn lebt, alles könne beim Alten bleiben. *Dieser Sohn von dir ...* An den Worten des Ältesten ist nichts auszusetzen, außer eben, dass er nichts von Liebe und Freude weiß. »*Kind von mir*«, rief der Vater, voller Verzweiflung, da er fürchtete, dass dieses Kind ihn nie verstehen werde, »*du bist immer bei mir, alles was mein ist, gehört dir.*«

Ja, das hatte dieser Älteste vergessen. Oder hatte er es nie begriffen? Und wird er es jetzt verstehen?

Wie die beiden Schwestern Martha und Maria *(Lukas 10,38-42)* wohnen auch diese beiden Brüder bei uns im Haus. Sie sind zwei Seelen in unserer Brust, zwei Stimmen aus dem Inneren, zwei Seiten unserer Persönlichkeit. Man stößt auf beide, wenn man in seine Seele hinabsteigt, wenn man in sich einkehrt, um zu sich selbst zu kommen. Da hausen ein pharisäischer ältester Bruder und ein jüngerer Bummler. Einerseits sind wir pflichtbewusst und gewissenhaft, wir bleiben auf dem rechten Weg und treten so in die Fußstapfen unserer Eltern, wodurch wir ihre Zuneigung und Liebe verdienen. Wir sind anders als dieser Bruder, der alles tut, was Gott verboten hat. Oder würden wir heimlich sein Leben leben wollen, tun es aber nicht, weil wir so brav, so gläubig sind, und wir eigentlich Angst davor haben? Wie dem auch sei, in uns steckt ein verlorener Sohn, eine verlorene Tochter, ein Liebhaber verbotener Früchte, auf der Suche nach einer Freiheit ohne Gesetze. Wir sind voller Zwiespälte: Nachts träumen wir von der Sünde und tagsüber tun wir so, als seien es die Träume eines anderen. Nur wer diesen verlorenen Sohn, diese verlorene Tochter im Innern erkennt und anerkennt, kann *zu sich selbst* finden.

Der älteste Sohn – er tut seine Pflicht, fügt sich der Tradition, gut und gerecht möchte er leben. Aber dann muss er seinen jüngeren Bruder in ein fernes Land verbannen. Doch das Schlimme ist, dass er sich nicht verbannen lässt, er spukt noch weiterhin aus fernen Gefilden. Er nimmt ihm die Lebensfreude, das Mitgefühl, die Spontanität. »Mein Bruder geht zu den Huren«, ruft er empört, doch heimlich ist er eifersüchtig, denn dieser Bruder lebt und er nicht.

Und der Jüngste? Er verdrängte seinerseits den älteren Bruder, den Verantwortlichen, Anständigen, der das Erbteil der Eltern nicht verschleudert. *Nur nach Hause, nur nach Hause, nur nach Hause gehen wir nicht* singt der Jüngste in den Kneipen, und treibt so mit seinem Gewissen Spott, das an ihm nagt, weil er tatsächlich weit von zu Hause weg ist und eigentlich gern dorthin zurück will. In seinem Innern steckt ein älterer Bruder, der ihn anklagt, eine Stimme, die er nicht zum Schweigen bringen kann.

Und nun das Schöne: Wenn diese beiden Brüder zum Hüter des anderen, wenn sie eins werden, dann haben beide ihren Konflikt gelöst, dann haben sie einander geheilt. Dann verleiht der Älteste dem Jüngsten Pflichtbewusstsein, Gewissenhaftigkeit und Sorge für die Tradition. Und der Jüngste schenkt ihm Humor, die Fähigkeit zum Relativieren, Mitleid und Spontanität.

Für den verlorenen Sohn kam der befreiende Augenblick, als ihm seine Einseitigkeit bewusst wurde. Er kam zu sich selbst.

Diese Auseinandersetzung steht dem Ältesten noch bevor. Doch in diesem Gleichnis versucht er, sie zu vermeiden. *Dieser dein Sohn,* sagt er zu seinem Vater und versucht damit, den Abstand so groß wie möglich zu machen. *Dieser dein Bruder,* sagt der Vater, und versucht, diesen Abstand zu überbrücken. Dieser Vater lädt den Ältesten dazu ein, den Jüngsten als seine andere Hälfte zu akzeptieren. Dem Vater ist alles daran gelegen, dass sich seine Söhne miteinander versöhnen, denn wie gut und lieblich ist's, dass Söhne desselben Hauses wie Brüder beieinander wohnen. Der Vater möchte nichts lieber, als dass seine beiden Söhne im Vaterhaus gemeinsam an einem Tisch essen. »Komm doch, mein Junge, alles ist bereit.«[4]

---

[4] Quelle: Nico ter Linden, Es wird erzählt, Bd. 6, Gütersloh 2004, S. 56-60. (©Uitgeverij Balans, Amsterdam)

Frauenfrühstück

Typisch friesisch und echt biblisch – Bibelfliesen und die Fliesenbibel

Vera Christina Pabst

Zielgruppe ■ Frauen unterschiedlichen Alters in der Kirchengemeinde

Ziele ■ Die Geschichte der Bibelfliesen und ihre Wiederentdeckung kennenlernen.
Ihre Bedeutung für die Frömmigkeit wahrnehmen und gestalten.
Die eigene Frömmigkeit, ihre Prägung und Vermittlung reflektieren.

Zeit ■ Frauenfrühstück ca. 2 Stunden
Alternativ als Abendveranstaltung ca. 90 Minuten

Durchführung ■ Andacht „Worte über Worte reden ohne Sinn" mit einer Bibelfliese zu Joh 3,2 (15 Min.) (→ Material 1 und 2)

Frühstück „Guten Appetit!" (45 Min.)

Referat zur Einführung „Mit Bibelfliesen einen Schatz gehoben" (15 Min.) (→ Material 3)

Einzel- und Gruppenarbeit (30 Min.) (→ Material 4)

Referat „Vergleich der gemalten Geschichten mit den Beständen an Bibelfriesen" (15 Min.) (→ Material 5)

Vorbereitung ■ Frühstück vorbereiten.
Kopien des Arbeitsblattes (Material 4) anfertigen.
Lied und Bibelfliese für die Andacht, Das Gespräch von Jesus mit Nikodemus, Johannes 3,2 (Fliesenbibel N 35, AT S. 150) auf einem Laptop speichern.

Frauenfrühstück

Beamer, Fliesenbibel,
ggf. Bibelfliesenhefte bereitstellen.

Material 1
Lied: „Worte über Worte" (FundStücke 93)[1]
Alternativ: EG 196: „Herr, für Dein Wort sei hochgepreist"
oder EG 198: „Herr, Dein Wort die edle Gabe"

Material 2
Andacht[2] zu Joh 3,1-21: „Worte über Worte reden ohne Sinn"

Manchmal reden wir sehr viel. Wir können uns hinterher kaum erinnern, was wir gesagt haben. Manchmal fehlen uns die richtigen Worte. Manches Gespräch bleibt uns noch lange im Gedächtnis. Wir erinnern uns an jedes einzelne Wort. Manchmal kommt es uns noch Jahre später wieder in den Sinn.

Von einem solchen Gespräch möchte ich Ihnen mit Hilfe dieser Bibelfliese berichten:

Erst war es nur ein interessanter Gedanke, irgendwo aufgeschnappt, eine ungewöhnliche Überlegung. Sie war als Anregung im Kopf geblieben. Immer wieder bewegte sie ihn, wurde zum leisen Zweifel, dann zur deutlichen Anfrage: Wie sollte er die Situation bewerten? Was wäre, wenn es wirklich wahr wäre? Er konnte nicht anders, als dem nachzugehen. Er musste sich die Zeit dafür nehmen und Mut. Es ist nicht einfach, sich seinen eigenen Fragen ehrlich zu stellen. Es kostet manchmal sogar Über-

---
1 *Fund*Stücke – Liederbuch zum 32. Deutschen Evangelischen Kirchentag Bremen 2009, Nummer 93. Text und Musik: Martin Heider, 2006. © Strube Verlag, München.
2 Die Andacht ist unter dem Titel „Nächtliche Gespräche" in verkürzter Form abgedruckt im Bibelfliesen-Bilder-Heft, Bd. 8, S.18.

Das Gespräch von Jesus mit Nikodemus, Johannes 3,2
(Fliesenbibel N 35, NT S. 150)

windung, dazu den Rat dessen zu suchen, der sich nicht mit oberflächlichen Antworten zufrieden gibt, dessen Worte vielleicht erst mal noch mehr Unsicherheit bringen. Wir wissen nicht, welche Konsequenzen diese nächtliche Begegnung für die Gesprächspartner hatte. Konnte sie Licht ins Dunkel bringen?

Mancher Abend endet beim Schein einer Kerze im engagierten Gespräch über Fragen, die uns bewegen, über den Sinn des Lebens - gemeinsam dem Himmel auf der Spur.

Eine vertraute Atmosphäre, ein offenes Ohr, eine ehrliche Antwort, sie sind unentbehrlich, damit die entscheidenden Worte fallen können und gehört werden.

Lied singen: „Worte über Worte" (FundStücke 93)
(Liedtext für alle sichtbar mit dem Beamer an die Wand werfen.)

Material 3
Referat zur Einführung: „Mit Bibelfliesen einen Schatz gehoben"

So lautete die Überschrift einer Pressemeldung aus dem Jahr 2003. Dieses Jahr war das Jahr der Bibel. Es hat so manche Entdeckung mit sich gebracht. In Ostfriesland kam die viel beachtete Ausstellung „Mit Bilderfliesen durch die Bibel" zustande. Fast Vergessenes brachte sie neu zum Vorschein: Bibelfliesen!

Kannten Sie dieses Wort bisher überhaupt?

Presse, Rundfunk und Fernsehen haben zwar 2003 bundesweit darüber berichtet. Das Projekt wurde von der Deutschen Bibelgesellschaft beim Wettbewerb „Die besten Ideen zum Jahr der Bibel" mit einem Preis ausgezeichnet. Mit seinem Diavortrag führt der Leiter des Norder Bibelfliesenteams, Pastor i.R. *Kurt Perrey*, seit dem in die Schatzkammer der Bibelfliesen ein. Auf Kirchentagen und in vielen Kirchengemeinden war die Ausstellung mit Leihgaben aus privaten Sammlungen und aus eigenen Beständen zu sehen. Sein Team hat in den vergangenen Jahren schier Unglaubliches geleistet.

Aber ich habe von dieser Besonderheit erst 2006 erfahren, als ich als Ortspastorin bei der Vorstellung der Bibelfliesendatenbank eine kurze Begrüßung vor einer Bibelfliesenwand halten sollte. Seitdem begleitet mich diese Kunstform, und ich möchte Ihnen heute einen Eindruck von dieser Besonderheit vermitteln.

Eine kurze Erläuterung vorweg: Mancher mag sich wohl schon gewundert haben, warum es „Bibelfliese" heißt und nicht „Bibelkachel". Kurz gesagt: Kacheln wurden zur Verkleidung von Öfen verarbeitet, Fliesen dienten als Wandverkleidung. Eine genauere Klärung der Begriffe kann so abgeleitet werden. Eine kleine dünne Steinplatte war althochdeutsch „flins", daraus wurde im mittelniederdeutsch „vlise"; eine Kachel ist immer eine Ofenkachel - althochdeutsch „chachala", irdener Topf. Bibelfliesen aus den Niederlanden sind seit dem frühen 17. Jahrhundert bekannt. Auf ihnen sind – meist nach Vorlagen bekannter alter Meister – zu über 600 verschiedenen Motiven Szenen aus dem Alten und Neuen Testament dargestellt.

Die Mühe, all die abgebildeten biblischen Geschichten zu identifizieren, zu sortieren und festzuhalten, hat sich der renommierte niederländische Bibelfliesenexperte *Jan Pluis* gemacht. Sein Standardwerk „Bijbeltegels/Bibelfliesen" erschien 1994. Danach werden alle Bibelfliesen genannt bzw. die Motive bezeichnet: O steht für Geschichten aus dem Alten Testament, N für Abbildungen von Geschichten aus dem Neuen Testament. Dahinter folgt dann eine Zahl für eine biblische Geschichte, z.B. N 35 für Johannes 3,2.

Inzwischen sind alle Bibelfliesen, die auf Bibelfliesenwänden vorhanden sind, allen Interessierten in einer Datenbank zugänglich gemacht worden.[3] Nach Alter und Herkunft gekennzeichnet, sind die Motive erfasst. Dort bekommt man einen Eindruck, wie vielfältig die Darstellungen und wie unterschiedlich die Bibelfliesen sind.

Das hätten die Menschen, die diese Wandfliesen mit biblischen Darstellungen in ihren Häusern damals angebracht hatten, sicherlich nie gedacht. Sie sind Ausdruck volkstümlicher Frömmigkeit und meisterhafte Handwerkskunst in einem. Vor allem im 18. Jahrhundert gehörten sie zum festen Inventar friesischer Bürgerhäuser und Bauernhöfe: Am Herd, in der Küche oder in der guten Stube. Sie dienten der geistlichen Erbauung, waren aber auch Zeichen von Wohlstand und Standesbewusstsein. Das Durchschnittseinkommen in den Niederlanden war bis zum Ende des 18. Jahrhunderts das höchste in Europa. Es gab eine wohlhabende Mittelschicht, besonders auf dem Lande.

---

3 Die Bibelfliesen stehen auf der Homepage www.fliesenbibel.de zur freien Verfügung.

Hergestellt wurden die in Mangan oder Kobalt (Delfter Blau) glasierten Fliesen in den Niederlanden. Meist sind sie 13 x 13 cm groß. Nicht nur biblische Motive wurden so abgebildet, sie sind sogar in der Minderheit. Bibelfliesen machten nur 5 bis 6 % aller Fliesen aus und waren viel, viel teurer als die mit anderen Motiven. Und ganz besonders teuer waren die Bibelfliesen, die außer dem Motiv auch einen Bibelstellenhinweis enthielten. Im 19. Jahrhundert betrug der Kaufpreis für Hamburger Großhändler für 100 Bibelfliesen zwischen 4 und 8 Gulden, ein ausgebildeter Fliesenmaler verdiente damals 5 Gulden pro Woche. Da musste ein Fliesenmaler pro Woche viele Bibelfliesen produzieren, um für seinen Arbeitgeber einen lohnenden Profit zu erzielen.

Manche Bibelfliesen haben eine runde Rahmung, wie Sie es bei der Bibelfliese zu Nikodemus gesehen haben. Manche Abbildungen füllen das gesamte Quadrat aus. In den Ecken sind oft Muster zu sehen, die auf den Entstehungsort der Bibelfliese hinweisen. Soviel zunächst zum Erscheinungsbild der Bibelfliesen. Gehen wir aber noch einen Schritt zurück:

Wie wurde so eine Bibelfliese produziert?

Der Ton wird von Hand mit einem Rollholz in eine Form gepresst (gerollt). Dann muss die geformte Tonplatte vorsichtig aus der Form gelöst werden. Die Trocknung der Tonplatte erfolgt so lange, bis ein lederartiger Zustand erreicht ist. Das Walzen der Tonplatte ist wichtig für eine glatte und gleichmäßige Oberfläche. Dann erfolgt der Zuschnitt auf das erforderliche Format und Maß, danach kommt die Trocknung bis zum ersten Brand, dem sogenannten Schrühbrand. Nach dem Schrühbrand wird die Tonplatte, als Rohling auch „Scherbe" genannt, mit einer Glasur überzogen. Dann kann die Bemalung erfolgen. Durch eine durchlöcherte (perforierte) Schablone, eine „Sponse", wird mit Holzkohlenstaub das Motiv auf die Fliese übertragen. Die Holzkohlenstaubpunkte werden mit einem Pinsel und der Farbe, bei weiß-blau ist das Kobaltoxyd, zur Linie gezogen und die Fläche gegebenenfalls ausgemalt. Danach erfolgt der zweite abschließende Brand (Glasurbrand) Dieser ergibt dann das fertige Produkt.

Zur Geschichte der bemalten Fliesen und wie sie wohl nach Ostfriesland kamen

Die Geschichte bemalter Fliesen reicht räumlich und zeitlich gesehen weit zurück. Über die Ägypter, die Mauren und Spanier führen Wege der Verbreitung nach Holland. Und es gibt auch historische und künstlerische Verbindungen zur Porzellanmalerei im alten China und Persien. Ganz allgemein fällt auf, dass die Verbreitung besonders in den Orten groß ist, die durch Schiffe gut zu erreichen waren. Diese Beobachtung gibt uns zugleich eine Antwort auf die Frage, wie überhaupt Fliesen und speziell Bibelfliesen aus den Niederlanden nach Ostfriesland und Nordfriesland kamen.

Dazu erzählen *Catharina* und *Walter Lüden* in ihrem Buch „Holländische Fliesen in Norddeutschland" eine von ihnen ausgedachte unterhaltsame Geschichte. Sie gehen davon aus, dass nordfriesische Walfänger, die von Holland aus auf Walfang in die Arktis fuhren, die ersten Fliesen von Holland aus mit nach Hause brachten. Und auch, wenn die Erzählung von einem nordfriesischen Schiffer berichtet, trifft das sinngemäß auch für seine ostfriesischen Berufskollegen damals zu, denn viele von ihnen fuhren auf holländischen Walfangschiffen. Sie waren, würden wir heute sagen, so eine Art „Gastarbeiter", „Hollandgängerei" nannte man das damals.

Eine wohlmöglich wahre Geschichte[4]:
Hören wir also davon, wie sich das zugetragen haben könnte: „An einem Spätnachmittag gegen Ende August Anno 1670 schlenderte Commandeur Petersen, der auf Föhr zu Hause war, durch die Straßen von Amsterdam. Er war mit sich und der Welt zufrieden, denn er hatte eine glückliche Reise gehabt, auf der er fünf Wale gefangen hatte. Er war auf „Part" gefahren, war also beteiligt am Fangerlös, und sein holländischer Reeder hatte ihm soeben seinen Teil ausbezahlt. Nun sollte es morgen mit dem eigenen Schiff (Schmackschiff) wieder heimwärts gehen. Noch blieb ihm Zeit genug, um sich in der großen Stadt ein wenig umzusehen. Am Ende der Straße stand ein neues Haus, an dem noch Handwerker emsig bei der Arbeit waren. Türen und Fenster waren weit geöffnet und Petersen trat näher, um sich den Neubau genau anzusehen. Wie ganz anders baute man hier als Zuhause. Gerade waren einige Männer dabei, die Wand zu kacheln. Im Wohnzimmer des Reeders schon hatte er eine ganze Fliesenwand gesehen. Welch eine Pracht! Wieder gingen seine Gedanken in die Heimat. Er verglich sein Zuhause mit einem Amsterdamer Haus. Auf Föhr unterschieden sich die Häuser der Commandeure

---

4 *Catharina* und *Walter Lüden*, Holländische Fliesen in Norddeutschland, Heide 1978, S. 9f.

nicht von den anderen Häusern. Oft konnte der Wind durch die Zimmer pfeifen. Nun schmückte er in Gedanken sein Wohnzimmer mit Fliesen. So waren die unschönen Ziegelsteinwände nicht mehr zu sehen und der Wind hatte keine Möglichkeit mehr, wehenderweise sich innerhalb des Hauses bemerkbar zu machen. Das Zimmer erschien freundlicher und heller und abends spiegelte sich das Licht der Tranlampen in den blanken Fliesen. „Träumerei und Hirngespinst", sagte er zu sich, „leider gibt es ja keine Fliesen in der Heimat". Doch plötzlich blieb er stehen. Wenn es zu Hause keine gibt, warum sollte man sie nicht von hier mitnehmen? Morgen würde Platz genug auf der Schmack sein, denn die anderen Walfänger waren zum größten Teil noch auf der Fangreise. Also kaufte er ein paar Kisten und nahm sie mit nach Hause ...."

Soweit die Geschichte.

Wer hat sonst Bibelfliesen gekauft?

Interessanter Weise ist eine konfessionelle Unterscheidung der Käufer ebenso wenig ersichtlich wie bei der Auswahl der Bibelfliesen. Der Export versorgte protestantische Siedlungsgebiete in Ostfriesland, Hamburg, Nordfriesland und Dänemark wie das katholische Münsterland. In den Niederlanden war der Norden protestantisch und der Süden, das spätere Belgien, katholisch. Es gab Lutheraner und Calvinisten, Spiritualisten, Pietisten und Schwärmer. Alle hatten ihren Umgang mit Bibelfliesen, die einen, besonders die Katholiken, weil sie Bilder von biblischen Geschichten kannten aus den Darstellungen in ihren Kirchen. Andere, besonders die Calvinisten, denen die Bilderlosigkeit gepredigt und in den Kirchen vorgeführt wurde, hatten wohl einen besonders großen Nachholbedarf, um anschaulich zu begreifen, was biblische Geschichten erzählen.

Man erkennt beim Betrachten der meist sehr lebensnah und einfach gehaltenen Darstellungen, dass es durchaus Absicht gewesen sein mag, Alltagssituationen in einen bestimmten biblischen Kontext zu stellen. Wichtig ist außerdem, dass es keinen Hinweis darauf gibt, dass Bibelfliesenbilder in den Häusern auf irgendeine Weise sakral genutzt oder verehrt wurden oder die Betrachter dazu bringen sollten, persönlich das dargestellte biblische Geschehen nachahmend sich irgendwie zu eigen zu machen, wie das z.B. durchaus bei Heiligenbildern oder Ikonen der Fall ist.

Frauenfrühstück

Material 4
Arbeitsblatt für die Einzel- und Gruppenarbeit
(kann von der Homepage www.fliesenbibel.de heruntergeladen werden.)

1. Mit welchen Abbildungen würden Sie Ihr Wohnzimmer, Ihre Diele oder Ihre Küche schmücken? Welche biblische Geschichte(n) wäre(n) Ihnen so wichtig, dass Sie sie auf einer Fliese in Ihrem Wohnzimmer, Ihrer Diele oder Ihrer Küche abbilden würden?
Überlegen Sie kurz und zeichnen Sie dann die Bibelgeschichte in das Quadrat, ohne den anderen am Tisch zu verraten, was Sie darstellen wollen.
2. Lassen Sie gegenseitig raten, welche Geschichten dargestellt sind.
3. Sammeln Sie die biblischen Geschichten an Ihrem Tisch.
4. Stellen Sie sich gegenseitig vor, warum Ihnen diese Geschichte so wichtig ist.
5. Welche weitere Geschichte hätten Sie sonst genommen?

Folgende biblische Geschichten sind an unserem Tisch gemalt worden:

Material 5
Referat: „Vergleich der gemalten Geschichten mit den Beständen an Bibelfliesen"

Nach den Erfahrungen, die wir nun selbst bei der Auswahl der biblischen Geschichte und beim Gestalten der Bibelfliesen gemacht haben, überrascht nicht, was wir beim Durchblättern der Fliesenbibel entdecken: Manche Seiten sind reich bebildert, auf mancher Doppelseite bis zu acht Abbildungen, an anderer Stelle aber fehlen Darstellungen.

Überlegen wir doch einmal: Wie würden wir Paulusbriefe illustrieren bzw. seine weit reichenden theologischen Gedanken in Pinselstrich und Farbe übersetzen? Dass die Evangelien im Neuen Testament die Fantasie der Fliesenmaler stärker erweckt haben als die darauf folgende Briefliteratur, ist fast zu erwarten gewesen. Es überrascht ein wenig die Spärlichkeit von Motiven zu den Psalmen; ein Augenschmaus sind die Kunststückchen im Ersten Buch Mose, und nachdenklich wird man über die Vielzahl der Bibelfliesen zu der tragischen Geschichte um den Richter Jeftah, der nach erfolgreichem Krieg Gott bei seiner Heimkehr ein Opfer verspricht und auf seine Tochter trifft.

Insgesamt hat *Jan Pluis* 592 Themen zusammengetragen, die auf Bibelfliesen dargestellt sind: 319 alttestamentliche und 273 neutestamentliche Geschichten. Das entspricht in etwa dem tatsächlichen Textumfang beider Bibelteile.

Raten Sie mal, welches Bibelfliesenmotiv am häufigsten vorkommt:

Die häufigste Darstellung im *Alten Testament* ist nicht die Schöpfung oder der Sündenfall, sondern die Szene, wie Elia von den Raben ernährt wird (O 216) (1. Könige, Kap. 17). Dann folgt auf Platz 2 „Kain erschlägt Abel", (O 14) (1. Mose 4,8) und drittens, Abrahams Opfer, (O 41) (1. Mose 22,9-13). Die häufigste Darstellung im *Neuen Testament* ist die Auferstehung Jesu Christi (N 203) (Mt 28,2-4/Lk 24,5-6) und die Versuchung Jesu in der Wüste (N 28) (Mt 4,3/Mk 1,13/Lk 4,3).

Ohne Ihnen zu nahe treten zu wollen: Noch etwas haben Ihre Entwürfe mit den Bibelfliesen gemeinsam: Künstlerisch sind die meisten Bibelfliesen der naiven Malerei zuzuordnen. Es ist keine hohe Kunst, hat aber einen eigenen Wert. Sie sind für den Betrachter auf den ersten Blick einsichtig. Sie ist einfach, jedoch nicht trivial. Die einzelnen Bibelfliesen selbst sind in ihrer Ausführung unterschiedlich kunstfertig und waren auf die Geldbeutel der Käufer abgestimmt. Kunstvolle Kupferstiche wurden auf Fliesenformat übertragen. Dies war ein Weg, die Kunst des Bildungsbürgertums und Adels zu demokratisieren und weiter zu tragen bis in einsame Gehöfte an der Küste. Eine besondere Quelle für Bibelfliesenmotive waren die „Icones Biblicae" von *Matthäus Merian* (1593-1650), aber auch Bibeldarstellungen anderer Künstler wie *Dürer, Raphael, Holbein, Rubens* usw.

In den Bauernhäusern an der Küste saßen Bibelfliesen an der Innenseite der Außenwände bis zum Fenstersims hoch, wo sie gleichzeitig isolierten und vor Nässe im Mauerwerk schützten. *Gudrun Hering* und *Rolf Greeven* schreiben im Hausprospekt ihrer Fliesenwerkstatt „Fliesen aus Friesland – handgemalt" in Loquard:

„Bis zu ihrer Verdrängung durch die Papiertapete in der zweiten Hälfte des 19. Jahrhunderts sind die niederländischen Wandfliesen als Elemente der Raumgestaltung nie einzeln, sondern stets zusammenhängend, im Verbund, angebracht worden, auch für feuersichere Kaminverkleidung und zur Isolierung anderer Wände."
Auch die meist nur sonntags genutzte gute Stube des Hauses wurde mit Bibelfliesen ausgestattet. Sie schmückten oftmals die Wand hinter dem Beileger-Ofen. Gut erhaltene Wände finden sich in Neuharlingersiel: im Sielhof und im Dattein, einer Hafenkneipe. Sie sind etwa 300 Jahre alt.

Die wenigsten Teilnehmerinnen hatten vorab Bibelfliesen überhaupt gekannt. Sie waren fasziniert von dieser Volkskunst. ■ **Hinweise**
Oft gab es hinterher längere Gespräche, welche Bibelgeschichten heutzutage bekannt sind und welche Aufgabe und welche Unsicherheiten bzw. Schwierigkeiten sie als Großmütter haben, biblische Traditionen an ihre Großkinder weiterzugeben.
Schließlich wurden manche Bibelgeschichten neu entdeckt, weil unterschiedliche Szenen gemalt wurden, die Blickwinkel oder die Körperhaltung der Protagonisten o.ä. miteinander verglichen wurden.

Dr. Vera Christina Pabst, Pastorin der Ev.-luth. Kirchengemeinde „Zum ■ **Kontakt**
Heiligen Kreuz" in Wunstorf - Bokeloh

Praxis-Bausteine

„Auf den eigenen Spuren..."
Seniorinnen und Senioren entdecken die Bibelfliesen

Martin Sundermann

Zielgruppe ■ In der gemeindlichen Erwachsenenbildung sind die Senioren und Seniorinnen eine an Zahlen wachsende Gruppe. Die Bildungsarbeit mit Älteren versteht sich als Wegbegleitung von Menschen, die nach dem Sinn ihres Lebens und ihrer Verantwortung für sich und andere fragen. Sie trägt dazu bei, dass Menschen aus dem Geist des Evangeliums eine Lebensorientierung finden. Sie hilft, die vielfältigen eigenen Erfahrungen des Lebens im Licht des christlichen Glaubens zu verstehen. Genau an dieser Stelle bieten sich Bibelfliesen als Medium für die Seniorenarbeit an, um die Eigenaktivität der Teilnehmenden anzuregen und die eigene Lebensgeschichte zu thematisieren.

Ziele ■ Bibelfliesen als eine besondere Form der Darstellung von biblischen Geschichten kennenlernen.
Auf Bibelfliesen biblische Geschichten wieder-erkennen und ihre Bedeutung vertiefen.
Danach fragen, was einzelne biblische Geschichten im eigenen Leben bedeuten und welche Bedeutung sie heute im Blick auf Lebensorientierung und Sicht der Wirklichkeit haben.

Zeit ■ Zwei Einheiten von jeweils 90 Minuten

Durchführung ■ **Bibelfliesen kennenlernen und als Gestaltung biblischer Geschichten entdecken**

Bibelfliesen werden den Teilnehmenden im Original in die Hand gegeben, und es wird ihnen Zeit zur Betrachtung gelassen. Sollten die Bibelfliesen nicht im Original zur Verfügung stehen, können sie mit einem Beamer auf eine Leinwand projiziert werden. Die Senioren und Seniorinnen beschreiben, was sie auf den Bibelfliesen sehen und was ihnen dazu einfällt.

„Auf den eigenen Spuren"

Über die Entstehungsgeschichte informieren

Eine Einführung über die Herstellung, Entstehungszeit, Verbreitung und die Verwendung von Bibelfliesen gibt Auskunft über die Bedeutung dieser Art von Fliesen im Alltag.

Bibelgeschichten wieder-erkennen

Es wird eine Auswahl von Bibelfliesen nacheinander betrachtet, und es wird erraten, um welche biblische Geschichte es sich handelt. Diese Auswahl kann nach bestimmten Themen zusammengestellt werden: z.B. nach Gleichnissen, Wundergeschichten, alttestamentlichen Propheten oder auch zu allgemeinen Bereichen: z.B. Engel, Bibel und Sport, Wasser und Meer, das Kind in der Mitte, Tiergeschichten in der Bibel, Pilgergeschichten, Kriminalgeschichten, Singen und Klingen, Frauen auf Bibelfliesen, Heil und Heilung.[1] Bei einer thematischen Zusammenstellung lohnt es sich auch, zu einer biblischen Geschichte mehrere Fliesen zu betrachten und zu fragen: Wo gibt es wiederkehrende Motive? Was unterscheidet die einzelnen Bibelfliesen?

Sich über die biblische Geschichte und ihre Bedeutung austauschen

Danach werden einzelne Bibelfliesen für sich betrachtet und besprochen. Leitfragen für ein solches Gespräch können sein:

- Was fällt Ihnen bei dieser Fliese auf und was fällt Ihnen dazu ein?
- Mit welchem biblischen Text verbinden Sie dieses Bild?
- Wenn Sie den biblischen Text mit dem Bild auf der Fliese vergleichen, was hat der Fliesenmaler weggelassen?
- Wo hat er zusätzliche Details eingefügt? Was bedeutet das?
- Was beeindruckt Sie besonders an dieser Bibelfliese?

Bibelgeschichten lebensgeschichtlich vertiefen

Austausch darüber, was die einzelnen Personen an dieser Bibelfliese besonders beeindruckt.

---

[1] Die Hefte der Reihe „Bibelfliesen-Bilder" bieten viele Anregungen für die Auswahl von Themen. Unter der Rubrik „Kommentierte Literaturauswahl" ist eine Auflistung aller Themen zu finden (s. u. S. 293).

Darüber sprechen, welche Bedeutung eine auf der Bibelfliese dargestellte biblische Geschichte im eigenen Leben hatte, und fragen, welche Orientierung, Perspektive, welche Hilfe zur Krisenbewältigung diese Geschichte geboten hat.

Zum Abschluss wird die biblische Geschichte gelesen und das Gespräch mit einem betrachtenden Text oder einer Andacht beendet.[2]

Vorbereitung ■ Themenreihen zusammenstellen
Originale Bibelfliesen besorgen
Abbildungen der Bibelfliesen in digitaler Form erstellen
Laptop und Beamer bereithalten

Hinweise ■ Die Seniorinnen und Senioren sind bei dieser Art des Umgangs mit biblischen Texten ausgesprochen engagiert. Besonders die Phase, in der sie vermuten sollen, welche mögliche biblische Geschichte auf der Fliese gemalt wurde, bereitet einer Generation, die noch einige biblische Kenntnisse hat, viel Freude.

Kontakt ■ Martin Sundermann, Pastor der Evangelisch-lutherischen Trinitatiskirchengemeinde Langholt

---

2 Dafür bieten die Hefte der Reihe „Bibelfliesen-Bilder" Vorlagen bzw. Anregungen.

Ausstellungen, Begleitprogramme und Museen

Das Projekt „Kulturgut Bibelfliesen" und die Wanderausstellung „Mit Bilderfliesen durch die Bibel"

Celia Hübl[1] interviewt Kurt Perrey

Pastor i. R. Kurt Perrey mit der Fliesenbibel   Celia Hübl 2013 im Bünting Teemuseum

Wie sind Sie auf die Idee gekommen, eine Wanderausstellung mit den Bibelfliesen zu organisieren?

Zunächst habe ich – mehr oder weniger zufällig – einzelne Bibelfliesen im Original oder als Abbildung für mich „entdeckt". Da die meisten Bibelfliesen nicht mit einem Hinweis auf den entsprechenden Bibeltext versehen sind, hat es mich gereizt, die zur Fliese gehörende alt- oder neutestamentliche Geschichte ausfindig zu machen. Das ist bei über

---

[1] Celia Hübl, M.A., Kulturwissenschaftlerin an der Universität Lüneburg, ist Leiterin des Bünting Teemuseums in Leer/Ostfriesland, Brunnenstraße 33, 26789 Leer.

sechshundert verschiedenen Motiven und recht unterschiedlichen Darstellungsweisen nicht ganz einfach. Dies führt aber zu einer intensiven Auseinandersetzung mit Bild und Bibeltext und mit der Frage, wie beides zusammen passt.

Bei meiner weiteren Suche kam ich ins Staunen, wie viele Original-Bibelfliesen es in den Häusern und bei den Sammlerinnen und Sammlern noch gibt, und wie wenig die Öffentlichkeit davon weiß. Das sollte sich ändern. Mir war es wichtig, das Kulturgut Bibelfliesen davor zu bewahren, vergessen zu werden und verloren zu gehen.

Wie erklären Sie sich das außergewöhnlich große Interesse an Ihren Bibelfliesen-Vorträgen und an Ihrer Wanderausstellung „Mit Bilderfliesen durch die Bibel", die 2014 bereits zum 80. Mal aufgebaut worden ist?

Das Thema Bibelfliesen ist für die verschiedensten Gruppen und Gesellschaftsschichten interessant. Einige haben wohl schon davon gehört, dass es Bibelfliesen gibt, sie haben aber noch keine gesehen. Andere besitzen Bibelfliesen, sind sich aber nicht sicher, ob es überhaupt Bibelfliesen sind. Mitunter bringen Besucherinnen oder Besucher einige Fliesen mit und hoffen, dass sie Auskunft und nähere Angaben über Alter, Manufaktur, Bibeltext usw. erhalten. Wir versuchen, die entsprechenden Informationen gleich im Gespräch zu geben. Bei der Zuordnung des Bibeltextes kommen durchaus verschiedene Deutungsmöglichkeiten zur Sprache. Manchmal werden auch Verabredungen getroffen, um anderswo gefundene Bibelfliesenbestände zu identifizieren.

Wir ermutigen die Veranstalter der Ausstellungen, Bibelfliesensammlerinnen und -besitzer rechtzeitig vor Ausstellungsbeginn einzuladen, ihre eigenen Exponate mit in die Ausstellung einzubringen. Solche Ergänzungen durch „Fundstücke aus der Region" sind für die Besucherinnen und Besucher besonders interessant.

Das bloße Betrachten hinterlässt oft keinen nachhaltigen Eindruck. Was machen Sie, damit die Besucherinnen und Besucher die Ausstellung und ihr Anliegen „begreifen"?

„Anfassen" geht leider nicht, da sich die Exponate während ihrer Präsentation sicherheitshalber hinter Glasscheiben befinden müssen.

Wir weisen rechtzeitig vor jeder Ausstellung den Veranstalter darauf hin, wie es möglich ist, Fliesenbilder in Originalgröße selber malen zu

Das Projekt „Kulturgut Bibelfliesen" und die Wanderausstellung „Mit Bilderfliesen durch die Bibel"

lassen. Als Vorlagen können Originalfliesen, der Ausstellungskatalog oder die Fliesenbibel dienen. Mitunter erhält eine Ausstellung dadurch eine zusätzliche Abteilung mit „Kunstwerken" der Besucherinnen und Besucher.

So sind z.b. von Kindertagesstätten Fliesentische mit Bildern zu Geschichten des Alten und Neuen Testamentes entstanden.

Durch Sprechszenen und Rollenspiele können textliche Aussagen der Bibelfliesen weitergegeben werden. Eigene Bildbetrachtungen und -beschreibungen ergeben sich dabei fast wie von selbst. Erprobte Angebote, um an die Ausstellungsobjekte heranzuführen, reichen vom Bilder-Quiz über eine Fliesen-Rallye bis zu einem Preisrätsel.

Gestalten die Veranstalter der Bibelfliesenausstellung (Kirchengemeinden, Vereine, Museen, Ausbildungsstätten) selbst ein Rahmenprogramm? Welche Angebote sind für die Besucherinnen und Besucher besonders interessant?

Veranstalter berichten über Workshops mit kreativen Angeboten während der Ausstellungszeit. Oft wird die Ausstellung selbst bzw. Teile daraus als Thematik in den regelmäßig stattfindenden Gruppen jeden Alters mit einbezogen.

Häufig wird von Museen erwartet, dass sie mit ihren Exponaten zu den Menschen kommen, also zu „wandernden Museen" werden.

Die Projektgruppe Bibelfliesen „wandert" seit Jahren mit dieser Ausstellung zu den Interessierten in verschiedenen Orten und Kirchengemeinden. Welche Möglichkeiten liegen nach Ihrer Erfahrung in diesem fortlaufenden Wechsel des Standorts und der Räumlichkeiten?

Mit unserer Ausstellung und den Vorträgen waren wir in Kirchen, Gemeindehäusern, Museen, Schulen, Banken, Sparkassen, Klöstern, Kulturstätten, Jugendzentren, Seniorenheimen, in einem Buchladen, einer ehemaligen Synagoge, einem Wasserschloss und einer Friedhofskapelle. Wir waren auf Kirchentagen, Weihnachtsmärkten und Gemeindefesten. Die wechselnden Ausstellungsorte und -räumlichkeiten bringen ganz unterschiedliche Möglichkeiten mit sich. Der jeweilige Ausstellungsraum bestimmt auch den speziellen Charakter einer Ausstellungspräsentation. Er hängt vom Besucherkreis und deren Interessen ab. Entsprechend werden die Schwerpunkte beim Aufbau der Fliesen, beim

Aufhängen der Poster oder der Fotowände gewählt. Das ist eine immer wieder neue und interessante Aufgabe, die vor Beginn einer Ausstellung intensiv mit den jeweiligen Veranstaltern vor Ort besprochen und dann gemeinsam umgesetzt wird.

Welches Erlebnis im Rahmen einer Bibelfliesenausstellung ist Ihnen in besonderer Erinnerung?

Eine Museumsleiterin hatte eine unserer Ausstellungen besucht und Informationen über das Projekt Kulturgut Bibelfliesen im Rahmen einer „Fliesenpredigt" bekommen. Anschließend setzte sie sich mit uns dafür ein, dass ein altes, bisher kaum beachtetes und fast vergessenes Bibelfliesen-Tableau im Gebäude ihrer Firma „aus der Versenkung" hervorgeholt wurde. Fortan kann dieses mit staunendem Interesse von Mitarbeitenden und Besuchern wahrgenommen werden.

Gibt es Unterrichtsmaterialien, die z.B. Lehrerinnen und Lehrer zur Vor- und Nachbereitung eines Ausstellungsbesuches bekommen können?

Es gibt themenbezogene Materialien. Oft erhalten wir Erfahrungsberichte über deren Einsatz. Diese werden an Interessierte weitergegeben. Darüber hinaus gibt es Verweise auf Veröffentlichungen zu dieser Thematik im Internet. Auch unsere eigenen Publikationen können Ideen vermitteln und Anstöße geben.

Das Projekt „Kulturgut Bibelfliesen" hat 2003 begonnen. Die Ausstellung war ursprünglich nur für ein bis zwei Jahre gedacht. Wie stellen Sie sich den weiteren Verlauf und die zeitliche Perspektive vor?

Zunächst werden die Bilder und Texte in unseren Publikationen weiterwirken. Das gilt insbesondere für die Fliesenbibel. Darüber hinaus werden sich die ehrenamtlich tätigen Mitarbeiterinnen und Mitarbeiter des Norder Bibelfliesenteams und der Arbeitsgemeinschaft Bibelfliesen im Münsterland darum bemühen, dem vorhandenen Interesse gerecht zu werden und das Angebot weiter aufrecht erhalten. Sollte das nicht mehr wie bisher möglich sein, bleiben die bereits eingerichteten Bibelfliesen-Dauerpräsentationen in öffentlich zugänglichen Kultureinrich-

Das Projekt „Kulturgut Bibelfliesen" und die Wanderausstellung „Mit Bilderfliesen durch die Bibel"

tungen, z.B. im Teemuseum in Norden (Ostfriesland)[2], im August-Holländer-Museum in Emsdetten und im Alten Rathaus in Burgsteinfurt (Münsterland). Der „Arbeitskreis Bibelfliesen in Burgsteinfurt", ein Teil der AG Kulturgut Bibelfliesen Münsterland/NRW im Jugend- und Bildungswerk des evangelischen Kirchenkreises Münster, hat die Dauerpräsentation gemeinsam mit dem Heimatverein Burgsteinfurt organisiert. Hauptinitiator war *Dr. Reinhold Hemker*. Die Bibelfliesen stammen aus Fundorten in der Region sowie einer großzügigen Dauerleihgabe eines Bibelfliesensammlers.[3]

Die Bibelfliesen-Dauerpräsentation im Alten Rathaus in Burgsteinfurt (Münsterland)

Bibelfliesen sind stumme Zeugen einer bleibenden Botschaft. Sie haben Jahrzehnte und Jahrhunderte überdauert und zu jeder Zeit ihre Betrachterinnen und Betrachter angesprochen. Ich bin der Überzeugung, dass sie das auch in Zukunft tun werden.

---

2 Siehe *Matthias Stenger*, Bibelfliesen im Museum, S. 215-221.
3 Im Alten Rathaus in Burgsteinfurt besteht die Möglichkeit, sich ausgewählte Exponate unter fachkundiger Führung zeigen und erklären zu lassen. Wenn dies gewünscht wird, ist das Alte Rathaus mit seiner Bibelfliesen-Präsentation (ergänzt um Besuche in Privathäusern und mit Bibelfliesen aus dem 18. Jahrhundert) ebenso Bestandteil der Stadtführung durch Burgsteinfurt. Weitere Informationen hierzu unter www.fliesenbibel.de

Kreative-Kinder-Kirche und Predigtreihe zu Bibelfliesen

Andreas Flick

Wenn die Bibelfliesen-Ausstellung in der Kirchengemeinde zu Gast ist, dann bietet es sich an, ein Rahmenprogramm durch verschiedene gemeindliche Aktivitäten zu entwickeln. In der Evangelisch-reformierten Kirchengemeinde Celle haben wir das auf zweierlei Weise getan: Wir haben das Bibelfliesen-Thema in der Kinder-Kirche aufgenommen und eine Predigtreihe dazu angeboten.

1. Die Bibelfliesen als Thema in der Kreativen-Kinder-Kirche

Zielgruppe ■ Kinder im Alter von 6 bis 12 Jahren

Ziele ■ Die besondere Form von Fliesen, die „Bibelfliesen", kennenlernen.
Mit Hilfe der Bibelfliesen mit biblischen Geschichten vertraut werden.
Eine eigene Bibelfliese konzipieren und herstellen.

Zeit ■ An einem Wochenende von 11.00 Uhr bis 16.00 Uhr

Durchführung ■ Alljährlich findet in der Evangelisch-reformierten Kirchengemeinde Celle an einem Samstagnachmittag das Projekt „Kreative-Kinder-Kirche" statt. Das Thema für ein solches Treffen sucht jeweils das Mitarbeiterteam aus. In fröhlicher Runde werden in der Kinder-Kirche biblische Geschichten erzählt, gebastelt, gesungen und gespielt. Auch das gemeinsame Essen gehört zum Programm.
   Als es wieder einmal Zeit für die „Kreative-Kinder-Kirche" war, wurde gerade die Bibelfliesen-Ausstellung in der Kirche gezeigt. So lag es nahe, das Thema Bibelfliesen für diese Zusammenkunft zu nutzen. Daraus ergab sich folgendes Programm:
   – Zunächst besuchten die Kinder die Bibelfliesen-Ausstellung in der Kirche. Jedes Kind durfte sich eine Lieblingsfliese auswählen.
   – Dann stellten die Jungen und Mädchen ihre jeweiligen Favoriten vor.

- Ein Mitglied des Mitarbeiterteams (konfirmierte Jugendliche oder der Pastor) erzählte die dazugehörige biblische Geschichte.
- Gemeinsames Mittagessen
- Danach wurde den Kindern die Herstellungsweise der niederländischen Bibelfliesen erklärt.
- Anschließend durften die Jungen und Mädchen eigene Bibelfliesen produzieren. Als Material wurden schlichte weiße Fliesen, Keramikfarben sowie Keramikstifte verwandt.
- Die Präsentation der Ergebnisse der „Kreativen-Kinder-Kirche" erfolgte sowohl im Gottesdient des folgenden Sonntags als auch in der Ausstellung.

Die Teilnehmerinnen und Teilnehmer der „Kreativen-Kinder-Kirche" präsentieren stolz ihre Ergebnisse

Schlichte weiße Fliesen, Keramikfarben und -stifte besorgen. Vorbereitungstreffen mit den Mitarbeitenden

■ **Vorbereitung**

2. Predigtreihe über einzelne Bibelfliesen

Die zweite Aktivität zur Einbindung der Bibelfliesen-Ausstellung in die Gemeinde bezog sich auf die Durchführung einer Predigtreihe.

Zielgruppe ■ Gemeindeglieder und kulturell interessierte Personen

Ziele ■ Mit Bibelfliesen als besonderem Genre bekannt werden
Mit biblischen Geschichten (wieder) vertraut werden

Zeit ■ Sonntagsgottesdienste um 09.45 Uhr

Durchführung ■ Die Besucherinnen und Besucher des Gottesdienstes werden auf die Fliesenpredigt dadurch eingestimmt, dass sie zu Beginn des Gottesdienstes eine Kopie mit der Darstellung der Bibelfliese, die der jeweiligen Predigt zugrunde lag, erhielten – allerdings ohne Angabe der Bibelstelle.
Vor der Predigt wurden sie aufgefordert, zu erraten, um welche biblische Geschichte es sich handeln könnte.

Zu folgenden Bibeltexten und den entsprechenden Bibelfliesen wurden Predigten gehalten:
- 1. Samuel 1,1-28, Elkana und seine beiden Frauen
  1. Sam. 1,7-8 (Fliesenbibel O 159, AT S. 301).
- 1. Samuel 21,2ff., David bekommt vom Priester Abimelech Schaubrote
  1. Sam. 21,10 (Fliesenbibel O 183, AT S. 329).
- 1. Samuel 28,3ff., Saul bei der Hexe von Endor
  1. Sam. 28,12-14 (Fliesenbibel O 188, AT S. 337).
- 1. Könige 10,1-3, Die Königin von Saba zu Besuch bei Salomo
  1. Könige 10,1-2 (Fliesenbibel O 207, AT S. 387).
- 2. Könige 5,1-19, Naaman wird durch Baden im Jordan geheilt
  2. Könige 5,14 (Fliesenbibel O 235, AT S. 419).
- Matthäus 17,24-27, Petrus findet eine Silbermünze im Maul eines Fisches Mt 17,27 (Fliesenbibel N 153, NT S. 34).
- Matthäus 18,21-35, Die Kleinlichkeit des Knechts
  Mt 18,28 (Fliesenbibel N 91a, NT S. 36).

Im Anschluss an einen solchen Gottesdienst, aber auch bei anderen Anlässen wurden Führungen durch die Bibelfliesen-Ausstellung durchgeführt. Der Kernbestand der Informationen, die dabei gegeben wurden, ist im folgenden Text zusammengestellt (→ Material 1).

Kreative-Kinder-Kirche und Predigtreihe zu Bibelfliesen

Bibelfliesenausstellung in der Evangelisch-reformierten Kirche in Celle

Material 1
Referat „Erbauung an der Herdstelle und in der guten Stube"

Im 18. und 19. Jahrhundert waren die schlichten Varianten der niederländischen Bibelfliesen eine erschwingliche Massenware, doch heutzutage stellen sie ein beliebtes Sammlerobjekt dar, für das Sammler mitunter tief ins Portemonnaie greifen müssen. Zahlte ein Hamburger Händler einst noch etwa vier Gulden pro 100 Stück Makkumer „Basterde Historien", so muss ein Liebhaber inzwischen rund 40 bis 180 Euro für jede einzelne Antiquitätenfliese ansetzen. Für künstlerisch wertvollere, wie auch seltenere Bibelfliesen, werden weitaus höhere Preise gezahlt. Wie Briefmarkensammler kommen die Fliesenliebhaber in den Niederlanden auf Tauschtagen zusammen, um ihre Sammlungen zu vervollständigen.

Inzwischen haben sich auch kirchliche Kreise in Deutschland für das Thema begeistern können. Davon zeugt die mit 96 Objekten bestückte Wanderausstellung des „Norder Bibelfliesenteams", das ihre 50. Jubiläumsausstellung „Mit Bilderfliesen durch die Bibel" 2010 in der niedersächsischen Stadt Celle präsentieren konnte. Pastor i. R. *Kurt Perrey* und seinem Team verdanken wir auch die wunderbare Fliesenbibel, welche die etwa 600 Kleinode der biblischen Fliesenkultur parallel zu den Texten der „Guten Nachricht" präsentiert.

Einst waren diese Fayencefliesen entweder als Dekoration oder zur Erbauung an den Herdstellen oder den Wänden und Kachelöfen der guten Stuben angebracht. Die Frommen unter den Käufern, Kapitäne, Kaufleute und wohlhabendere Bauern, erwarben diese Fliesen einerseits, um ihre Frömmigkeit zu dokumentieren, und andererseits, um sie bei der Bibellektüre als didaktisches Hilfsmittel in der religiösen Erziehung im eigenen Heim zu verwenden. In den calvinistisch geprägten nördlichen Niederlanden hatte man trotz des Bilderverbots in Kirchen keine Probleme mit der Darstellung der biblischen Geschichten im häuslichen Umfeld, sei es als Buch, Stich oder Bibelfliese, zumal diese keinen sakralen Charakter besaßen. Als Vorlagen dienten bekannte Kupferstiche zu biblischen Erzählungen. Doch nicht nur fromme Reformierte, sondern ebenso Lutheraner, Mennoniten und andere protestantische Gruppierungen wie auch Katholiken begeisterten sich für die Bibelfliesen, die rund sechs Prozent der niederländischen Fliesenproduktion ausmachten.

Die Herstellung der handgeformten Fliesen mit dem üblichen Maß 13 x 13 cm war aufwendig und kostspielig. Nach dem ersten Brennen wurden sie glasiert. Im folgenden Arbeitsgang diente eine sogenannte Sponse, eine Spezialschablone, dem Auftragen des Motivs. Diese wurden von einem mehr oder minder begabten Maler nachgezeichnet und um Details ergänzt. Zum Abschluss wurde die Fliese ein zweites Mal gebrannt. Ihr Dekor war entweder in Delfter Blau oder in Mangan (violett-braun) gehalten.

Hergestellt wurden sie vor allem in Manufakturen in Amsterdam, Bolsward, Harlingen, Makkum, Rotterdam und Utrecht. Besonders die Harlinger und Makkumer Produzenten exportierten ihre Ware auch in großer Zahl nach

Fliese zu einem bekannten Thema: Potifars Frau versucht, Josef zu verführen, 1. Mose 39,11-12 (Fliesenbibel O 68, AT S. 63)

Deutschland. Über die Wasserstraßen verbreiteten sich die Bibelfliesen in protestantischen Gebieten entlang der Nord- und Ostseeküste. Allein zwischen 1814 und 1850 wurden 450.000 von den rund 2 Millionen gefertigten Makkumer Bibelfliesen an Hamburger Händler verkauft. Von dort fanden sie vor allem ihren Weg nach den Vierlanden südlich von Hamburg und nach Norden, in das Gebiet der Wesermarsch und weiter.

Auch in Ostfriesland, der Grafschaft Bentheim oder im Münsterland fanden die kunsthandwerklichen Produkte zahlreiche Liebhaber. Doch selbst weitab der Küste können wir die Bibelfliesen in herrschaftlichen Bauten wie dem sächsischen Barockschloss Wachau oder im Jagdschlösschen Amalienburg im Nymphenburger Schloss in München ausfindig machen.

Die Kinder sowie die Mitarbeitenden haben sich nach Abschluss des Projektes sehr positiv über den Tag der Kreativen-Kinder-Kirche geäußert. Es hat sich gezeigt, dass das Thema Bibelfliesen ausgesprochen gut für die Arbeit mit Kindern in der Kirchengemeinde geeignet ist.

■ **Hinweise**

Die Predigten zu den auf Bibelfliesen dargestellten Geschichten wurden sehr gut angenommen. Die Zahl der Gottesdienstbesucher war spürbar höher als bei üblichen Sonntagsgottesdiensten. Auch wenn die Wanderausstellung zu den Bibelfliesen schon längst weitergezogen ist, werden bis heute verschiedentlich Bibelfliesendarstellungen bei Predigten verwendet. Insbesondere weitgehend unbekannte alttestamentliche Texte lassen sich mit Hilfe dieses Mediums gut erschließen.

Dr. Andreas Flick, Pastor der Evangelisch-reformierten Kirchengemeinde Celle

■ **Kontakt**

Praxis-Bausteine

Die Kirche als Bibelfliesen-Werkstatt

Ein generationsübergreifendes-religionspädagogisches Gemeindeprojekt

Dorothee Löhr

Zielgruppe ■ Schülerinnen und Schüler aus Grund-, Haupt- und Real-Schule sowie aus dem Gymnasium
Kinder aus Kindertagesstätten
Unterschiedliche Gemeindegruppen

Ziele ■ Bibelfliesen und ihre Geschichte kennenlernen.
Die eigene Lieblingsgeschichte aus der Bibel auswählen.
Eine eigene Bibelfliese entwerfen und gestalten.
Die „Kunstwerke" der einzelnen Gruppen zu einem großen Gruppen- bzw. Klassenbild zusammenstellen.
Drei Sieger für die ansprechendsten Bibelfliesen ermitteln.
Das Projekt mit einem Gottesdienst zum Thema abschließen.

Zeit ■ Eine Doppelstunde pro Gruppe

Durchführung ■ Es entstand die Idee, ein die Bibelfliesen-Wanderausstellung begleitendes Gesamtprojekt der Kirchengemeinde zu entwickeln. An diesem Projekt sollten sich unterschiedliche Generationen beteiligen und die Zusammenarbeit von Kirchengemeinde und Schulen gefördert werden. Kinder, Jugendliche und Erwachsene sollten zum Lesen der Bibel angeregt werden.

Für dieses Projekt ist in der Gemeinde, über die Schulen, die Zeitung und das Internet geworben worden.

Für die Gruppen, die sich für dieses Projekt anmeldeten, wurde ein Raum- und ein Zeitplan erstellt. Die einzelnen Gruppen wurden von Ehrenamtlichen begleitet. Es waren sechs Ehrenamtliche bereit, diese Begleitung zu übernehmen. Für ihre Aufgabe wurden sie intensiv vorbereitet.

Die Kirche als Bibelfliesen-Werkstatt

Ablauf der Doppelstunde

Die Geschichte der Bibelfliesen wird erzählt (→ Material 1).
Die Teilnehmenden wählen ihre Lieblingsgeschichte und ihr Lieblingsmotiv aus.
Sie lesen die Geschichte in der Bibel.
Eine eigene Bibelfliese wird dazu entworfen oder mit Hilfe von vorbereiteten und zugeschnittenen Kopien abgepaust.
Die entworfenen Fliesen werden mit Porzellanfarbe koloriert.
Die Fliesen werden gebrannt.
Die Doppelstunde wird mit einer Lesung aus der Fliesenbibel, dem Singen des Bibelfliesen-Liedes (→ Material 2) und dem Segen beendet.

Vorbereiten der Ausstellung selbstgemalter Bibelfliesen

Bibelfliesen nach Schulklassen und Gruppen beschriften.
Bibelfliesen der einzelnen Gruppen bzw. Klassen für die Ausstellung zu einem Großbild zusammenstellen.

Ausstellung selbstgemalter Bibelfliesen nach Schulklassen und Gruppen angeordnet

Selbstgestaltete Bibelfliesen einer Gymnasialklasse

Das Projekt wird mit einem Gottesdienst abgeschlossen

Das Projekt fand seinen Abschluss in einem gemeinsamen Gottesdienst aller Beteiligten. Thema der Predigt war „Nicht für die Kirche, sondern für die Küche!" (→ Material 3)

Im Rahmen des Gottesdienstes wurde auch eine Preisverleihung durchgeführt. Die drei besonders schön gelungenen Beispiele wurden ausgewählt. Die Sieger bekamen besondere Preise. Alle, die am Projekt teilgenommen hatten, erhielten einen Anerkennungspreis in Form eines Bibelfliesen-Buttons.

1. Preis: Eine Fliesenbibel
2. Preis: Ein Fliesenbibel-Puzzle
3. Preis: Ein Heft aus der Reihe „Bibelfliesen-Bilder"

Vorbereitung ■ Für das Projekt über die Gemeinde, die Schulen, die Zeitung und das Internet werben.
Ehrenamtliche für die Gruppenbegleitung gewinnen und vorbereiten.
Plan für Gruppen, Schulklassen und Ehrenamtliche erstellen.
Kopien in richtiger Größe anfertigen.
Pauspapier zuschneiden.
Werkstatt mit Unterlage und Farbausgabe entsprechend der Gruppengröße vorbereiten.
Brennofen oder Backofen
Baumarkt-Kacheln 15 x 15 cm, Porzellanfarbe, Pinsel besorgen.
Fliesenbibel-Button herstellen.

Bibelfliesenbuttons

Material 1
Referat zur Einführung in die Bibelfliesen-Thematik:[1]

Was sind Bibelfliesen?

Ich schaue auf eine ganze Wand von einzelnen quadratischen, glasierten, flachen Ton-Fliesen. Eine schöne Bilder-Sammlung, diese Bibelfliesenwand! Es gibt Wiederholungen, aber es ist eine vielfältige, zählbare Reihe von Szenen, zählbar und erzählbar für den, der sie lesen kann, lauter Perikopen, Ausschnitte, angehaltene Geschichten, elementarisiert, auf das Wesentliche reduziert.

Sie sind alle erkennbar, mit dem gleichen Muster eingerahmt, durch einen Doppelkreis und ein Eckornament, je nachdem aus welcher

---

[1] Der Text ist in der vorliegenden Fassung für Erwachsene gedacht. Für Kinder in der Kindertagesstätte oder Schüler in den unterschiedlichen Altersstufen ist er im Blick auf das jeweilige Auffassungsvermögen zu variieren und zu elementarisieren.

Manufaktur sie stammen. Alle haben die gleiche Größe. Die Motive sind ordentlich, nicht farbig, sondern blau oder manganfarben auf weißem Hintergrund gezeichnet. Sie werden gesammelt wie Porzellan, teuer erworben, als bleibendes Zeichen an der Wand.

**Was sagen diese Zeichen
über dieses Haus und seine Bewohner und Bewohnerinnen?**

Ein Bekenntnis: In diesem Haus ist die Heilige Schrift bekannt. Sie wird im Alltag gelesen, nicht in der Kirche, nein, in der Küche sind ihre Geschichten präsent. Elia wird von Raben gefüttert. Mensch und Tier sind aufeinander angewiesen. Gott macht alle satt! – Das ist die häufigste Geschichte auf Bibelfliesen, häufiger noch als die Kreuzigung. Ungefähr 600 Motive gibt es im Ganzen, mehr Altes Testament als Neues Testament. – Im Alten Testament sind mehr Geschichten erzählt, und vielleicht sind sie auch interessanter.

Die Historien-Tegels mit den Bibelgeschichten sind die teuersten Fliesen auf dem Markt. Warum hat der Besitzer gerade sie ausgewählt?

Wenn er schon reich geworden ist, dann möchte er auch etwas Frommes, Schönes und Nützliches für Leib und Seele. Wandfliesen halten nicht nur die Feuchtigkeit und den Wind ab, sie geben auch Geborgenheit, sind hygienisch sauber. Sie können nicht so ohne Weiteres abgehängt werden wie ein Bild, das sich möglicherweise im feuchtwindigen Klima in Meernähe bald schimmelig wellen würde. Sie können nicht weggetragen, verkauft oder in der Not verbrannt werden wie ein geerbtes Möbelstück. Man kann sie nur mitsamt dem Haus vererben.

Was könnte an ihrer Stelle dort hängen?

Landkarten, Stiche der Reiseziele, der Schiffe, Bilder der Vorfahren, andere Historien: Landeskundliches, Heimatkundliches, Nationales, etwas, das wichtig ist für die Bewohner des Hauses, das auch Besuchern zeigt, wer hier wohnt. Hier aber hängt das Kostbarste, das es gibt. Dieses bildhafte Inhaltsverzeichnis macht sichtbar, lernbar, erinnerbar, was im Herzen lebendig ist: Geschichten vom Heil für die Seele. Sie schaffen eine heimelige Wohngemeinschaft mit den Vorfahren im Glauben. Abraham,

Elia, David, Jona, Esther, Maria sind keine Fremden, sie sind Mitbürger und Hausgenossen des Heils.

Was bewirken solche stummen Mitbewohner und Mitbewohnerinnen?

Nicht nur ich betrachte sie, sondern sie betrachten auch uns, ja, sie passen ein wenig auf, dass alles in Ordnung ist in diesem Haus, wenn der Hausvater nicht Zuhause ist, der sich sonst verantwortlich zeigt für die Frömmigkeit. Er achtet darauf, dass gebetet, Bibel gelesen, der Katechismus gelernt wird und Psalmen gesungen werden, und dass am Sonntag alle zur Kirche gehen. Wenn er aber nicht zu Hause ist, auf Handelsreise etwa, dann bleiben doch der Geist und das Bekenntnis klar und lesbar an der Wand: weiterwirkend, weitererzählbar, für alle verstehbar, nicht im Geheimen.

Die Fliesen sind holländisch. Es gibt sie auch mit abgebildeten Windmühlen, mit Soldaten, Berufen oder Still-Leben, aber diese Bibel-Geschichten sind nicht nur teurer, sie sind auch interessanter – natürlich nur, wenn man sie zu lesen versteht. Die Käufer – davon kann man ausgehen – kannten und erkannten die Geschichten, die Nachgeborenen vielleicht nicht. Vielleicht haben sie gar nicht wahrgenommen, was dargestellt wird. Je mehr Bilder in einem Raum sind, desto weniger werden sie im Einzelnen beachtet. Nach und nach sind sie ersetzt worden, wie auch Tapeten manchmal wechseln. Aber für einige Jahrzehnte waren sie modern, wurden zum Exportgut, gern gesammeltes Billigporzellan. Die Touristen aus der Schweiz oder aus Preußen kauften sie als Souvenir auf ihrer Fahrt zu den pietistisch erweckten Freunden, die gleichzeitig eine Bildungstour war.

Die Fliesen sind, und das ist für den heutigen Betrachter und die heutige Betrachterin nicht sofort sichtbar, ein Symbol für Modernität, denn die nördlichen Niederlande, wo sie bis zur napoleonischen Kontinentalsperre für den Export hergestellt wurden, standen im Vergleich zum Deutschen Reich für Toleranzfähigkeit bei gleichzeitiger Bekenntnisstärke. Hier galt nicht das heute schwer nachvollziehbare „Cuius regio, eius religio" (d.h. übersetzt: „wessen Herrschaft, dessen Religion"). Damit wird das Rechtsprinzip bezeichnet, dass alle Bewohner eines Landes die Konfession ihres Landesherrn übernehmen müssen. Man wusste von der überkonfessionellen Integrationskraft der Bibel, die Alphabetisierung war flächendeckender als im Rest Europas, desgleichen die Mobilität und der Export. Über die Häfen kamen alle fremden Kostbarkeiten aus Ländern, wo der Pfeffer wächst, es kamen Bücher und es kamen Bibelfliesen! Ja, tatsächlich, man findet sie auch in Surinam, und in Schlössern in München und in Fontainebleau, besonders aber bei Kaufleuten, Seefahrern und Bauern in Hamburg, Celle, Lüneburg und Lübeck, Ostfriesland und auf Sylt, im Heimatmuseum oder als Scherbe im Sand des holländischen Strandes.

Strandgut vergangener Tage, aber auch lebendige Schätze des Glaubens. Zum Wiederentdecken. Einmal gefunden, nie mehr vergessen!

Was ist eine Bibelfliese? – Acht Thesen

1. Eine schöne und zugleich nützliche vorindustrielle Vervielfältigungsform der niederländisch biblischen Tafelmalerei und Druckgraphik für den Hausgebrauch.
2. Ein typisch holländisches, christliches Exportgut.
3. Ein Medium für ein aufsteigendes frommes Bürgertum.
4. Die Erforschung könnte ein Beitrag sein zum besseren Verständnis, wie das Bilderverbot verstanden oder nicht verstanden und gelebt wurde.
5. Bibelfliesen und damit die Geschichten, die sie darstellen, haben einen sehr konkret bestimmbaren Sitz im alltäglichen Leben.
6. Bibelfliesen wurden (mit Ausnahme einiger spanischer katholischer Beispiele) nicht für Kirchen, sondern für Küchen hergestellt.
7. Bibelfliesen haben für ihre Produzenten und Käuferinnen Bekenntnischarakter.
8. Bibelfliesen, heute ein Sammelobjekt und nur noch selten am alten Ort, haben vielfältiges religionspädagogisches Potenzial:
Das Malen einer Bibelfliese ist ein kreativer Übersetzungsvorgang.
Ein Bibelfliesenmaler wird zum Evangelisten für sich selbst in meditativer Form und für andere in darstellender Weise.
Erfahrungsgeschichten wollen gesammelt werden.
Je weniger kunstfertig, desto elementarisierter.
Die Wiedererkennungsfreude der aktiv-produzierenden und der kontemplativ-betrachtenden Geschichtensammler ist groß.

Material 2
Bibelfliesen-Lied „Bilder, die geben Auskunft"

Refrain: Melodie und Satz: Carl Haxsen 1981/2003

Bil-der, die ge-ben Aus-kunft, Bil-der, die zei-gen an, was es so gibt im Le-ben, was uns be-we-gen kann.

Verse:
Man kann in Bil-dern oft gut er-ken-nen, was man mit Wor-ten nicht sagen kann.
Und ist der Sinn nicht gleich zu er-ken-nen kommt es auf of-fe-ne Au-gen an.

2. Bilder sind Hinweis meiner Gedanken, was uns bewegt, das stellen sie dar, wen dies berührt hat, öffnet die Schranken und dann wird manches auf einmal klar.
3. Sie sind Musik in unserer Nähe, sie zeigen Richtung trotz Dunkelheit, und wenn ich sie als Hinweis verstehe, ist auch der Durchblick nicht mehr weit.
4. Bilder der Bibel auf schönen Fliesen, die gab es hier schon vor langer Zeit, als echte Volkskunst nicht nur für Friesen und ihre Botschaft, sie gilt noch heut.
5. Wir sehn den Menschen als Bild von Gott an, von ihm geschaffen als Kreatur, in diesem Glauben jeder verstehn kann, was zählt, ist Gottes Liebe nur.

Text: Juister Konfirmandenjahrgang 1981 und C. Haxsen/K. Perrey

Material 3
Predigt zum Reformationstag über Lk 19,9-10[2]:

Nicht für die Kirche, sondern für die Küche!

Einen anderen Grund kann niemand legen, als den, der gelegt ist: Jesus Christus!

Liebe Gemeinde,
herzlich willkommen zum Reformationsgottesdienst. Was feiern wir eigentlich am Reformationstag? Der Termin stammt vom Datum des vermuteten Thesen-Anschlags Martin Luthers am 31.10.1517 an die Tür der Wittenberger Schlosskirche. Damit war die reformatorische Befreiung mit einem Schlag in der Weltöffentlichkeit und die Reformation nahm ihren Lauf.

Wir feiern am Reformations-Sonntag, dass Gott jeden Menschen durch die Bibel direkt anspricht, und zwar so, dass wir es alle verstehen und weitersagen können. Wir sind alle „Priester", das bedeutet, wir alle haben einen direkten Draht zu Gott.

Wir haben Ihnen jeweils unsere Lieblingsbibel und ein Lieblingswort mitgebracht. Die Bibel, die mich in diesem Jahr besonders begleitet, ist die Fliesen-Bibel (*Fliesen-Bibel und Bibel-Fliese hochhalten*). Sie erzählt in Wort und Bild und hat mich mit Frau Kuhne zusammengebracht, die eine erfahrene Grundschulpädagogin ist.

Frau Kuhne, was hat für Sie diese Fliesenbibel
und diese Bibelfliese mit dem Reformationsfest zu tun?

Martin Luther hat ja die Bibel so übersetzt, dass jedes Schulkind sie in seiner eigenen Muttersprache lesen und verstehen konnte. So hat er die Bibel ins Volk gebracht. Ich sehe Luther als Kämpfer und Streiter für das Wort Gottes. Hier in der Johanneskirche steht er auf einem monumentalen Sockel: hoch, breitschultrig, das Kinn nach vorne geschoben, die Bibel in der Hand – nichts ist an diesem Mann Täuschung. Er ist mutig und weiß, was Gott von ihm will. Er sollte schweigen, aber der zum

---

2 Weitere Texte und Predigten zu den Bibelfliesen habe ich veröffentlicht in: Bild und Bibel. Eine Handreichung für die Arbeit in Gemeinde und Unterricht, im Auftrag der Evangelischen Landeskirche in Baden, hrsg. v. Beauftragten für die Reformationsdekade *Wolfgang Brjanzew*, Karlsruhe 2014, S. 103-135.

Schweigen Verdammte wurde plötzlich in der ganzen Welt gehört. Er brachte das Buch der Bücher unter das Volk. Er öffnete das Wort Gottes für jedes Kind, nicht nur für die Lateinschüler.

Die Fliesenbibel mit Bildern von Bibel-Fliesen ist auch für jedes Schulkind lesbar, selbst für diejenigen, die noch nicht richtig lesen können.

Die Bibelfliesen-Bilder sind Volkskunst vom Feinsten, sie sind für jeden Menschen verständlich, ob klein oder groß, sie sind abgeleitet von kunstvollen Bibelillustrationen, die sich schon damals nicht jeder leisten konnte.

Das hat mich fasziniert: Bibelfliesen sind preiswert, aber nicht billig, sie sind pädagogisch wertvoll, weil sie das Wichtigste einer Bibelgeschichte einfach ins Bild setzen. Sie sind kostbar, denn sie schaffen auf bildhafte Weise eine Brücke zur biblischen Botschaft.

So kommt die Bibel von der Kirche in die Küche und in die Kinderherzen, und das ist ganz im Sinne der Reformation Martin Luthers!

Frau Kuhne, wie kamen denn die Bibelfliesen-Bilder
in die heutigen Herzen und Hände von Kindern?

Wir haben mit den Schulkindern in der Epiphaniaskirche Bibelfliesen selbst gemalt. 100 Bibelfliesen mit Darstellungen aus Altem und Neuem Testament waren durch eine Wanderausstellung zu sehen. Insgesamt 340 Kinder aus Kindergarten, Grundschule, Haupt-Realschule und Gymnasium, und natürlich auch Erwachsene waren beteiligt. Sie wählten ihre Lieblingsgeschichte, ihr Lieblings-Motiv aus für ihre eigene Bibelfliese.

Manche Kinder haben die alten Motive in unserer Bibelfliesen-Werkstattkirche abgepaust – „abgekupfert" – und dann in der Schule mit blauer Porzellanfarbe fertig gemalt. Manche haben eine biblische Geschichte frei und ohne genaue Vorlage gemalt und sich so mit der Botschaft beschäftigt.

Es war zwar viel Arbeit, bis insgesamt zwölf Schulklassen beschäftigt waren, aber es hat Spaß gemacht, mit den Kindern ihre eigene Geschichte nachzulesen und die fertig gebrannten Kunstwerke zu großen Klassenbildern zusammenzulegen. Auf diese Weise war es ganz einfach, die Kinder zum Bibellesen zu animieren und sie mit dem Evangelium zu berühren.

Die Kirche als Bibelfliesen-Werkstatt

Frau Löhr, welches ist denn eigentlich Ihr Lieblingswort aus der Fliesenbibel?

Wir geben Ihnen jetzt meine alte Bibelfliese mit meinem Lieblingswort und auch die Fliesenbibel vorsichtig weiter. Dann kann auch die ganze Gemeinde sie anfassen und berühren. Die Bibel und die Fliese möchte ich wieder zurückbekommen, das Bild und das Wort dazu können Sie sich mit nach Hause nehmen und in Ihre Küche hängen. Sie finden mein Lieblingswort aus Lukas 19 auf der Rückseite des Bildes.

Es ist eine Bibelfliese aus den Niederlanden, aus Rotterdam, um 1780 entstanden. Jesus hat immer einen Strahlenkranz, daran erkennt ihn jedes Kind. Vielleicht erkennen auch Sie die berühmte Geschichte wieder?

Hier ruft Jesus den Zachäus vom Baum herunter. Das empört den Jünger hinter ihm, weil Zachäus als Zöllner von Jericho nicht gerade beliebt ist. Aber von Jericho sieht man hier nichts. Wer die Geschichte noch nie gehört hat, versteht das Bild nicht, aber wer sie nur einmal gehört hat und wieder erkennt, sieht gleich das Wichtigste, nämlich dass Zachäus mit Jesus in Berührung kommt.

Es ist erschütternd, dass dieser Zachäus meinte, Gott wäre nur zu den anderen gekommen, zu den Armen, zu den Kindern und Kranken vielleicht, nicht aber zu ihm, den völlig zu Recht keiner mochte? Zachäus war zwar neugierig, aber einsam, unbeliebt und nicht persönlich angesprochen.

Jesus ruft Zachäus vom Baum herunter, Lk 19,3-6 (N 64, BiBi Bd. 17, S. 7)

Zachäus ist ein moderner Mensch, er ist gut informiert, gut versteckt vor seinen eigenen Wünschen, und doch voller Sehnsucht nach wahrer Begegnung und Veränderung, nach wahrer Reformation.

So geht es den Menschen, bevor sie selbst berührt werden. Wir sitzen alle mehr oder weniger gut in unseren Verstecken und wollen doch eigentlich gefunden werden. Jesus hat den Zachäus nicht links liegen gelassen in seinem Versteck, sondern hat ihn direkt angesprochen und das tut er auch heute am Reformationsfest mit uns!

In Lk 19,9-10 lesen wir: „Komm schnell herunter, Jesus kommt zu dir. Heute ist dir und deiner ganzen Hausgemeinschaft Rettung zuteil geworden!"

Liebe Gemeinde, dieses Wort war für Zachäus so erschütternd, dass er erst beinahe vom Baum gefallen wäre, und dann hat es sein ganzes Leben reformiert. Er hat nämlich Jesus in sein Lebens-Haus gelassen und sein zu Unrecht gehortetes Vermögen zurückgegeben und geteilt. Teile dein Vermögen und deine Gaben mit, bleib nicht in deiner Beobachter-Rolle, lasse die Reformation zu, sagt Zachäus uns heute weiter!

Reformation heißt für mich heute: Du bist Zachäus, komm aus deinem Versteck, heute kommt Jesus zu dir, lass dich reformieren, lass dich erschüttern, berühren und neu machen durch Gottes Gemeinschaft. Amen.

Kontakt ■ Dorothee Löhr, Pfarrerin der Evangelischen Gemeinde Mannheim-Freudenheim

Ausstellungsbegleitende Ideen und Aktionen

Christiane Kollmeyer

Seit sich die Ausstellung „Mit Bilderfliesen durch die Bibel" auf den Weg gemacht hat, gibt es eine Vielzahl von Aktivitäten, die die Ausstellungen begleiten. Im Folgenden werden einige Ideen vorgestellt: ein Bibelfliesen-Rätsel und Anregungen für Kreativ-Werkstätten. Die Werkstatten, in denen eigene Bibelfliesen hergestellt werden, stoßen auf großes Interesse und können auf vielfältige Weise durchgeführt werden.

1. Bibelfliesen-Rätsel

Für eine Ausstellung auf dem Ostfriesischen Kirchentag in Norden im Juli 2008 wurde ein Bibelfliesen-Rätsel erstellt. Aus den Titeln der am unteren Rand aufgeführten Fliesen sind passende Begriffe einzusetzen. Auf diese Weise wird das Lösungswort gefunden. Bei mehreren richtigen Lösungen entscheidet das Los (ä = 1 Buchstabe). Bei dem folgenden Vorschlag heißt das Lösungswort: „Frohe Botschaft". Das hier abgedruckte Schema kann nach Belieben für weitere Rätsel verändert werden.

2. Kreativ-Werkstätten

Kreativ-Werkstätten fanden das Interesse unterschiedlicher Zielgruppen: bei Kindern, Jugendlichen und Erwachsenen. In solchen Kreativ-Werkstätten werden nach einer Beschäftigung mit einem biblischen Text

Bibelfliesen-Rätsel

eigene Fliesenbilder gestaltet. Dies geschieht häufig ohne ausgearbeitete Vorlagen (Sponsen). Dadurch wird die eigenständige Auseinandersetzung mit biblischen Szenen gefördert.
– So wurde z.B. im Unterricht einer *Grundschule* die Passionsgeschichte besprochen; dazu wurden verschiedene Kreuzesdarstellungen betrachtet. Anschließend skizzierten die Schülerinnen und Schüler den Entwurf einer Bibelfliese. Dieser wurde sodann ‚freihändig' mit dünnen Pinseln und Keramikfarbe auf eine Fliese übertragen.

Nach N 195, Joh 19, 19-22, Die Kreuzigung - Jesus am Kreuz (Arne Thomann, Kl. 1)

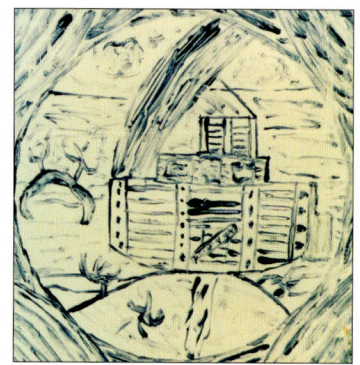

Nach 1. Mose 9, 12-13, Arche Noah (Max Mundt)

– Auch im Bereich der *Berufsbildenden Schulen* in der Stadt Norden wurde die Methode „Bibelfliesen malen" im Religionsunterricht eingesetzt. Dazu zwei Beispiele:

Nach O 7, 1. Mose 3, 6, Adam und Eva im Paradies (Carmen Bley)

Nach O 18, 1. Mose 7, 17-19, Die Sintflut - Arche Noah (Stefanie Ippen)

Ausstellungsbegleitende Ideen und Aktionen

Diese beiden gemalten Fliesen bleiben im Rahmen gewohnter Bibelillustrationen.

- Die folgende Darstellung dagegen versucht, eine existentielle Fragestellung „Was ist der Mensch?" mittels Psalm 91 malerisch zu erschließen.

- Die Bibelfliesenausstellung hat auch *Erwachsene* angeregt, handgemalte Bibelfliesen selbständig zu gestalten, ohne dabei die traditionellen Sponsen zu verwenden. Von den Beispielen dieser Art von Fliesenmalerei sind die kunstvoll handgemalten Bibelfliesen von *Regina Kobe* hervorzuheben.

Nach Ps 91, Was ist der Mensch? (Marieke Wehrle)

Sie schreibt selbst:
> „Erst seit ich mich selbst daran versuche, kann ich mir vorstellen, wie faszinierend es für Fliesenmaler gewesen sein muss, Bibelworte umzusetzen. Nur so kann ich mir auch die unendliche Vielfalt der Darstellungen erklären. Es ist wie eine Sucht und wie eine Erfüllung zugleich, sich Texte zu erschließen, den Figuren eine Seele zu geben und Landschaften ein Gesicht! ... Der Glaube hat hier eine Kultur geschaffen, an der man sich nur freuen kann, die ansteckend wirkt und von der ich mir wünsche, dass sie lebendig bleibt."

N 161 (3) Der Einzug Jesu in Jerusalem, Mt 21,8-9, (Regina Kobe 2003)

213

3. Ausgestaltung eines Raumes

Ein Beispiel für ein größeres gemeinsames Projekt stellt die Gestaltung eines Raumes mit Bibelfliesen auf Juist dar. In der Arbeit mit Kindern und Jugendlichen wurden im Rahmen der Kinder-Bibel-Woche, des Kinder-Ferienprogrammes und in der Konfirmandenarbeit so viele eigene Bibelfliesen gemalt, dass damit die Kirchentoilette gefliest werden konnte.

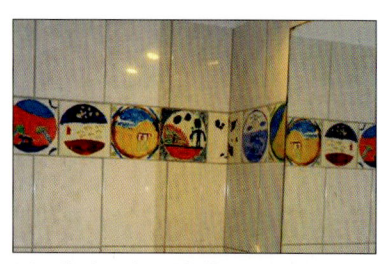

Mit selbstbemalten Bibelfliesen gestalteter Bereich in der Kirchentoilette auf der Insel Juist

Bei der Durchführung stand am Anfang die Begegnung mit dem Bibeltext. Es folgte die Auswahl einer Szene, die gemalt werden sollte. Daran schloss sich eine Skizze auf Papier an. Diese wurde dann auf die Fliese übertragen. Den Abschluss bildete das Brennen der Fliesen. Am Ende waren genügend Bibelfliesen für die Ausstattung des Raumes zusammen.[2]

Detailansicht der mit selbsthergestellten Bibelfliesen verzierten Wand[1]

Kontakt ■ Christiane Kollmeyer, Norddeicherstr. 121, 26506 Norden

---

1 Für die Erstellung der Fotos ist Pastorin *Elisabeth Tobaben* zu danken.
2 Weitere Bilder und eine ausführliche Version dieses Beitrags sind zu finden bei *Christiane Kollmeyer*, Ausstellungsbegleitende Ideen und Projekte, in: *Norder Bibelfliesenteam/ Kurt Perrey* (Hrsg.), Mit Bilderfliesen durch die Bibel, Weener 2005, S. 151-158. Das Bibelfliesenrätsel und ein weiteres Bibelfliesen-Quiz sind auf der Homepage www.fliesenbibel.de zu finden.

Bibelfliesen im Museum

Konzept und museumspädagogische Nutzung im Ostfriesischen Teemuseum Norden

Matthias Stenger

Am 18. Oktober 2014 ist das Ostfriesische Teemuseum Norden[1] wieder eröffnet worden. Vorausgegangen waren zwei Jahre der Sanierung sowie des Um- und Neubaus. Dadurch wurde das Museum unter anderem um zwei Gebäude auf insgesamt sechs erweitert. Gleichzeitig wurde die gesamte Ausstellung inhaltlich und gestalterisch von Grund auf überarbeitet.

Altes Rathaus Norden – das Hauptgebäude des Teemuseums

---

1 Ostfriesisches Teemuseum, Am Markt 36, 26506 Norden, www.teemuseum.de. – Für die Bereitstellung und Abdruckerlaubnis der beigefügten Fotos und von „Der Fliesenwegweiser" (→ Material 1) danken wir Museumsleiter Dr. *Matthias Stenger*.

215

1. Bibelfliesen als Dauerausstellung

Zu den neu in die Ausstellung aufgenommenen Inhalten zählt auch eine Einheit über Bibelfliesen. Dass diese im Zuge der Neugestaltung Eingang in die Dauerausstellung fanden, lag nicht nur angesichts der räumlichen Nähe zum Norder Bibelfliesenteam oder der persönlichen Verbundenheit einiger seiner Mitglieder zum Museum nahe. Vielmehr fanden sich Bibelfliesen schon seit Jahrzehnten als Teil von Kamin- und Wandgestaltungen im Museum, ohne dass auf diese Objektgruppe bisher jedoch hingewiesen oder sie gar didaktisch genutzt worden wäre. Es bot sich also aus mehreren Gründen an, mit einer eigenen Ausstellungseinheit den Blick auf diesen einzigartigen Bilderschatz zu werfen.

Was hätte andererseits aber ferner liegen können? Immerhin ist das Ostfriesische Teemuseum, wie der Name es ganz richtig nahelegt, ein Spezialmuseum rund um das Thema Tee mit einem besonderen Schwerpunkt auf der ostfriesischen Teekultur. Wo ist da ein Anknüpfungspunkt zu Bibelfliesen zu finden? Was der Museumsname nicht verrät: Das Ostfriesische Teemuseum ist vor 25 Jahren aus dem Heimatmuseum hervorgegangen. Es ist daher bis heute auch das stadtgeschichtliche Museum Nordens. Stadt- und regionalgeschichtliche Exkurse ziehen sich deshalb wie ein roter Faden durch die gesamte Ausstellung. Nirgends ist dieser Bereich jedoch präsenter als im Alten Rathaus der Stadt Norden, dem Hauptgebäude des Museums.

Hier findet sich auch, in unmittelbarer Nähe zum Eingang, die Ausstellungseinheit zu den Bibelfliesen (siehe die Abb. auf der nächsten Seite). Gezeigt werden an dieser Stelle acht Fliesen, die in Abstimmung mit dem Norder Bibelfliesenteam ausgewählt und von diesem bzw. von privater Seite dem Museum zur Verfügung gestellt wurden. Bei der Auswahl der Fliesen war zu berücksichtigen, dass es sich um eine Einheit handeln würde, welche die Besucherinnen und Besucher im Ostfriesischen Teemuseum nicht erwarten und auf die sie somit völlig unvorbereitet treffen würden.

Dementsprechend wurden auch einfach zu entschlüsselnde Bildmotive ausgewählt, um möglichst vielen Betrachtenden ohne jede Einstimmung auf das Thema ein unmittelbares Wiedererkennen der dargestellten Bibelszenen zu ermöglichen. Dabei wird eine zumindest rudimentäre Kenntnis der Heiligen Schrift vorausgesetzt. Zudem sollten sowohl das Alte wie das Neue Testament zitiert und verschiedene Eckornamente, Bildfeldbegrenzungen und Farbgebungen dargestellt sein. Angesichts

dieser Vorgaben und der verfügbaren Fliesen wurden folgende Motive für die Vitrine ausgewählt:
Altes Testament
1. Die Tiere gehen in die Arche Noahs (1. Mose 7,7–9),
2. Der Turmbau zu Babel (1. Mose 11,3–5)
Neues Testament
3. Die Verkündigung an die Hirten (Lk 2,8–11)
4. Die Anbetung der Hirten (Lk 2,16)
5. Die Weisen auf dem Wege nach Bethlehem (Mt 2,9)
6. Die Kreuzigung (Joh 19,26–27)
7. Die Kreuzabnahme (Joh 19,38–39 u.a.)
8. Die Himmelfahrt (Apg 1,9 u.a.)

Da die Vitrine eine thematisch geschlossene Ausstellungseinheit bildet, spannen der Bereichstext und die Objekttexte einen weiten Bogen von der Entstehung und Entwicklung der Fliesen im Allgemeinen bis zu den ausgestellten Bibelfliesen und ihren Eigenheiten im Speziellen. Im Idealfall soll die Vitrine als Türöffner in die Welt der Bibelfliesen dienen.

An dieser Stelle wird die Besucherin bzw. der Besucher eingeladen, sich mithilfe des Fliesenwegweisers, der unmittelbar gegenüber an der Museumskasse erhältlich ist, weiter mit dem Thema zu beschäftigen.

2. Museumsrallye für Jugendliche und Erwachsene

Vitrine mit Bibelfliesen im Teemuseum

Es lag aus zwei Gründen nahe, die Besucherinnen und Besucher mittels eines Handzettels durch das Museum zu führen. Zum einen bietet es sich bei den im Haus verteilten Fliesen räumlich und inhaltlich an keiner weiteren Stelle an, das Thema nochmals in Form einer Ausstellungseinheit oder eines anderen lokalen Informationsmoduls zu vertiefen. Zum anderen eignet sich das Thema Fliese, insbesondere die Bibelfliesen mit ihrem einmaligen Bilderkanon, aufgrund des unmittelbaren Bezugs zur Lebenswelt eines jeden Besuchers dazu, eine

Museumsrallye für Jugendliche und Erwachsene als weitere Variante der Besucheraktivierung anzubieten.

Der ausgearbeitete Fliesenwegweiser sollte insgesamt folgenden drei Zielen dienen,
- das Wissen um Fliesen im Allgemeinen zu erweitern,
- Interesse für das Thema Bibelfliesen im Besonderen zu wecken
- und einen Beitrag zu einem als abwechslungsreich und kurzweilig empfundenen Museumsbesuch zu leisten,

also in bescheidenem Umfang zu bilden und zur Weiterbildung anzuregen. Bereits seine Erarbeitung hatte eine bildende Funktion. Der Wegweiser wurde im Rahmen der praktischen Ausbildung von Regialog entwickelt. Hierbei handelt es sich um eine Qualifizierungsmaßnahme für Geisteswissenschaftler im Bereich von Kulturtourismus und Kulturmarketing, an der das Ostfriesische Teemuseum seit vielen Jahren als Kooperationspartner teilnimmt.

Kamin im Erdgeschoss (Detailansicht)

Die Aufgabe, einen den oben genannten Zielvorgaben entsprechenden Fliesenwegweiser zu erarbeiten, wurde wie folgt gelöst:

Der Wegweiser führt an diejenigen Orte im Museum, an denen sich Fliesen als Wandschmuck finden. Um das Thema auf diesem Rundgang auch grafisch stets vor Augen zu haben, wurde die Schrift in blau gesetzt und Ochsenköpfe als Eckmotive eingesetzt, so dass man sozusagen mit dem Objekt in der Hand auf Fliesensuche geht. Diese finden sich an einem Kamin im Eingangsbereich (siehe die vorherige Abb.), an einem Kamin und mehreren Wandflächen im Rummel (siehe die Abb. rechts), dem Fest- und Versammlungssaal im Obergeschoss des Alten Rathauses, und in der Teeküche des Nachbargebäudes.

Formal ist der Wegweiser als Frage- und Antwortspiel aufgebaut, wobei sich die Fragen auf der Vorderseite und die Antworten auf der Rückseite finden (→Material 1). Der Wegweiser beginnt mit Fragen, die sich mithilfe der Ausstellungseinheit beantworten lassen und führt über Fragen, die sich ganz oder teilweise selbst erschließen lassen hin zur vorletzten Frage (Nr. 9), die sich im besten Fall im Gespräch mit einer Museumsmitarbeiterin klären lässt. Denn die Möglichkeit der Beantwortung dieser Frage im Dialog ist an dieser Stelle – die Besucherin bzw. der Besucher ist mittlerweile in der Teeküche angekommen – nicht nur möglich, sondern sogar gewünscht. In der Teeküche ist eine der Teedamen des Museums stets gerne bereit, nicht nur diese Frage zu beantworten.

Kamin im Festsaal des Alten Rathauses

Die Mitarbeiterinnen geben vielmehr auch Auskünfte, die über den

Wegweiser und das Museum hinausgehen und dazu einladen, sich mit dem Thema auch nach dem Museumsbesuch zu beschäftigen. Im besten Falle greift daher die letzte Frage (Nr. 10) – wie man sich bei Interesse weiter über Bibelfliesen informieren kann – dem Besucher voraus. Die Antwort verweist auf das Bibelfliesenteam und seine Veröffentlichungen.

3. Planung weiterer museumspädagogischer Aktionen

Für die Zukunft ist geplant, das Thema Bibelfliesen auch stärker in die Vermittlungsarbeit mit Kindern und Jugendlichen einzubinden.
- Verschiedene Keramiken, vor allem aber die Herkunft und Herstellung sowie die Formen- und Dekorvielfalt des Porzellans stellen einen Schwerpunkt der Dauerausstellung des Ostfriesischen Teemuseums dar. Darum wurden bereits in der Vergangenheit in Kooperation mit der Kunstschule Norden oder freien Künstlerinnen und Künstlern verschiedene Aktivprogramme durchgeführt, bei denen Porzellan bemalt oder Figuren und Formen aus Ton hergestellt wurden.
- Nachdem das Thema Bibelfliese nun Eingang in die Ausstellung gefunden hat, bietet es sich an, die vorgenannten Angebote auf das Anfertigen von Fliesen und das Bemalen in Anlehnung an biblische Motive hin auszurichten. Insbesondere in den Ferienzeiten rund um Ostern, Pfingsten oder Weihnachten könnten so jahreszeitlich besonders attraktive, eineinhalb bis zweistündige Programme angeboten werden, die einen Rundgang durch die Ausstellung mit dem Schwerpunkt auf keramischen Produkten im Allgemeinen und Fliesen, namentlich Bibelfliesen im Besonderen mit einem praktischen Part im Museumspädagogikraum verbinden.

Ebenso wie der Fliesenwegweiser wird auch dieses Angebot den Effekt haben, mithilfe eines für die Ausstellung im Ganzen eher randständigen Themas, weite Teile der Ausstellung unter einem neuen Blickwinkel zu beleuchten und fruchtbar zu machen. Dies ermöglicht, ebenso wie die Kooperation mit externen Partnern, die Ansprache neuer Zielgruppen, von kunsthandwerklich Interessierten, für die der inhaltliche Bezug nachrangig ist, bis hin zu Jugendlichen aus Kirchengemeinden, für die das Angebot gerade aufgrund seines biblischen Bezugs von Interesse ist.

Angesichts dieser bei der Planung der kleinen Ausstellungseinheit noch unabsehbaren Entwicklung, darf man gespannt sein, was sich rund um das Thema Bibelfliese im Ostfriesischen Teemuseum noch entfaltet. Angesichts des unerwartet großen und dauerhaften Interesses, dessen sich die Wanderausstellung des Norder Bibelfliesenteams erfreut und im Blick auf die Vielzahl sich hieran anschließender Veröffentlichungen und Aktivitäten, scheint es dem Thema eigen zu sein, immer wieder neu zu überraschen. Und damit schließt sich der Kreis zu einer unerwarteten Ausstellungseinheit über Bibelfliesen im Ostfriesischen Teemuseum Norden und ihren Folgen.

Material 1
Der Fliesenwegweiser

Der Fliesenwegweiser

Fliesen finden Sie an drei Orten im Museum: im Eingangsbereich sowie im Obergeschoss des Alten Rathauses und in der Teeküche des Nachbargebäudes. Wir laden Sie ein, die Vielfalt dieser Fliesen zu entdecken! Einige Fragen und Antworten rund um das Thema führen Sie hierbei in die Welt der Fliesen ein.

1. Worin unterscheiden sich Fliesen und Kacheln?
2. Seit wann werden Fliesen als Wand- und Bodenbelag eingesetzt?
3. Warum werden Fliesen noch heute in Küchen und Bädern verwendet?
4. Die meisten Bibelfliesen wurden in den Niederlanden hergestellt. Wie erklärt sich ihre dortige Verbreitung im 17. Jahrhundert?
5. Was drückte der Besitz von Bibelfliesen aus?
6. Gehen Sie zum Kamin im Eingangsbereich. Erkennen Sie das Motiv auf der ersten Bibelfliese in der zweiten Reihe oben links?
7. Jesus kommt insgesamt sechs Mal auf den Bibelfliesen im Museum vor. Woran ist er zu erkennen?
8. Wo finden Sie Fliesen mit einer besonderen Eck-Verzierung in Herzform? Diese Fliesen haben eine spezielle Herkunft.
9. Welche Farben haben Sie auf den Fliesen im Museum gesehen?
10. Haben wir Ihr Interesse geweckt? Wie können Sie sich weiter informieren?

---

1. Fliesen sind flache Keramikscheiben für Wände und Böden. Kacheln besitzen zusätzlich einen Hohlraum, um Wärme zu speichern.
2. Fliesen werden seit dem Altertum als Wand- und Bodenbelag genutzt.
3. Sie dienen als Schutz vor Feuchtigkeit.
4. Der Reformator Johannes Calvin ließ im 17. Jahrhundert Bilder in Kirchen verbieten. Als Reaktion darauf hielten Bibelfliesen im privaten Besitz zunehmend Einzug.
5. Wohlstand und Frömmigkeit. Die aufwendige Handbemalung galt als Zeichen von Luxus.
6. Diese Fliese zeigt die biblische Geschichte, in der David über Goliath triumphiert.

Weitere Bibelfliesen finden Sie nicht nur hier am Kamin, sondern auch im Rummel im Obergeschoss zwischen den Fenstern auf der rechten Seite.

7. Am Heiligenschein.
8. In der Teeküche direkt über dem Herd. Diese Fliesen stammen aus einem ehemaligen Bürgerhaus am Marktplatz, in dem sich heute die Mennoniten Kirche befindet.
9. Blaue oder mangan-farbene Bemalungen auf weißem Hintergrund. Mangan ist eine Farbe, die sich aus braunen und lila Farbtönen zusammensetzt.
10. Weitere Informationen finden Sie in den Veröffentlichungen des „Norder Bibelfliesen-Teams", wie der Fliesenbibel oder Mit Bilderfliesen durch die Bibel.

Praxis-Bausteine

Predigten

Mit Bibelfliesen predigen

Gottfried Adam

Warum ist in einem Buch, dem es nach der Titelformulierung um die „pädagogische Entdeckung" der Bibelfliesen geht, ein Kapitel mit Predigten enthalten?

1. Predigt in gemeindepädagogischer Perspektive

Zur Beantwortung dieser Frage sind die Ausführungen von *Matthias Spenn* hilfreich.[1] Er hat deutlich gemacht, dass zwischen verschiedenen Bildungsbereichen sowie formaler, non-formaler und informeller Bildung zu unterscheiden ist. Das führt auch dazu, dass in eine sektorale und eine dimensionale Perspektive in der Gemeindepädagogik unterteilt wird. „Sektoral" bezieht sich auf die gemeindepädagogischen Handlungsfelder (z.B. Konfirmandenunterricht) und „dimensional" bedeutet, dass die pädagogische Perspektive eine Querschnittsdimension allen kirchlichen Handelns darstellt. Gottesdienst und Predigt sind nach evangelischem Verständnis von ihrer Grundaufgabe her gesehen keine Bildungsveranstaltung. Sie haben aber durchaus pädagogische Dimensionen. Der Gottesdienst ist Feier und Vollzug der Gegenwart Christi. In ihm geht es um das Angebot der Verheißungen des Evangeliums und ihre Aneignung im Glauben der Gemeinde. Aber dies Geschehen vollzieht sich nicht ohne das Verstehen der Hörerinnen und Hörer. Der Mensch wird dabei als Ganzer angesprochen und d.h. nicht nur mit seinen intellektuellen, sondern auch mit seinen sinnlichen Möglichkeiten. Hier zeigt sich die pädagogische Dimension: Im Gottesdienst wird nicht nur gefeiert, sondern auch gelernt. Die Predigt setzt eben auch Lernprozesse in Gang.

Es ist darum eigentlich nicht überraschend, dass sich im Zusammenhang mit der Wander-Ausstellung „Mit Bilderfliesen durch die Bibel" sehr rasch zeigte, dass Bibelfliesen einladen, ja geradezu auffordern, auf sie

---
1 Matthias Spenn, Bibelfliesen in gemeindepädagogischer Perspektive, s. o. S. 88ff.

zurückzugreifen und bei Predigten zu verwenden. Eine Rolle spielt dabei, dass damit auch die sinnliche Wahrnehmung der Predigthörerinnen und -hörer angesprochen wird. Sechs Andachten und Predigten werden darum in diesen Band aufgenommen.

2. Die Predigten – einige Hinweise

Die ausgewählten Beispiele zeigen deutlich, welch große Vielfalt und Bandbreite von Formen Andachten und Predigten mit Bibelfliesen aufweisen können. Dazu einige Hinweise:

Die Überschrift zur Andacht von *Klaas Grensemann* „Eine ‚Ikone des Nordens' wird lebendig und erzählt" verweist auf eine spezielle Methode: das *„Lebendig-werden einer Bibelfliese"*. Diese Methode ist in der Arbeit mit den Bibelfliesen entstanden. Hierbei tritt eine Person sozusagen direkt aus der Bibelfliese „heraus" und wird erzählerisch aktiv.

Diese Vorgehensweise ist gekoppelt mit der Methode des *„perspektivischen Erzählens"*. Diese Erzählweise ermöglicht es, einen „Perspektivenwechsel" vorzunehmen. Das perspektivische Erzählen eröffnet die Möglichkeiten, Akzente zu setzen, auf scheinbar Nebensächliches aufmerksam zu machen, neue Entdeckungen anzustoßen und die Zuhörenden unmittelbar in das Geschehen der biblischen Geschichte „hinein zu verwickeln". In dieser Andacht wird die Perspektive eines Emmaus-Jüngers gewählt.

Auch *Kurt Perrey* macht sich in seiner Erzählpredigt „Steh auf und iss!" die Methode des perspektivischen Erzählens zunutze. Dabei wählt er nicht nur eine Perspektive aus, sondern wechselt diese mehrfach: vom sachlich berichtenden Erzähler über den Engel zum Propheten Elia bis zum heutigen Prediger.

Eine weitere interessante Form hat *Walter Großmann* entwickelt. Bei einer Freizeit für hörgeschädigte und gehörlose Erwachsene hat er in der täglichen Andacht die Herrnhuter Losungen mit Hilfe von Bibelfliesen ausgelegt. Die entsprechende Bibelfliese wurde mit dem Beamer an die Wand projiziert, die dazugehörige Bibelgeschichte erzählt und mit Losung und Lehrtext des Tages in Verbindung gesetzt. Die Teilnehmenden wurden in ein Gespräch über die Darstellung auf der Bibelfliese einbezogen.

Einen kunstgeschichtlichen Zugang finden wir im Beispiel des Kunstgottesdienstes zum Thema „Du herrschest über das ungestüme Meer". *Anneliese Swarzenski* nähert sich dem Thema zunächst mit einer

Bildbetrachtung und *Michael Raddatz* greift diese in seiner Predigt auf und konkretisiert die Aussagen im Blick auf die heutige Gemeinde.

In der Predigt „Die Bibel: Bilder für die Seele – Worte für's Herz" von *Helmut Kirschstein* finden wir den Typus der Predigt als Bild-Meditation. Diese Form einer Bildpredigt ist in der Predigtpraxis relativ häufig anzutreffen. Dabei wird in der Regel eine Bibelfliese zugrunde gelegt, nicht drei wie im vorliegenden Fall.

Eine weitere Variante ist der Typus von *Jan Janssen* „Hinter dem Ofen hervor! Überraschendes Warten auf Weihnachten". Hier wird eine Folge von zehn Bibelfliesen einbezogen, um auf diese Weise einen „Durchgang" durch die biblische Weihnachtsgeschichte vorzunehmen. Eine zusätzliche Besonderheit dieser Predigt besteht darin, dass die Fliesenbilder in vergrößerter Form an Pfeilern in der Kirche aufgehängt sind. Die Gemeinde wandert während des Gottesdienstes von Säule zu Säule.[2]

3. Fliesenpredigt

Die Predigt mit Bibelfliesen gehört zur Kategorie der Bildpredigten, die bisher in der evangelischen Predigtlehre weitgehend unbeachtet blieb. Es finden sich gegenwärtig nur in wenigen Predigtlehren einige Äußerungen und Beispiele dazu. Der Grund dafür liegt ohne Zweifel in der reformatorischen Wertschätzung des Wortes. In einer Zeit allerdings, die zu Recht als „Medienzeitalter" bezeichnet wird, muss das Verhältnis von Wort und Bild auch im Blick auf die Predigt weiter bedacht werden.

Der kirchliche Grundauftrag der *„Kommunikation des Evangeliums"* kann auf verschiedene mediale Weise wahrgenommen werden. Die Bildpredigt ist dabei gewiss nur eines von mehreren Medien. In ihr ist das Bild selbst ernst zu nehmen und kann nicht nur als Anschauungsmaterial für den Bibeltext verwendet werden. Die Bildpredigt ist sowohl dem Anliegen des biblischen Textes als auch dem Geltungsanspruch des Bildes verpflichtet.

Es ist bekannt, dass sich Bilder stärker einprägen als das gesprochene

---

2 Eine Folge von fünf Predigten zum Kirchenjahr hat *Dorothee Löhr* veröffentlicht in ihrem Beitrag „Bibelfliesen als Medien der Verkündigung", in: Bild und Bibel. Eine Handreichung für die Arbeit in Gemeinde und Religionsunterricht aus der Evangelischen Landeskirche in Baden, hrsg. von *Wolfgang Brjanzew*, Karlsruhe 2014, S. 107-134. Siehe auch im Beitrag von *Dorothee Löhr*, Die Kirche als Bibelfliesen-Werkstatt, die den Projektabschluss bildende Predigt zum Reformationstag, s. o. S. 207-210.

Wort. So kann es sein, dass sich Besucherinnen und Besucher nach einem Gottesdienst möglicherweise nur noch an das verwendete Bild erinnern. Dieses verbinden sie dann häufig mit den Inhalten der Predigt. Diese Beobachtung spricht dafür, dass die Bilder gründlich ausgewählt und nur sparsam eingesetzt werden sollten. „Kirche des Wortes" bedeutet nicht, dass das Evangelium allein im Medium des gepredigten Wortes zur Sprache kommen muss, es kann in unterschiedlichen Kommunikationsformen vermittelt werden.

Horst Schwebel weist darauf hin, dass es nicht *die* Bildpredigt als festgelegten Predigttyp gibt. Es seien vielfache Möglichkeiten denkbar, das Bild in Predigt, Gottesdienst und Meditation einzubringen:

> „Wer eine Bildpredigt hält, kann nicht auf bereits bewährte Predigtmuster zurückgreifen. Der experimentelle Charakter der Bildpredigt sollte für den kreativen Prediger Anlass sein, sich emotional und intellektuell auf einen schöpferischen Prozess einzulassen."[3]

Was hier für die Bildpredigt formuliert ist, gilt auch für die Predigt mit Bibelfliesen. Sie sind eben nicht nur illustrierende Gebrauchskunst, dann wären sie nur Anschauungsbilder. Bibelfliesen können und wollen einen vielseitigen sinnlichen Dialog eröffnen. Darin besteht u.a. der „Mehrwert" von Bibelfliesen.

Dorothee Löhr hat aufgrund ihrer praktischen Erfahrungen einige *Hinweise und Anregungen* für den praktischen Umgang mit Bibelfliesen formuliert:

> „Man kann die Bibelfliesenbilder leicht kopieren und der Gemeinde als Handout austeilen (auch ohne Farbe und kleiner als die Originalgröße). Aber auch die quadratische zweifarbige Postkarte in Originalgröße ist technisch und finanziell ohne großen Aufwand herstellbar und ästhetisch ansprechend. Neben dem Handout sind eine Power-Point-Präsentation oder andere Formen der Projektion zusätzlich oder alternativ gut möglich."[4]

Weiter konkretisiert die Autorin, dass Bibelfliesenbilder im Gottesdienst in unterschiedlicher Weise eingesetzt werden können, um *ganz verschiedene Funktionen* wahrzunehmen:

— „Eine Bibelfliese kann zum Beispiel für eine relativ unbekannte Bi-

---

[3] *Horst Schwebel*, Wer Augen hat, der höre. Thesen zur Bildpredigt, in: *Heinz-Ulrich Schmidt/Horst Schwebel (Hrsg.)*, Mit Bildern predigen, Gütersloh 1989, S. 95.
[4] *Dorothee Löhr*, Bibelfliesen als Medien der Verkündigung, S. 106.

belgeschichte zum wirksamen Merk- und Mahnbild werden, ein Give-away für die Küchen-Pinnwand. (Bsp. David verschont Saul in der Höhle von En Gedi, Fliesenbibel O 184, AT S. 332).
— Man kann ein Bibelfliesenbild als Rätselbild austeilen und die Gemeinde raten lassen, welche Geschichte dargestellt ist, und so die bildbetrachtenden Gemeindeglieder interaktiv einbeziehen (Bsp. Splitter und Balken im Auge, Fliesenbibel N 77, NT S. 13).
— Ein Bibelfliesenbild ist als eigenständige Auslegung ernst zu nehmen, die durch Vereinfachung und Elementarisierung auf das Wesentliche fokussiert und auch einen präzisen Sitz im Leben anbietet (Bsp. Zachäus, Fliesenbibel N 64, NT S. 135).
— Man kann ein Bibelfliesentableau mit verschiedenen Geschichten zu einem Hochfest austeilen und überraschende Kombinationen und Bezüge entdecken lassen (Bsp. Weihnachten mit Bibelfliesen, Fliesenbibel NT, S. 93-98 und Fliesenbibel NT, S. 4-6).
— Schließlich gibt es auch die Möglichkeit, eine Bibelgeschichte mit mehreren Bibelfliesenmotiven zum gleichen Thema zu erschließen (Bsp. Reicher Mann und armer Lazarus, Fliesenbibel NT, S. 130-131). So können verschiedene Aspekte vertieft und die gesamte biblische Geschichte in ihren vielfältigen Facetten ausgeleuchtet werden."[5]

Die Predigtpraxis mit Bibelfliesen bietet viel Raum für neue Wege und für die Entfaltung der Kreativität der Predigerinnen und Prediger. Sie sind eine interessante Variante der Bildpredigt und werden auch die Diskussion um diesen Predigttypus neu anstoßen und bereichern.

---

5 Ebd., S. 106.

Eine „Ikone des Nordens" wird lebendig und erzählt

Klaas Grensemann

> Die Überschrift des Beitrages verweist auf die Methode des „Lebendig-werdens einer Bibelfliese". Beim Einstieg erzählt die Bibelfliese von sich selbst. Bei der Andacht steht der Emmaus-Jünger zunächst wie eingefroren vor dem großen Fliesenbild. Dann wird er „wach" und erzählt.

Einstieg:
Eine Bibelfliese erzählt

(Die Bibelfliese ist in Originalgröße als Kopie verteilt worden.)

„Was ich bin? Ein Bild bin ich. Ein Bild, das Dir eine Geschichte erzählt.

Vielleicht siehst Du mich zum ersten Mal, aber ich bin schon lange da, bin schon alt, bin schon alt. Die Zeit hat an meiner Kachelhaut genagt, seit dem Tag, da ich geschaffen wurde. Liebevoll gemalt, dann gebrannt.

Und welch ein Fest, als ich meinen Platz bekommen habe! Dort, in dem alten Haus, der ganze Stolz des Hauses war ich, bin ich.

Die Emmaus-Jünger, Lukas 24,15 (N 207, AK (2010), S. 98)

Wie oft wurde ich berührt, wie oft strichen Kinderhände über meine Kachelhaut! Wie oft waren es raue Hände, von Arbeit und Sorge gezeichnete Hände! Wie oft wurde ich betrachtet und erklärt im Schein eines flackernden Feuers oder einer Kerze!

Und die, die mich betrachteten, sahen meine schimmernde Kachel-

haut. Und ich, ich sah das Schimmern in den glänzenden Augen der Menschen, die mich betrachteten.
Ein Hoffnungsbild bin ich. Tatsächlich, ein Hoffnungsbild! Woher ich das weiß? Ich habe es gehört. Viele Male, wenn meine Geschichte erzählt wurde – und ich habe es gespürt, wenn ich liebevoll betastet wurde. Und ich habe es gesehen in den Augen meiner Betrachter und Betrachterinnen. So wie jetzt. Ich erzähle Geschichten. Hoffnung sollst Du finden.

Schau mich an. Ich halte Deinen Blick aus.
Was ich bin? Ein Bild bin ich.
Ein Bild, das Dir Hoffnung schenken will.

Andacht: Ein Emmaus-Jünger berichtet von seinen Erfahrungen

(Mit Hilfe eines Beamers oder Overheadprojektors ist die Bibelfliese mit dem Motiv der Emmaus-Jünger in Lebensgröße an der Wand zu sehen. Eine Person steht wie „eingefroren" vor der übergroßen Bibelfliese. Sie wird „wach" und wendet sich an das Publikum, tritt hervor und schaut interessiert auf die Bibelfliese. Die Person erzählt aus der Perspektive eines Emmaus-Jüngers.)

So schauen wir also aus. Kennen Sie mich, oder besser: Kennen Sie uns? Ich bin einer von den Emmaus-Jüngern. Ich möchte Ihnen gerne unsere Geschichte erzählen: Wir waren unterwegs, von Jerusalem nach Emmaus. Wir besprachen all das miteinander, was zuvor geschehen war. Jesus war verhaftet und grausam getötet worden. Wir, seine Freunde, waren voller Trauer und konnten immer noch nicht fassen, was geschehen war. Wir gingen und sprachen leise miteinander, als dieser Mann zu uns trat.

Man stelle sich vor: Fragt er uns doch tatsächlich, worüber wir reden! Die Sache mit Jesus war doch Stadtgespräch! Sollte er der einzige unter den Fremden sein, der noch nichts von all den Geschehnissen mitbekommen hat?

Und so erzählten wir ihm, was wir erlebt hatten. Und er? Er sah verwundert aus mit seinen großen Augen und fing an, uns die Heilige Schrift auszulegen.

Wir waren erstaunt, wie klug er seine Worte wählte. Dann tat er so, als wollte er uns verlassen und weitergehen. Aber dieser Mann war uns auf so wundersame Weise durch seine Rede vertraut geworden, und so baten wir ihn: „Bleibe bei uns, denn es will Abend werden und der Tag hat sich geneigt."

Und er blieb bei uns. Beim Essen brach er das Brot, dankte und gab uns davon zu essen. Und uns wurde plötzlich ganz anders: Mensch – ja Mensch. Es war Jesus selbst gewesen, der mit uns ging. Und wir hatten Ihn nicht erkannt. Dann verschwand er vor unseren Augen.

Und hier, auf dieser Bibelfliese (*wendet sich zur Bibelfliese*) ist unsere Geschichte erzählt. Und wenn der Schein des Feuers sich in uns spiegelt, in der kleinen Küche, an deren Wand unser Bild als Fliese befestigt ist, dann erzählten Vater oder Mutter unsere Geschichte, wie ich sie gerade erzählt habe.

In den Augen der Kinder, die sich am Küchentisch versammeln, ist ein Glanz zu sehen und unser Bild spiegelt sich in ihren Augen.

(*Die Person tritt wieder ans Bild heran.*) Und im flackernden Spiel von Licht und Schatten sind wir jedes Mal wieder auf dem Weg, auf dem Weg nach Emmaus, wo unser Herz brannte und wir Jesus trafen. Und die, die uns anschauen, gehen mit uns mit. Jedes Mal. Diese Erfahrung hat der Fliesenmaler ins Bild gesetzt. Die Erfahrung, dass Jesus den Tod überwunden hat, ja, dass er auferstanden ist: So ist er weiterhin da für uns Menschen, so begleitet er uns auf unseren Wegen, den Wegen unseres Lebens in Alltag und Sonntag.

(*Der Erzähler oder die Erzählerin „friert" wieder vor der Fliese ein.*)

Klaas Grensemann vor dem großen Bibelfliesenposter. Das Bild vermittelt einen Eindruck von der Methode. Statt der Projektion der Bibelfliese wurde hier ein großes Bibelfliesenposter verwendet. Der Text ist auch ein anderer: 1. Könige 19,5-6a „Der Engel weckt Elia".

Praxis-Bausteine

„Steh auf und iss!"

Erzählpredigt in vier Szenen zum Propheten Elia[1]

Kurt Perrey

Kurt Perrey steht vor einem großen Bibelfliesenposter, das die Bibelfliese O 224 zu 1. Könige 19,5-6a „Der Engel weckt Elia" zeigt

Liebe Gemeinde!
Einfach riesig, diese Fliese! Sie ist mindestens ein Dutzend Mal größer als das Original. Was Bibelfliesen sind, darüber haben schon viele Menschen nachgedacht und sich dazu geäußert: „Baumaterial, Beispiel für Wohnkultur und Volksfrömmigkeit", sagen manche, andere sprechen von „anschaulicher Verkündigung und Begegnung mit Gottes Wort". Da muss man einfach mal hingucken – und man kommt ins Staunen!

---

1 Gehalten zur Eröffnung der Bibelfliesenausstellung im Haus Bethanien auf der Nordseeinsel Langeoog 2013.

Das Original dieser Bibelfliese wurde in Rotterdam gemalt. Es ist 250 Jahre alt. Gewiss, es gibt noch ältere, aber nicht viele. Die allermeisten Bibelfliesen aus dieser Zeit, es ist die Blütezeit der Bibelfliesen in Holland, sind längst kaputt. Sie wurden entfernt und weggeschmissen. Alte Häuser wurden abgerissen und neue Häuser gebaut. Tapeten wurden modern. Schöne alte Fliesen, besonders solche, die biblische Geschichten erzählen, wurden immer seltener. Gewiss, Bibelfliesen waren nie in der Überzahl, immerhin zeigte aber doch jede zehnte Fliese ein Bild aus dem Alten oder Neuen Testament. Und Elia war ein beliebtes Thema auf Bibelfliesen. Insgesamt 13 unterschiedliche Motive kennen wir. Hier haben wir es mit dem Thema „Der Engel weckt Elia" zu tun. Man spricht auch von „Elia unterm Ginsterstrauch" oder von dem „Mann Gottes, der nicht mehr weiter weiß".

Im 1. Buch der Könige Kapitel 19, Vers 5 und 6a ist zu lesen, was wir hier sehen. Die Geschichte, die davon erzählt, die ist zehnmal älter als die Bibelfliese, auf der sie dargestellt ist.

– Zwischenmusik –

Der Prophet Elia schildert seine aktuelle Situation

(Der Erzähler zieht einen Prophetenmantel an und identifiziert sich in der weiteren Erzählung mit dem Propheten Elia.)

Ja, ich habe die Worte noch im Ohr, die Worte, die der Engel, der Bote Gottes, sprach. „Mensch, wach auf! Mann Gottes, steh auf und iss!"

Ich habe die Worte nicht gleich gehört. Ich war eingeschlafen, tief und fest schlief ich. Kein Wunder, nach all dem, was hinter mir lag, seit ich Prophet in Jahwes Diensten war, vor langer, langer Zeit. Fast 3000 Jahre ist das her. Und sie erzählen heute noch davon: Die Juden, die Christen und die Moslems. Für einige von ihnen bin ich gar nicht richtig tot geblieben, nachdem ich gestorben war, sondern nur entrückt, sozusagen vorweg in den Himmel gekommen. Vielleicht, weil die Geschichten, die man von mir erzählt, immer noch sehr gefragt sind. Sie stehen in der Bibel. Sie wurden gemalt auf Papier und Stein und auch auf Fliesen. – Deshalb werden sie und die Bilder von ihnen nur allzu leicht übersehen. Schade! Denn was sie zeigen, das stellt die Botschaft der Bibel dar, und

die ist so wichtig für unseren Glauben und für unser Leben. Beispielsweise meine Geschichte:
 Müde war ich geworden, sehr müde, und deshalb bin ich auch eingeschlafen unter dem Ginsterstrauch.
 Ahab war damals König in Israel. Er und seine Frau Isebel verehrten nicht unseren Gott, der das Volk Israel aus Ägypten befreit und ins gelobte Land geführt hatte. Deshalb ließ Gott durch mich, seinen Propheten, schlimme Zeiten ankündigen. „Eine große Dürre kommt über das Land!" war meine Botschaft. Der König wollte davon nichts hören. Und als dann die Dürre kam, musste ich mich verstecken an einem Bach. Der führte noch Wasser. Und Raben brachten mir zu essen.
 Dann half mir eine arme Witwe weiter, und schließlich kam es zur Machtprobe zwischen den echten und falschen Propheten. Unser Gott half uns. Seine Boten blieben am Leben. Die anderen mussten sterben.

Danach ging es mir noch schlechter als zuvor. Denn jetzt wollte die Königin an mir Rache nehmen, ich sollte sterben. Also musste ich fliehen, irgendwohin, in die Wüste, in die Wildnis, ganz egal. Schließlich fand ich den Platz hier, unter einem Ginsterstrauch. Ich konnte und ich wollte nicht mehr. Dies ist das Ende, dachte ich, und betete zu Gott: „Lass mich sterben!" Ich schlief ein, war ganz allein, doch dann hörte ich eine Stimme: „Steh auf und iss!"

– Zwischenmusik –

Der Engel erzählt von seiner Aufgabe

(Der Erzähler wechselt den Prophetenmantel mit einem Engelsgewand.)

„Steh auf und iss!"
Ja, das waren meine Worte. Elia wurde wach und sah, was ich für ihn bereitgestellt hatte am Stamm des Ginsterstrauchs: Brot und einen Krug mit Wasser. Er musste es wohl auch sehen, so deutlich habe ich ihn mit meiner linken Hand darauf hingewiesen. Mit meiner Rechten habe ich ihn geweckt, denn von meinen Worten allein wurde er nicht wach. Schließlich aß und trank Elia – und schlief dann wieder ein. Also weckte ich ihn erneut und sprach: „Steh auf und iss! Denn du hast einen weiten Weg vor dir."

Das hat gewirkt. Elia kam wieder zu Kräften und wanderte weiter. Er ging seinen Weg bis zum Berg Horeb. Das war der Ort, an dem es für ihn zu einer entscheidenden Begegnung kam, zu einer Begegnung mit Gott. Nicht im Sturm, nicht im Erdbeben und nicht im Feuer, nein, wie in einem sanften Hauch spürte er Gottes Gegenwart und hörte, wohin er gehen sollte und was Gott mit ihm vorhatte.

– Zwischenmusik –

Der Prediger deutet die Geschichte für die Zuhörer und Zuhörerinnen

Da kann einer nicht mehr, und er will auch nicht mehr. Und er sagt das Gott und sieht sein Ende kommen. Die beiden Motive „Der Engel weckt Elia" und „Elia wird von den Raben ernährt" gehören zu den häufigsten Darstellungen aus dem Alten Testament, die auf niederländischen Wandfliesen zu finden sind. Ist das Zufall? Wohl kaum.

Man hatte vor zwei-, dreihundert Jahren in den Niederlanden und anderswo gerne solche Motive in Delfter Blau oder Mangan um sich in allernächster Nähe an den eigenen vier Wänden, von denen Ermutigung ausging.

Niedergeschlagen sein, um neu aufgerichtet zu werden, darum geht es in vielen Texten des Alten und Neuen Testamentes, wie im Glauben überhaupt. In den Geschichten um und mit Elia ist dies ganz besonders der Fall. Kein Wunder also, dass das Bild mit dem Propheten und dem Engel besonders oft ausgesucht wurde.

Heute wäre das nicht viel anders. Viele Menschen leiden darunter,

Der Engel weckt Elia, 1. Könige 19,5-6a (Fliesenbibel O 224, AT S. 403)

nicht mehr weiter zu wissen, nicht mehr weiter zu wollen und nicht mehr weiter zu können. Wie gut ist es, zu wissen: Gott kann uns aufrichten, wenn wir niedergeschlagen sind. Er kann uns Mut machen, wenn wir mutlos geworden sind. Denn Gott hat auch mit uns etwas vor, mehr als wir wissen oder ahnen können. Das erzählen uns die Geschichte von Elia und das Bild mit dem Propheten und dem Engel auf einer Fliese.

Ich finde, dieses große Bibelfliesenposter von Elia, der durch die Raben ernährt wird, hat hier auf Langeoog im Haus Bethanien einen besonders guten Platz. So wie Sie, liebe Gäste, werden in den nächsten Wochen etliche Betrachter und Betrachterinnen hierher kommen. Manche, um hier im Hause Urlaub zu machen, andere, weil sie hier unsere Ausstellung entdeckt haben. Ich glaube, mit Elia haben sie alle etwas zu tun, denn, wer sich hier aufhält, sucht Erholung, möchte sich stärken lassen an Leib und Seele, sucht die Begegnung, auch die Begegnung mit Gott. Deshalb wird der Blick auf dieses Fliesenmotiv beim Besuch unserer Ausstellung allen gut tun, allen, die davon wissen, was dieser Elia erlebt hat mit seinem Gott. Gott hat ihn aufgerichtet und wieder auf seinen Weg gebracht. So etwas möchten wir doch auch erleben. Und wir brauchen dieses Erlebnis als Erfahrung des Glaubens.

Von Jesus wissen wir, dass er zu Bethanien und einigen Menschen dort eine besondere Beziehung hatte. In Bethanien war sein Freund Lazarus mit seinen beiden Schwestern Maria und Martha zu Hause. In der Nähe von Bethanien soll Johannes der Täufer gewirkt haben und Jesus getauft worden sein. Hier ließ Jesus sich salben von jener Frau, die bereit war, auch das Wertvollste, das sie besaß, für ihn zu geben.
Kein Wunder also, dass sich Jesus in Bethanien länger als an anderen Orten aufgehalten hat. Bethanien, gleich zweimal finden wir diese Ortsbezeichnung auf der Landkarte Palästinas zur Zeit Jesu. Bethanien heißt übersetzt „Armenhaus", und genau dort findet sich innerhalb der Überlieferungsgeschichte zum Leben und Wirken Jesu eine reiche Fülle von unmittelbaren Begegnungen.

Wir wünschen Ihnen und allen künftigen Besucherinnen und Besuchern dieser Präsentation, dass Sie in den Szenen, die auf den Bibelfliesen abgebildet sind, das finden, was Sie persönlich anspricht.
Wir haben ein Lied von den Bibelfliesen, das einiges davon deutlich macht. In diesem Lied heißt es:

„Steh auf und iss!"

„Bilder, die geben Auskunft, Bilder, die zeigen an,
was es so gibt im Leben, was uns bewegen kann.
Man kann in Bildern oft gut erkennen,
was man mit Worten nicht sagen kann.
Und ist der Sinn nicht gleich zu erkennen,
kommt es auf offene Augen an.

Bilder sind Hinweis meiner Gedanken,
was uns bewegt, das stellen sie dar,
wen dies berührt hat, öffnet die Schranken
und dann wird manches auf einmal klar.

Bilder der Bibel auf schönen Fliesen,
die gab es hier schon vor langer Zeit,
als echte Volkskunst, nicht nur für Friesen,
und ihre Botschaft, sie gilt noch heut.

Wir sehn den Menschen als Bild von Gott an,
von ihm geschaffen als Kreatur,
in diesem Glauben jeder verstehn kann,
was zählt, ist Gottes Liebe nur."[2]

Amen.

---

2 Noten und den vollständigen Text dieses Liedes sind im Beitrag von *Dorothee Löhr*, Die Kirche als Bibelfliesen-Werkstatt, s. o. S. 206 zu finden. Sie können von der Homepage www.fliesenbibel.de heruntergeladen werden.

Andachten bei einer Freizeit für hörgeschädigte und gehörlose Erwachsene[1]

Walter Großmann

Zielgruppe ■ Hörgeschädigte und gehörlose Erwachsene

Ziel ■ Die Teilnehmerinnen und Teilnehmer der Freizeit nehmen Losung und Lehrtext des jeweiligen Tages mithilfe einer Bibelfliese als Impuls mit in den Tag.

Zeit ■ 30 bis 35 Minuten

Durchführung ■ Losung und Lehrtext des jeweiligen Tages, am Sonntag der Wochenspruch, bildeten die Textgrundlage für jede Morgenandacht. Dazu passend wurde eine entsprechende Bibelfliese ausgesucht und mit dem Beamer an die Wand projiziert. Die dazugehörige Bibelgeschichte wurde erzählt und mit der Losung und dem Lehrtext des Tages in Verbindung gesetzt.
Durch Gesprächsimpulse konnten die Teilnehmerinnen und Teilnehmer in ein Gespräch über die Darstellung auf der Bibelfliese einbezogen werden. *(Die Kommunikation erfolgte in Gebärdensprache. Wer etwas erzählen wollte, trat vor die Gruppe, damit alle die Gebärden sehen konnten.)*
In die Andacht wurde täglich eine Information über die Bibelfliesen (Zeitraum, Absicht, Verbreitung, Herstellung, Auswahl der Motive etc.) eingebaut.

Vorbereitung ■ Informationen über Bibelfliesen anhand von Literatur und Internet zusammenstellen (www.fliesenbibel.de)
Sichtung der Bibelfliesen im Blick auf Losung und Lehrtext
Auswahl der Fliesen
Theologische Ausarbeitung
Liturgische Gestaltung überlegen
Erstellen der Powerpointpräsentation

---

1 Freizeit für hörgeschädigte und gehörlose Erwachsene im Ferien- und Tagungszentrum Bethanien auf der Nordseeinsel Langeoog im August 2013.

Andachten bei einer Freizeit für hörgeschädigte und gehörlose Erwachsene

Während der Andacht sollten auch Gespräche über die Bibelfliese möglich sein.
Zeitgleich zur Freizeit war die Bibelfliesenausstellung im gleichen Raum zu sehen.

■ Hinweise

Andacht[2] für hörgeschädigte und gehörlose Erwachsene zur Tageslosung 5. Mose 28,12 und Lehrtext Mt 5,45 mithilfe der Bibelfliese „Die Kundschafter", 4. Mose 13,23 (Fliesenbibel O 115, S. 171)

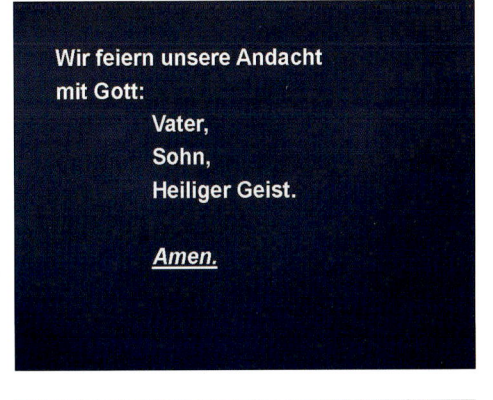

■ Material

Andacht Erholungsfreizeit Langeoog

Donnerstag, 29. August 2013

Wir feiern unsere Andacht mit Gott:
Vater,
Sohn,
Heiliger Geist.

Amen.

Himmel Erde blühen
Freude g r o ß   Mühe (klein)
Zeit Wunder Wunder da
Frieden für Seele Leib

Lieber Gott!
Wir sind hier zusammengekommen und feiern jetzt Andacht.
Wir wissen: du bist da.
Wir danken dir und bitten dich:
Hilf uns die Worte und Gebärden verstehen.
Bitte schenke uns gute Gedanken und Aufmerksamkeit.
Gott, bitte hilf uns!
Schenke uns Deine Liebe!
Gott, bitte hilf uns!
Schenke uns gute Gemeinschaft und segne uns.
Gott, bitte hilf uns! Danke! Amen.

---

2 Die Andacht erscheint hier in verkürzter Form. Sie kann vollständig von der Homepage www.fliesenbibel.de heruntergeladen werden.

Praxis-Bausteine

Bibel-Fliesen:
Ungewöhnliche Begegnung mit Gottes Wort

über 600 verschiedene Bibelmotive

1650 - 1850

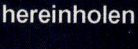

Bibel-Fliesen:
Geschichten aus der Bibel ins Leben hereinholen

Wohnraum
Küche

Bibel-Fliesen:
Geschichten aus der Bibel ins Leben hereinholen

Wohnraum
Küche

verständlich

S c h ä t z e

Zusammen loben wir Gott

Wir zusammen Gott loben
Gebärdenlied für Gott   danken Gott
Du groß stark wunderbar
Halleluja Amen
Halleluja Amen
Halleluja Amen

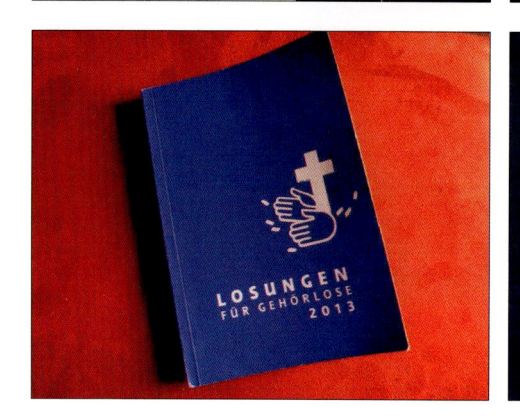

Gott wird für dich seinen Schatz öffnen. Der Himmel wird sich öffnen und rechtzeitig Regen für dein Land schenken. Das ist der Segen für deine Arbeit.

5. Mose 28,12

Andachten bei einer Freizeit für hörgeschädigte und gehörlose Erwachsene

Gott wird für dich seinen Schatz öffnen.
Der Himmel wird sich öffnen und rechtzeitig Regen für dein Land schenken. Das ist der Segen für deine Arbeit.

5. Mose 28,12

Gott wird für dich seinen Schatz öffnen. Der Himmel wird sich öffnen und rechtzeitig Regen für dein Land schenken. Das ist der Segen für deine Arbeit.

5. Mose 28,12

Ohne Regen wächst nichts. Harte Arbeit von Bauern ist dann umsonst. Auch wir müssen viel arbeiten. Wir brauchen Erfolg für unsere Arbeit, wir brauchen Gottes Segen. Danke, Gott, für deinen Segen.

Praxis-Bausteine

Der Vater im Himmel lässt die Sonne scheinen für böse und gute Menschen. Er schenkt Regen für Gerechte und Ungerechte.

Matthäus 5,45

„Ich habe riesigen Vorrat. In den nächsten Jahren habe ich keine Sorge. Ich gönne mir Ruhe. Jetzt genieße ich das Leben und esse und trinke."

„Ich habe riesigen Vorrat. In den nächsten Jahren habe ich keine Sorge. Ich gönne mir Ruhe. Jetzt genieße ich das Leben und esse und trinke."

Aber Gott sagt zu ihm: „Du bist dumm. Noch in dieser Nacht werde ich dein Leben zurückfordern. Wem gehört dann das, was du gesammelt hast?"

Der Vater im Himmel lässt die Sonne scheinen für böse und gute Menschen. Er schenkt Regen für Gerechte und Ungerechte.

Matthäus 5,45

Gott ist gut zu allen Menschen, zu den Guten und auch zu den Bösen.

Gottes Weg
wir gehen
Welt   Hoffnung
Komm, Gottes Weg folgen.

Gottes Liebe
wir lieben
Welt   Frieden
Komm, Gottes Weg folgen.

Gottes Segen
wir teilen
Welt   Zukunft
Komm, Gottes Weg folgen.

> Vater unser im Himmel!
> Geheiligt werde Dein Name.
> Dein Reich komme,
> dein Wille geschehe,
> wie im Himmel, so auf Erden.
> Unser tägliches Brot gib uns heute.
> Und vergib uns unsere Schuld,
> wie auch wir vergeben unsern Schuldigern.
> Und führe uns nicht in Versuchung,
> sondern erlöse uns von dem Bösen.
> denn dein ist das Reich und die Kraft
> und die Herrlichkeit in Ewigkeit.
> Amen.

Außer dieser Powerpointpräsentation sind drei weitere Beispiele auf der ■ **Hinweis**
Homepage www.fliesenbibel.de zu finden:
Zu 1. Sam 2,7: „Gott, der Herr, macht arm und reich, er macht niedrig und hoch."
Bibelfliese N 115 „Der Pharisäer und Zöllner", Lk 18,11-14, Fliesenbibel, NT S. 133.
Zu Mt 25,40: „Jesus spricht: Was ihr einem von meinen niedrigsten und kleinsten Brüdern getan habt, das habt ihr mir getan."
Bibelfliesen: - N 71 „Die Werke der Barmherzigkeit: Das Speisen der
  Hungrigen", Mt 25,35a, Fliesenbibel, NT S. 52.
- N 72 „Das Tränken der Durstigen", Mt 25,35b,
  Fliesenbibel, NT S. 53.
- N 73 „Das Beherbergen der Obdachlosen", Mt 25,35c,
  Fliesenbibel, NT S. 53.
- N 74 „Das Kleiden der Nackten", Mt 25,36a,
  Fliesenbibel, NT S. 53.
- N 75 „Das Besuchen der Kranken", Mt 25,36b,
  Fliesenbibel, NT S. 53.
- N 76 „Das Besuchen der Gefangenen", Mt 25,36c,
  Fliesenbibel, NT S. 54.
Zu Motiven und der Herstellung von Bibelfliesen.
Kupferstich – Sponse – Bibelfliese.
Bibelfliese O 216 „Elia wird von den Raben ernährt",
1. Könige 17,6, Fliesenbibel, AT S. 399.

Walter Großmann, Diakon im Landesgehörlosenpfarramt der Evangeli- ■ **Kontakt**
schen Kirche in Württemberg

„Du herrschest über das ungestüme Meer"

Kunstgottesdienst zu Bibelfliesen

Anneliese Swarzenski/Michael Raddatz

In der Evangelischen Kirchengemeinde Berlin-Wannsee wurde eine Ausstellung von Bibelfliesen durch das Norder Bibelfliesenteam durchgeführt. In diesem Zusammenhang fanden die bei einer solchen Ausstellung üblichen Aktivitäten statt. Eine Besonderheit unseres Gemeindelebens sind regelmäßig stattfindende Kunstgottesdienste. Anlässlich der Bibelfliesen-Ausstellung wurden darum auch zwei Gottesdienste mit dem Akzent auf Bibelfliesen durchgeführt. Es handelte sich dabei um die Themen „Vertreibung aus dem Paradies" und „Jakobs Kampf am Jabbok". Unter dem Psalmwort „Du herrschest über das ungestüme Meer" wurden verschiedene Fliesenbilder mit der Darstellung der „Stillung des Seesturms" und einem Bild von *Rembrandt* verglichen.

Im Folgenden werden die Bildbetrachtung und die Predigt des Kunstgottesdienstes „Du herrschest über das ungestüme Meer" dokumentiert. Auf die Wiedergabe des liturgischen Ablaufes wird verzichtet. Er hielt sich an die Form des sonntäglichen Gottesdienstes.

Bildbetrachtung im Kunstgottesdienst[1]

Anneliese Swarzenski

„*Du herrschest über das ungestüme Meer*". Dieses Bibelwort hat sich unsere Gemeinde 1903 von Moritz Veit in ein Bild umsetzen und als Siegel gestalten lassen. Hoch über dem „ungestümen Stölpchensee" wurde es dann 1927 als Glasbild in das Fenster über dem Altar eingesetzt. Der aufgehenden Sonne entgegen, ein Bekenntnis und Hoffnungszeichen! Auch ein Stückchen Dämonenbeschwörung? Sturm und Notzeiten hat das Schiff überstanden, das Fensterbild ist unbeschädigt geblieben mit seinem schönen Wort aus dem 89. Psalm: *Du herrschest über das ungestüme Meer*.

---

[1] Gehalten im Kunstgottesdienst am 4. November 2007 in der Kirche am Stölpchensee, Evangelische Kirchengemeinde Berlin Wannsee.

„Du herrscht über das ungestüme Meer"

Ob es richtig war, eine Kreuzfahrerkogge dafür zu wählen? Das ist aus heutiger Sicht zu bezweifeln. Aber gut ist es ganz sicher, Jesus in das Boot zu holen.

Gemeindesiegel der Kirchengemeinde Wannsee von 1903

Gemeindesiegel als Fensterbild in der Kirche am Stölpchensee

Und darum habe ich es gewagt, was einem heutigen Künstler viel Ärger einbringen kann, für die alten Fliesenkünstler aber ganz selbstverständlich war: Das Bild eines berühmten Künstlers „abzukupfern" und mit eigenen Ideen und denen anderer Maler zu einem neuen Werk zusammenzufügen. So ist das Bild des schlafenden Jesus aus dem Hitda-Evangeliar mit seiner ganzen heiligen Mannschaft in unserem Gemeindeschiff eine neue Bibelfliese geworden, neu und erst in einem Exemplar vorhanden, aber bereit, in der neu zu gründenden „Manufaktur Altes Schulhaus" vervielfältigt zu werden.

Selbstgemalte Bibelfliese zu Psalm 89,10

„Im Sturm auf dem Meere"
Ausschnitt aus einer Buchmalerei,
Köln, 1. Viertel des 11. Jahrhunderts,
Hitda-Evangeliar

243

Dabei sind Helfer aus der Gemeinde willkommen, die dann in eigenem Tun viel über Bibelfliesen erfahren können: Ein biblisches Thema, ruhig von einem großen Künstler übernommen, wird auf den Hauptinhalt beschränkt und auch in den Einzelheiten so vereinfacht, dass es mit *flinken Pinselstichen* locker zu malen ist. Meistens fasst ein *Kreis* es ein, oder auch ein Achteck. *Eckmotive* gehören dazu und eine *strenge Farbbeschränkung* auf Blau-Weiß oder Mangan-Weiß (ein ins Violette spielendes Rotbraun). So kann das Bibelbildchen zu einer echten Bibelfliese werden, die eigentlich nicht als Einzelbild gedacht ist, sondern mit vielen anderen zusammen eine ganze Fliesenwand ergeben könnte. Ganz verschiedene Geschichten aus dem Alten und Neuen Testament wurden an so einer Wand vereint. Die Kreise und Eckmotive brachten eine dekorative Ordnung hinein. Sie grenzten die einzelnen Motive, die inhaltlich nicht aufeinander abgestimmt waren, gegeneinander ab. So konnten Fliesenwände in den Niederlanden und in Friesland, in ihren kleinen Bildern einfach und dem Kundigen schnell erkennbar, die biblischen Geschichten erzählen.

„Du herrschest über das ungestüme Meer!!!" Fast wörtlich sagen das die Jünger über Jesus, als sie die Fahrt im Sturm auf dem See Genezareth überstanden haben. Die klugen Theologen sagen, Matthäus habe das als Zitat den Jüngern in den Mund gelegt, weil hier Jesu göttliche Macht bezeugt werden soll. Die Maler haben am liebsten den Sturm und sein Spiel mit den Wellen und den Wolken dargestellt. Manchen war die Situation in dem gefährdeten Boot wichtiger.

Ein wunderbares Gemälde dazu hat der große *Rembrandt van Rijn* gemalt. In dramatischem Kampf von Sturm und Wellen droht das Schiff zu zerbrechen. Die Mannschaft ist geteilt, fünf der Jünger kämpfen mit aller Kraft und ihrem seemännischen Können darum, das Schiff vor dem Kentern zu bewahren, während die anderen sich um Jesus drängen, von ihm Hilfe erflehen. Der Steuermann hält das Ruder fest, er wirkt ergeben, nicht sehr hoffnungsvoll. Der hintere Teil des Schiffes ist ganz im Dunkeln, Jesu Gesicht ist hell, vor ihnen, vor dem ganzen Schiff strahlt helles Licht.

Das Schiff scheint zu stürzen, ist in äußerster Gefahr, aber wenn man genau hinsieht, ist zu erkennen, dass es nicht stürzt, sondern aufwärts fährt aus dem Dunkel in ein überirdisches Licht. Dass Mast und Rah als klares Kreuz über der Szene stehen, ist auch kein Zufall, sondern deutliche theologische Aussage. Der junge Rembrandt hat dieses Bild gemalt, da war er 27 Jahre alt, und vielleicht haben die Fliesenkünstler es ge-

Rembrandt van Rijn: Christus im Sturm auf dem See Genezareth (1633)

Mt 8,23-27 (N 140, Rotterdam, 1. Hälfte 18. Jh., BiBi Bd. 3, S. 25)

kannt und eine Kopie oder einen Kupferstich nach diesem Bild gesehen.

Denn das Fliesenbild, auf unserem Programm, in seiner geradezu genialen Vereinfachung, hat mit Rembrandts Bild gemeinsam, dass die Bewegung so dramatisch in der Diagonalen dargestellt ist. Wie die Wellen gemalt sind, das könnte man einfach dekorativ nennen, aber es entsteht dadurch auch die Zeichenhaftigkeit, durch die das Bild so eindringlich klar seine Aussage macht: *Du herrschest über das ungestüme Meer.* Über die Hälfte des Bildkreises ist mit brausenden Wellen gefüllt. Jesus ist in dem kleinen Schiff auf dem riesigen See bei seinen Jüngern. Das Schiff ist ein Spielball auf dem Meer.

Aber es fährt nach oben in das Licht, denn links oben im Bild, das war eine alte feste Regel für die Bildaufteilung: links oben wird die *aufgehende* Sonne gemalt oder auch nur gedacht. *Und die aufgehende Sonne ist das Symbol für Christus,* das neue Licht. Der See mag den Jüngern wie das Meer erscheinen. Gott ist darüber. Je-

Jesus stillt den Sturm auf dem See, Mt 8,23-27 (Fliesenbibel N 140, NT S. 16)

245

Praxis-Bausteine

Jesus stillt den Sturm auf dem See, Mt 8,23-27
(N 140, Ausstellungskatalog 2005, Mit Bilderfliesen durch die Bibel, S. 101)

sus fährt mit ihnen. Auf anderen Kopien von denselben Sponsen ist die Andeutung des Hafens auch noch weggelassen. Das Boot fährt auf dem uferlosen Meer, aber Gott ist darüber. Die bewundernswertesten Fliesenbilder sind es, die so herrlich einfach eine Botschaft wiedergeben. Dass diese klare Einfachheit nicht selbstverständlich ist und sich nicht etwa aus der Maltechnik ergibt, zeigen die beiden folgenden Bilder.

Sehr fein sind die schäumenden Wellen gemalt, aber nicht richtig bedrohlich. Zu sehr wird der Betrachter an ein sommerliches Bad in schäumenden Wellen erinnert. Jesus, der hier deutlich und genau gemalt ist, schläft nicht richtig, sondern sieht fast schelmisch zu, wie seine Jünger wohl in dem Sturm zurechtkommen. Der Fliesenzeichner hat wahrscheinlich mehr die Glaubensgewissheit darstellen wollen als die Bedrohung. So konnte dieses Bildchen im Alltag Trost geben: „Schau nur hin, dieser Jesus ist auch bei *dir*, er schläft nicht wirklich, gleich wird er aufstehen, und du weißt es ja schon: der Sturm wird sich unter seinem Befehl legen."

Diese Bilder sind beide nach dem gleichen Kupferstich von *Matthäus Merian* gezeichnet, der in einer niederländischen Bilderbibel *seitenverkehrt* wiedergegeben war. Darum fährt das Schiff nicht mehr zur aufgehenden Sonne und auch nicht an ein glückverheißendes Ufer wie bei Merian. Zwar sind Sturm und Wellen zu sehen und reizvoll wie plüschige kleine Ungeheuer gemalt, aber die existentielle Bedrohung des Bootes wird nicht recht spürbar. Jesus schläft fest. Die Jünger sind eng verbunden mit ihm im Boot und versuchen ihn zu wecken. In wirklicher Gefahr kann das Boot gar nicht sein, schließlich würde Jesus sonst nicht darin schlafen! Das darzustellen, war dem Künstler wichtig und ergibt eine klare Glaubensaussage und erfüllt, was Jesus von den Jüngern erwartet: Habt mehr Vertrauen!

„Du herrscht über das ungestüme Meer"

Wie auf den Bibelfliesen das Wasser gemalt ist, das allein wäre eine längere Betrachtung wert. Und ich freue mich, dass wir das später im Alten Schulhaus bei der Ausstellung zu den Bibelfliesen nachholen können. Eine ganz besondere „Wasserfliese" soll jetzt noch folgen. Aus dem Anfang der Schöpfungsgeschichte: „Am Anfang schuf Gott Himmel und Erde. Und die Erde war wüst und leer, und es war finster auf der Tiefe; und der Geist Gottes schwebte auf dem Wasser."

Auf den einschließenden Kreis ist verzichtet. Es ist nur noch Licht und Wasser und Gottes Geist darüber. Ergreifend einfach dieses helle Dreieck! Bewundernswert, wie geschickt es gemalt ist, wie Hell und Dunkel mit einfachen Pinselstrichen unterschieden sind, wie der Lichtglanz auf dem Wasser liegt und auch die Weite des Meeres deutlich wird nur durch wenige wellenförmige dunkle Linien. So fein und leicht gemalt wie in einer flüssigen Handschrift geschrieben. Helle und dunkle blaue Linien genügen, um das gewaltige Strahlen des Lichtes auszudrücken, das selbst nicht gemalt ist, sondern aus dem weißen Glasurgrund entsteht. In leichter Kontur ist darin das Dreieck angedeutet, das den *dreieinigen Gott* meint. Dieses klare strenge Symbol durfte nicht durch Kreis und Eckmotive dekorativer gemacht werden. Es strahlt über alle Grenzen hinaus: Gott ist der Schöpfer und Herr über allem. *Er ist nicht darzustellen.* Nur über Symbole können wir auf ihn hinweisen, in seiner Schöpfung ihn ahnen, im Licht auf sein Licht hoffen.

Gottes Geist schwebte auf dem Wasser, 1. Mose 1,2 (Fliesenbibel O 0, AT S. 13)

Predigt „Die Sturmstillung Jesu"

Michael Raddatz

Gnade sei mit euch und Friede von dem, der da ist und der da war und der da kommt. Amen.

Sturmstillung. Sturm und Stille. Anneliese, du hast beobachtet, dass die Künstler am liebsten den Sturm und sein Spiel mit den Wellen und Wolken dargestellt haben. Das passt in den November: Wilde Wellen und Wolken und behagliche, wärmende Bibelfliesen. Hätte ich mein Zimmer mit diesen Fliesen gefliest, dann würde mich das Spiel der Wellen und Wolken anregen. Kuschelmonster-Wellen würden mich kichern lassen. Menschen in Panik würden mich anrühren. Wie gut, dass wir biblische Geschichten nicht nur in Worten, sondern auch in Bildern ausgedrückt finden. Beide Spiele gehören eigentlich zusammen: Das Spiel der Bilder und das Spiel der Worte. Dürfte ich wie die Fliesenkünstler die Worte spielen lassen, dann schäumten und zischten sie zu dieser Geschichte:
1. Sturmstillung, Sturm und Stille, Spielwellen
2. Segelschiff
3. See, Seele
4. Stilles, sanftes Sausen
5. Sonne, Sinken und Steigen
6. Schiffszwieback
7. Spiritualität
SSSSSSSSSSSSSSSS ...
Siebenmal SSS und S, mal stimmhaft und mal stimmlos

Was ist *Spiritualität*?
Ein Zauberwort in unseren Tagen. Damit es zauberhaft bleibt, sollte dieses Wort wohl besser nicht erklärt werden. *Spiritualität* drückt sich für mich besonders in der Geschichte von der Sturmstillung aus. Im Sonnenschein besteigen die Jünger das Boot, gut gelaunt. Sie gehen ihrem Beruf nach. *Sie sind Fischer.* Im Neuen Testament wird diese Berufsgruppe besonders hervorgehoben. Sie sind die Ersten, die Jesus um sich sammelt. Warum? Was ist ihr besonderes Berufsprofil, dass sie für den Gemeindeaufbau besonders geeignet sind? Klar, sie kennen die Gefährdung: Auch auf dem kleinsten See kann man ertrinken. Sie sind im

besten Sinne religiös musikalisch, weil sie das innige Stoßgebet kennen, wenn die Gefahr über sie kommt. Und sie wissen, was Teamwork ist. Handgriffe und Eigenheiten müssen zusammenspielen, sonst sinkt der Kahn. Ein *„Schlüsselberuf"* für den Gemeindeaufbau würde man heute sagen. Das hat Jesus erkannt. Die Bildwelt, die auf die Fliesen gebrannt ist, erzählt von diesem Schlüsselberuf: Die Gemeinde ist wie ein Schiff, und die Gemeindeglieder sind Seeleute und Fischer.

Auf die Arbeitsteilung kommt es an. An Bord braucht es Menschen im Ausguck, die die Ziele finden. Und die wählen wir heute: Die Kirchenältesten. Sie müssen die Ziele finden; Menschen begeistern für ein fernes Land, das ist gar nicht so leicht. Unterwegs gibt es nur Schiffszwieback. Und beim besten Sonnenschein kann das Wetter umschlagen, und dann sieht man sich von dämonischen Wellen umgeben. Ich wünsche euch Kandidaten gute nautische Kräfte. In eurem Browser gibt es nach reformatorischer Erkenntnis nur die Bibel („to browse" heißt „schmökern"). Beim Schmökern entdeckt man immer wieder neue Lernfelder und Ziele. Habt Lust dazu! Der Kunstgottesdienst ist ein solches Lernfeld.

Ganz urprotestantisch könnte man sagen: „Luther liebte nicht nur die Musik als Kunstform, sondern auch die Bilder." Im Ausguck haben wir ein neues Ziel entdeckt: Diese Gottesdienstform mit der bildenden Kunst als Erkenntnismittel. Dank für diese Erkenntnis!

Seit unserem Reformationsfest am Mittwoch wissen wir, dass man beim Schmökern immer wieder neue Kombinationen und Lernfelder findet. „Lutherbonbon.de" beispielsweise: Wir geben Süßes. Das hat die Halloween-Depression aufgehellt. Vor unserer Kirche feiern Kinder mit Bonbons und lutherischem Thesenanschlag, das ist doch was! Da geht die Sonne über dem Wannsee auf. Land Ahoi!
SSSSSSSSSSSSSSSS ...

In deiner Betrachtung, Anneliese, drückst du die Faszination für das Spiel mit dem Licht aus. Durch wenige blaue Pinselstriche leuchtet es. *„Das Schiff, das sich Gemeinde nennt"* braucht den *Wind* und die *Sonne*, zwei „Schlüsselbegriffe" für *Geist* und *Christus*. Diese Fliesenbilder, die mich nun schon seit einiger Zeit umgeben, scheinen ganz schlicht dieses Spiel zwischen Licht und Dunkel auszudrücken: Christus, die Sonne, erleuchtet Menschen. Und die legen als Team Hand an und fischen im Dunkeln. Das dämonische Meer ist vielfältig, mal ein verführerisches Kuschelmonster, mal dunkel und undurchdringlich.

Das *Gemeindeschiff* ist in diesen Tagen sehr in Frage gestellt. Viele meinen, wir bräuchten *Leuchtschiffe*. Am besten alle gleich aussehend: *Region* ist das Zauberwort. Die Filiale sähe aus wie ein allen bekannter Supermarkt, so dass jeder, der in die Filiale kommt, sich sofort orientieren kann. Wir Kirchenältesten im Ausguck sind jedoch der Meinung, dass es auf die Einzigartigkeit jedes Gemeindeschiffes ankommt.

Auf diesem begrüßen wir dich, lieber Täufling. Dein Logbuch beginnt mit dem Spruch: „Bei dir ist die Quelle des Lebens und in deinem Lichte sehen wir das Licht." Licht und Erkenntnis mit dir zu suchen, hat Spaß gemacht. Und ich wünsche dir, dass du die Güte und die Weite des Glaubens, die in diesem Psalm zum Ausdruck kommen, in deinem Logbuch oder „Blog" niederlegst.

Ahoi, wir gehen auf weite Fahrt in die nächste Woche mit vielen Bibelfliesenbildem als Orientierung. Sie sind ja der Versuch, eine Geschichte im Alltag vor Augen zu stellen: Im Fliesenschild, in der Küche beim Zwiebelschneiden; im Flur, beim Schuhezubinden; im Bad, beim Zähneputzen. Da soll sie immer zu sehen sein: Sturmstillung.

Spiritualität im Alltag heißt dann: Trotz Sturm schenkt uns Gott ein stilles, sanftes Sausen (1. Könige 19,12). Wir sind an Bord, von seiner Sonne beschienen, aber als Team sind wir aufeinander angewiesen. Und wie in dem Boot damals kann seine Geste den Himmel öffnen oder schließen. Die Jünger haben es geschafft, nicht wie gebannt auf das sinkende Schiff zu starren, sondern den Blick zu wenden. Wenn diese das können, können wir das auch.

Und der Friede Gottes, welcher höher ist als all unsere Vernunft, bewahre unsere Herzen und Sinne in Christus Jesus. Amen.

Hinweise ■ Die Präsentation der Bilder von Bibelfliesen in der Kirche mit einem Beamer ist oft nicht hell genug. Hier kann man Abhilfe schaffen, indem man einen Overheadprojektor mit entsprechenden Folien verwendet. Dazu wird eine halbtransparente Wand aus Pergamentpapier aufgestellt und die Bilder werden von hinten darauf projiziert. Die Folien werden seitenverkehrt aufgelegt, so dass die Bilder auf der Vorderseite richtig zu sehen sind.

Für einen Kunstgottesdienst mit Bibelfliesen sind die Bibelfliesen-Bilder-Hefte sehr empfehlenswert, besonders Band 12 und 13. Sie enthalten sehr gute Beispiele, z.B. die Fliesenbilder „Die Heimkehr des verlorenen Sohns" oder „In Abrahams Schoß" (Heft 13, S. 21). Die Bibelfliese kann mit Folie und Projektor präsentiert werden. Man kann sie aber auch im Copy-Center auf 80 x 80 cm vergrößern lassen und in der Kirche auf einer Staffelei aufstellen.

Ein weiterer Kunstgottesdienst mit einer allgemeinen Einführung und Abbildungen zu den Bibelfliesen und mit einer Predigt zum „Kampf am Jabbok", 1. Mose 32,23-32, sind auf der Homepage zu finden.

Lehrerin i. R. Anneliese Swarzenski und Pfarrer Michael Raddatz, Evangelische Kirchengemeinde Berlin-Wannsee ■ **Kontakt**

Praxis-Bausteine

„Die Bibel: Bilder für die Seele - Worte fürs Herz"
Predigt als Bild-Meditation zu drei Bibelfliesen

Helmut Kirschstein

*Elia wird von den Raben ernährt, 1. Könige 17,6
(Fliesenbibel O 216, AT S. 399)*

Die Bibel ist ein Buch für Jung und Alt und für alle dazwischen.[1]

Es gibt wenige Bücher, von denen man *das* sagen kann. Naja, Harry Potter vielleicht ..., aber die Bibel ist eigentlich noch spannender – auf alle Fälle wichtiger für unser Leben!

Gut, dass es auch ganz besondere Kinderbibeln gibt. Aus einer Kinderbibel wird uns jetzt die Geschichte zu dieser Bibelfliese vorgelesen[2] (nach 1. Könige 17,1-6).

Elia war ein Prophet. Er war ein guter und frommer Mann, der genau auf Gott hörte und ihm gehorchte. Es war seine wichtige und schwierige Aufgabe, den Menschen zu erzählen, was Gott gesagt hatte. Oft wollten die Leute das aber gar nicht wissen und manchmal machte es sie auch wütend. Eines Tages schickte Gott Elia mit einer Botschaft zum König, der den Götzen Baal verehrte, statt Gott anzubeten. Viele im Volk taten dasselbe. Das machte Gott sehr traurig.

„Gott sagt: ‚Es wird keinen Regen oder auch nicht mal einen einzigen Tropfen Tau geben – mindestens zwei Jahre lang!'", sagte Elia.

---

1 Eröffnungsgottesdienst zum „Jahr der Bibel 2003" in der Evangelisch-lutherischen Ludgeri-Kirche Norden am 23. Februar 2003.
2 *Felicity Henderson/Chris Saunderson*, The Picture Script Bible, GB 2001 - deutsch (Deutsch von *Dorothee Dziewas*): Die total bunte Bibel für Kids, Wuppertal (R.Brockhaus) 2001, hier: S. 46 f.: „Elia und der wütende König".

252

Niemand überbringt einem König gerne schlechte Nachrichten – (Herrscher werden schnell wütend)! König Ahab wurde tatsächlich sehr wütend, als er von der Trockenheit hörte. Elia wusste, dass er in großer Gefahr war und dass er ein gutes Versteck brauchte.
Gott sagte ihm, er solle weit weg gehen und in der Wildnis an einem kleinen Fluss leben.
Gott versprach Elia, für ihn zu sorgen. Wasser konnte Elia aus dem Fluss trinken und sobald Elia sich ans Ufer gesetzt hatte, kamen ein paar Raben herbeigeflattert – mit Nahrung im Schnabel! Jeden Morgen und Abend brachten sie ihm zu essen.
„Ich kenne ja viele Menschen, die Vögel füttern", dachte Elia vergnügt, „aber nicht viele Vögel, die Menschen füttern."

Mal Hand aufs Herz, liebe Gemeinde, kannten Sie diese Geschichte vorher schon? „Elia am Bach Krit, auf der Flucht vor dem gottlosen König Ahab, wird auf Gottes Geheiß von den Raben ernährt": Kaum zu glauben, aber das ist das am meisten verbreitete Motiv aus dem Alten Testament – jedenfalls auf friesischen Bibelfliesen! Richtig populär muss diese Erzählung gewesen sein. Ich frage mich, warum?

Die Geschichte fängt ja böse genug an. Sie geht dann übrigens auch noch ziemlich blutrünstig weiter. König Ahab hatte wirklich eine knallharte Frau, wenn ich das mal so sagen darf, ein richtiges Satansweib, Isebel, die dafür sorgte, dass Tausende von Anhängern des Gottes Israels umgebracht wurden.

Ihren eigenen Mann hatte sie übrigens auch ganz gut im Griff – alles nachzulesen im 1. Buch der Könige, ab dem 17. Kapitel, „Sex and Crime" würden wir heute wohl dazu sagen – lesen Sie's mal nach!

Ich stelle mir vor: Solche Herrschaften kannte man nur allzu gut im alten Friesland. Solche, die den Glauben unterdrücken und den Menschen die Freiheit rauben wollen. Doch dann kommt einer, der traut sich was. Der stellt sich hin vor die Herrschaften und macht den Mund auf! Und sagt denen nicht nur seine Meinung, sondern sagt denen Gottes Wort. Das, was Gott von der ganzen Herrlichkeit hält. Aber so leicht lässt sich der Machtapparat nicht einschüchtern. Das Imperium schlägt zurück – und der tapfere Gottesmann muss fliehen und sich versteckt halten. Und jetzt kommt das Wunderbare – das ist ja wie im Märchen: Um den Machthaber in seine Schranken zu weisen, hält Gott Tau und Regen zurück, aber seinem aufrechten Streiter weist er den Weg zu einem Bach, der noch reichlich Wasser hat – auf unserem Bild strömt das Wasser nur so dahin und der Baum soll bestimmt an Psalm 1 erinnern: Wer gerecht ist und sich an Gottes Wort hält, „der ist wie ein Baum, gepflanzt an den Wasserbächen ". Der grünt und blüht.

Gott, der Schöpfer allen Lebens – der lässt sein Geschöpf nicht im Stich. Jedenfalls dann, wenn sich das Geschöpf vertrauensvoll an *ihn* hält. Gott wacht über den Gerechten, ER wacht über den, der das göttliche Wort tapfer und mutig weitersagt.

Ja, *Gott wacht über sein Wort* – und wenn er dazu die Raben zu Hilfe rufen müsste. So märchenhaft das klingt, es illustriert doch ganz wunderbar und unübertroffen anschaulich: *Sein Wort wirkt, und Menschen des Wortes werden bewacht und beschützt. Was für eine Ermutigung*!

Ja, ich glaube, diese Ermutigung, das ist der Grund für die Popularität dieser Geschichte. Die Geschichte von Elia und den Raben ist eine Mutmach-Geschichte.

Viele der Älteren unter uns haben bei ihrer Konfirmation bestimmt das alt bekannte Lied gesungen: „Mein Schöpfer, steh mir bei." Hier haben wir ein klassisches Bild für diesen „Beistand" des Schöpfers. Martin Luther hat das in seiner Erklärung zum 1. Glaubensartikel – die haben die meisten von uns noch auswendig lernen müssen! – das Bekenntnis zum Schöpfer genau so angelegt, als hätte er auch dieses Bild vor Augen gehabt:

„Ich glaube, dass mich Gott geschaffen hat samt allen Kreaturen, mir Leib und Seele, Augen, Ohren und alle Glieder, Vernunft und alle Sinne gegeben hat und noch erhält; ... mit allem, was not tut für Leib und Leben, mich reichlich und täglich versorgt, in allen Gefahren beschirmt und vor allem Übel behütet und bewahrt; ..."[3]

Wenn es sein muss: wie Elia durch die Raben.

Ich finde es gut, dass das mal so populär war. „Populus" heißt ja „Volk" – eine populäre Geschichte, eine biblische Geschichte *fürs Volk*, im Volk verankert. Ich wünsche mir, dass biblische Geschichten wieder so richtig populär werden in unserer Volkskirche. *Volkskirche* kann ja nur eine Kirche sein, in der die *Bibel populär* ist!

– *Gemeindegesang „Lobe den Herrn, o meine Seele"(EG 303)* –

Die Bibel – ein Buch für Jung und Alt und für alle dazwischen, habe ich

---

[3] Evangelisches Gesangbuch Niedersachsen/Bremen, Hannover 1994, Nr. 806.2.

„Die Bibel: Bilder für die Seele - Worte fürs Herz"

vorhin gesagt. Darum hören wir die berühmten Zehn Gebote – so, wie sie in der Lutherbibel stehen – aus dem Munde eines Menschen, dessen lange Lebenserfahrung sich bestimmt immer wieder mit diesen Worten verbunden hat (2. Mose 20,1-17):

„Ich bin der HERR, dein Gott, der ich dich aus Ägyptenland, aus der Knechtschaft, geführt habe. Du sollst keine anderen Götter haben neben mir.

Du sollst dir kein Bildnis noch irgendein Gleichnis machen, weder von dem, was oben im Himmel, noch von dem, was unten auf Erden, noch von dem, was im Wasser unter der

Die Übergabe des Gesetzes auf dem Berg Sinai, 2. Mose 20,18 (Fliesenbibel O 102, AT S. 103)

Erde ist: Bete sie nicht an und diene ihnen nicht! Denn ich, der HERR, dein Gott, bin ein eifernder Gott, der die Missetat der Väter heimsucht bis ins dritte und vierte Glied an den Kindern derer, die mich hassen, aber Barmherzigkeit erweist an vielen Tausenden, die mich lieben und meine Gebote halten.

Du sollst den Namen des HERRN, deines Gottes, nicht missbrauchen; denn der HERR wird den nicht ungestraft lassen, der seinen Namen missbraucht.

Gedenke des Sabbattages, dass du ihn heiligest.

Sechs Tage sollst du arbeiten und alle deine Werke tun. Aber am siebenten Tage ist der Sabbat des HERRN, deines Gottes. Da sollst du keine Arbeit tun, auch nicht dein Sohn, deine Tochter, dein Knecht, deine Magd, dein Vieh, auch nicht dein Fremdling, der in deiner Stadt lebt.

Denn in sechs Tagen hat der HERR Himmel und Erde gemacht und das Meer und alles was darinnen ist, und ruhte am siebenten Tage. Darum segnete der HERR den Sabbattag und heiligte ihn.

Du sollst deinen Vater und deine Mutter ehren, auf dass du lange

lebest in dem Lande, das dir der HERR, dein Gott, geben wird.
Du sollst nicht töten.
Du sollst nicht ehebrechen.
Du sollst nicht stehlen.
Du sollst nicht falsch Zeugnis reden wider deinen Nächsten.
Du sollst nicht begehren deines Nächsten Haus.
Du sollst nicht begehren deines Nächsten Weib, Knecht, Magd, Rind, Esel noch alles, was dein Nächster hat."

Gott redet – Mose empfängt sein Wort.
Offenbar kann Mose die überwältigende Nähe Gottes nur auf den Knien ertragen. Dass Gottes Nähe und Heiligkeit gewaltig sein kann, erschreckend, entlarvend, auch furchteinflößend wie ein verzehrendes Feuer, wie Blitz und Donner – auch das steht in den alten Geschichten geschrieben. Dem Menschen, der diese Fliese malte, war das in seiner Zeit bestimmt auch noch sehr bewusst.

Mose also ehrfürchtig auf den Knien, die beiden Steintafeln mit den Zehn Geboten in den Händen. Der Berg im Hochgebirge Sinai ist hier allerdings zu einem Geesthügel geworden, wie man ihn im Friesischen eben so kennt. Und die Abgrenzung, von der es heißt, Mose habe sie um den Berg ziehen lassen, damit das Volk sich dem überwältigenden Gott nicht nahe – es könnte ja umkommen, das oft so frevelhafte Volk, es könnte sich buchstäblich die Finger verbrennen an dieser Heiligkeit – die Abgrenzung sieht hier auch eher aus wie ein friesischer Weidezaun. Links und rechts die Zeltspitzen des israelischen Lagers – die erinnern auch eher an die Tipis der Indianer ... Aber was soll's, alles, was dem Fliesenmaler wichtig war, ist hier auf 13 x 13 cm vereint. Letztlich ist es eben doch der einsam kniende Mensch vor dem gewaltigen Gott, der hier das Bild beherrschen soll.

Ist das eigentlich himmlischer Regen, der da auf das dürre Land der Gottlosigkeit herabfällt? Auf den ersten Blick könnte es fast so scheinen. Aber es werden doch Strahlen des göttlichen Lichts sein, Zeichen des göttlichen Wortes vom Himmel herab. Später, im Neuen Testament, wird es heißen, Jesus sei auf einem Berg von einer lichten Wolke überschattet worden, aus der heraus habe Gott zu ihm gesprochen.

Hier spricht Gott sein Wort zu Mose. Der Himmlische offenbart dem Irdischen seinen Willen. Sein ewiges Wort – Weisung fürs Leben. Was damals auf einem einsamen Berg im Hochgebirge des Sinai geschehen sein soll, was hier auf einer Bibelfliese ins Friesische hineingeholt wird, hat seit Tausenden von Jahren die Menschen bewegt und die Gewissen geprägt, überall auf der Welt. Zehn Gebote – Zehn Weisungen, wie sich mit der Freiheit umgehen lässt, in die Mose das Volk ja führen soll – aus der ägyptischen Sklaverei heraus durch viele wüste Unwegsamkeiten hindurch ins versprochene Land. Ersehnt, erhofft, herbeigewünscht diese Freiheit, damals wie heute, wie von einem Teenager im Konfirmandenalter – und das ist ja ganz in Ordnung, dieser Wunsch, diese Sehnsucht.

Aber nur, wer sich Gottes Weisheit und Gottes Weisungen anvertraut, wird mit der Freiheit auch umgehen können – in jedem Lebensalter. Das gilt bis heute. Gerade in einer Zeit, in der die alten Werte zerbröseln und sich neue Weisheiten von einem Tag auf den anderen ändern: Gottes weise Worte sind und bleiben unumstößlich.

Auf den Knien empfangen – demütig ernstnehmen. Und das sage ich bewusst auch in einem so fröhlichen Gottesdienst: demütig ernstnehmen, ernster nehmen als alles andere, wenn diese genmanipulierbare Welt noch eine menschenwürdige Zukunft haben soll.

Ehrfurcht vor Gott – Ehrfurcht vor dem Leben: Beides gehört untrennbar zusammen, und beides ist in der Bibel zu lernen. Gott will das menschliche Miteinander bewahren und dem Vertrauen zwischen Menschen eine Chance geben: Darum warnen die Zehn Gebote vor Neid und übler Nachrede, vor allen räuberischen Übergriffen auf das, was dem andern gehört, vor der Zerstörung des engsten menschlichen Miteinanders in der Ehe, vor dem mörderischen Egoismus, der in Mord und Totschlag endet.

Gott warnt uns *um unserer Freiheit willen*: Niemals wieder sollen wir zu Sklaven werden, nichts und niemanden brauchen wir zu vergöttern, keiner Ideologie sollen wir mehr verfallen: keinem Nationalismus, keinem Kommunismus, und auch keinem globalen Kaufrausch. Dagegen haben wir Gottes Wort. Für unsere Freiheit: die Bibel.

So gesehen, ist es kein Wunder, dass *dieser* Mose populär war und seinen Platz im Zentrum des friesischen Hauses bekam. Da gehört er auch hin. Bis heute. Ob mit oder ohne Bibelfliese.

– Musikalisches Zwischenspiel –

Von Mose zu Jesus: in die Mitte des Lebens. Wir hören den Beginn der berühmten Bergpredigt, Matthäus 5, in der neueren Sprache der evangelisch-katholischen „Einheitsübersetzung" (Matthäus 5,1-12):

„Als Jesus die vielen Menschen sah, stieg er auf einen Berg. Er setzte sich, und seine Jünger traten zu ihm. Dann begann er zu

Die Bergpredigt, Matthäus 5,1-3 (Fliesenbibel N 40, NT S. 10)

reden und lehrte sie. Er sagte:
  Selig, die arm sind vor Gott; denn ihnen gehört das Himmelreich.
  Selig die Trauernden; denn sie werden getröstet werden.
  Selig, die keine Gewalt anwenden; denn sie werden das Land erben.
  Selig, die hungern und dürsten nach der Gerechtigkeit; denn sie werden satt werden.
  Selig die Barmherzigen; denn sie werden Erbarmen finden.
  Selig, die ein reines Herz haben; denn sie werden Gott schauen.
  Selig, die Frieden stiften; denn sie werden Söhne Gottes genannt werden.
  Selig, die um der Gerechtigkeit willen verfolgt werden; denn ihnen gehört das Himmelreich.
  Selig seid ihr, wenn ihr um meinetwillen beschimpft und verfolgt und auf alle mögliche Weise verleumdet werdet.
  Freut euch und jubelt: Euer Lohn im Himmel wird groß sein. Denn so wurden schon vor euch die Propheten verfolgt."
Jesus preist Menschen selig. Jesus eröffnet Menschen das Himmelreich. Gerade denen, die sonst nichts gelten und wenig wert sind. Denn, die es schwer haben, sagt er, denen steht der Himmel offen. Selig!
  Gut gemacht, heißt es doch sonst, wenn einer sich mit Ellbogen durchsetzt. Gut gemacht, wenn du Reichtümer ansparst und tagaus tagein deinen Spaß hast und dich vom Elend dieser Welt nicht allzu sehr irritieren lässt. Gut gemacht, wird es heißen, wenn der amerikanische Präsident seinen Krieg in kurzer Zeit durchzieht, ohne Rücksicht auf Verluste, bloß schnell, damit die Wirtschaft nicht allzu sehr leidet, und die Erträge aus der Ölförderung „winken" ja schon, gut gemacht. Die Informationspolitik darf da schon ein bisschen an der Wahrheit drehen, wie damals beim letzten Golfkrieg, aber ist das anders als bei anderen Kriegen? Gut gemacht, wird es heißen, wenn der Krieg am Ende bloß gewonnen ist.
  Jesus hat seine Jünger etwas anderes gelehrt, und alle, alle vor die sei-

ne Rede kam, – göttliches Wort – alle hätten es wissen können, immer schon, wenn sie's in der Bibel gelesen hätten, in der Antike und im Mittelalter und vor dem friesischen Kachelofen und sogar im Weißen Haus: Selig, die keine Gewalt anwenden. Selig, die hungern und dürsten nach der Gerechtigkeit. Selig die Barmherzigen. Selig, die Frieden stiften.

Jesus von Nazareth, der Bruder aller Menschen, der Herr aller Welt, unser Christus hat uns Christen das gelehrt. Hohe Werte – die höchsten der Menschheit. Wie damals Mose vom Berg herab Gottes Wort mitbrachte, in Stein gemeißelt für Ewigkeiten – so spricht Jesus hier auf einem Berg *sein* Wort.

Und wirklich, hier ist es eine bergige Landschaft, in die er sich gesetzt hat, um zu lehren, mehr noch: um den Menschen Gutes zuzusprechen: Selig! Keine Steintafeln, sondern Gottes Wort in mündlicher Rede, die zu Herzen geht, damals wie heute, Gottes Botschaft neu gesagt, Predigt des Wortes Gottes, Bibel aktuell.

Hier kniet keiner. Auch das ist kein Zufall. Aufrecht stehen die Jünger vor ihrem Herrn, hören von Angesicht zu Angesicht, was der Meister ihnen sagt – göttliche Weisung, revolutionär sogar, bis zum heutigen Tage geben diese Worte Raum für eine bessere Welt, bis zum heutigen Tage ist ihr Sinn auch nicht ansatzweise ausgeschöpft – aber sie sind ja von ewiger Wahrheit, diese Seligpreisungen und Wegweisungen und biblischen Hoffnungsräume – auch dann noch, wenn alle Diktatoren längst vom Wüstensand verweht sind und sich selbst große Völker für ihre ehemaligen Präsidenten schämen werden – dann, auch dann noch gilt die Bibel: Selig! Und wer weiß, vielleicht wird man dann im Osten wie im Westen auch das „alte Europa" selig preisen – wer weiß: vielleicht sogar das „alte Friesland", – wo man es besser als anderswo verstand, sich nicht die Buchstaben fundamentalistisch um die Ohren zu schlagen, sondern die *Bilder der Bibel im Geiste Jesu Christi zu Herzen zu nehmen.*

Ob es sich uns einbrennt, dieses „Selig!", dieser Zuspruch und Anspruch mitten in unserer „guten Stube", mitten in unserem Leben? Ob es sich uns einbrennt wie die Farbe in dieser wunderbaren Bibelfliese? Suchen und finden: Elia, Mose, Jesus – und durch sie bis zu uns Gottes Wort. In Geschichten verdichtet, pure Glaubenserfahrung, Hoffnungsschimmer der globalen Seligkeit. Unsere Bibel: Bilder für die Seele – Worte fürs Herz. Amen.

Es folgt Gemeindegesang: Lied „Herr, für dein Wort sei hoch gepreist"
(EG 196, 1+2, 5+6)

Praxis-Bausteine

Hinter dem Ofen hervor!
Überraschendes Warten auf Weihnachten[1]

Jan Janssen

Holländisch-friesische Fliesen. Küchenkunst? Wohnzimmerdekoration? Der heimische Herd, der bollernde Ofen, ein knisternder Kamin werden als Zentrum eines Hauses und seiner Wohngemeinschaft angesehen. Herd, Ofen, Kamin – in jedem Fall ein Stück Wärme, ein Ort der Ernährung, auch ein Treffpunkt zur Begegnung, zum Austausch, gegenseitiger Beratung und Hilfe.

Holländisch-friesische Fliesen können hinter dem Ofen hervor von Gottes Geschichte mit den Menschen erzählen. So erstrahlt mitten im Alltag warm und freundlich die Frohe Botschaft des Evangeliums. Und heute besonders die des Advents: Die Botschaft der Ankunft, des Besuchs Gottes bei den Menschen.

Lassen Sie sich ein wenig entführen auf einen Spaziergang mit zehn Stationen ausgewählter Motive holländisch-friesischer Fliesen.

Die Verkündigung der Geburt Jesu an Maria, Lk 1,26ff. (N6, BiBi Bd. 7, S. 7)

Der Evangelist Lukas beginnt sein vorweihnachtliches Erzählen mit der Verkündigung an Maria (Lk 1,28-31):

„Und der Engel kam zu ihr hinein und sprach: Sei gegrüßt, du Begnadete! Der Herr ist mit dir! Sie aber erschrak über die Rede und dachte: Welch ein Gruß ist das? Und der Engel sprach zu ihr: Fürchte dich nicht, Maria, du hast Gnade bei Gott gefunden. Siehe, du wirst schwanger werden und einen Sohn gebären, und du sollst ihm den Namen Jesus geben."[2]

---

1 Adventspredigt zu Motiven der Fliesenbibel anlässlich eines Adventsempfanges der Ev.-Luth. Kirche in Oldenburg am 4. Dezember 2008 in St. Lamberti, Oldenburg. Dazu hingen zehn Bibelfliesen zu Advent und Weihnachten, vergrößert in der Lambertikirche.
2 Bibelzitate aus: Die Bibel nach der Übersetzung Martin Luthers. Bibeltext in revidierter Fassung von 1984, hrsg. v. der Evangelischen Kirche in Deutschland, Stuttgart 1999.

Hin- und hergerissen ist Maria zwischen Überwältigung und Akzeptanz, zwischen dem Erschrecken und dem *Fürchte dich nicht!* – Das *Fürchte dich nicht!* ist übrigens ein Lieblingssatz des Lukasevangeliums.
Selbst der Engel, dieser Nachrichtensprecher Gottes, scheint ganz aufgeregt zu sein. Oder will er sein Gegenüber gleich umarmen?

Über allem schwebt eine Taube als Zeichen des Heiligen Geistes. Im Geiste Gottes begegnen sich himmlische und irdische Geschöpfe.

Und Maria? Angelehnt, kniend, die Hände aneinandergelegt – sie mag kaum hinsehen. Hört sie erst mal genau hin oder zeigt sie angemessene Verlegenheit, wenn die Nachricht heißt: *Menschenkind, du hast Gnade gefunden bei Gott?*

Gott lässt sich schon in der Ankündigung des Kindes ganz auf das Menschsein ein. Gott zeigt seine Treue: *Fürchte dich nicht!*

Die Frau, die Unbekannte, ein Menschenkind, bietet nichts weiter als Vertrauen, indem sie ein einfaches „Ja" sagt.

Lukas erzählt weiter vom Besuch Marias bei Elisabeth (Lk 1,39-41a):
„Maria aber machte sich auf in diesen Tagen und ging eilends in das Gebirge zu einer Stadt in Juda und kam in das Haus des Zacharias und begrüßte Elisabeth. Und es begab sich, als Elisabeth den Gruß Marias hörte, hüpfte das Kind in ihrem Leibe."

Am Anfang stehen die Frauen. Und mit ihnen steht am Anfang die Freude über die Nachricht vom neuen Leben. Am Ende werden es wieder die Frauen sein, die als die Ersten am Grab die Nachricht vom Auferstandenen, vom neuen Leben erhalten.

Links ist Elisabeth zu sehen, die alte Frau, die Frau des jüdischen Priesters Zacharias, rechts Maria, die junge Frau, die Gefährtin des Zimmermanns aus Nazareth.

Der Besuch Marias bei Elisabeth, Lk 1,39ff. (N7, BiBi Bd. 7, S. 11)

Im Zentrum steht die innige Umarmung der beiden Frauen, eine Begegnung der Generationen, ein Austausch zwischen Tradition und Erneuerung, ein Ineinander von Gottes vertrauten und Gottes ungewöhnlichen Wegen.

Herzstück ist die innige Bewegung der Frauen, die sichtbar gemacht wird durch die Hand der einen Frau auf dem Bauch der anderen, ausgelöst durch ein Kinderhüpfen, einen leisen, kleinen Luftsprung eines Kindes – aus Freude. In solcher menschlichen Nähe wird Gottes Wirken spürbar.

Lukas wendet sich der Erzählung von der Geburt Jesu zu (Lk 2,4-7): „Da machte sich auf auch Josef aus Galiläa, aus der Stadt Nazareth, in das jüdische Land zur Stadt Davids, die da heißt Bethlehem, weil er aus dem Hause und Geschlechte Davids war, damit er sich schätzen ließe mit Maria, seinem vertrauten Weibe; die war schwanger. Und als sie dort waren, kam die Zeit, dass sie gebären sollte. Und sie gebar ihren ersten Sohn und wickelte ihn in Windeln und legte ihn in eine Krippe; denn sie hatten sonst keinen Raum in der Herberge."

Die Geburt Jesu – Josef und Maria in Anbetung bei der Krippe, Lk 2,7 (Fliesenbibel N 11, NT S. 96)

Das Ganze geschieht – so sehen wir es links durch die Stalltür – draußen vor den Mauern der Stadt. Denn Bethlehem – eine Stadt mit großem Namen – hat für die Gäste in einer solchen Lebenslage keine Herberge zu bieten. Selbst der Esel im Hintergrund scheint sich nur für die große Futterkrippe zu interessieren.

Im Mittelpunkt steht Maria in tatkräftiger Aktion. Das wird selten so dargestellt. Sie schaut weder ins rosige Kindergesicht noch faltet sie die Hände. Just hält sie die Windel in der Hand, um ihr nacktes Kind zu schützen und zu wickeln. Dabei blickt sie Josef an, als würde sie dem unerfahrenen Mann Anweisungen geben.

Und das Kind selbst? Der Kopf wendet sich von den Eltern schon ab, weitblickend suchen seine Augen den Weg nach draußen vor das Tor. Es schaut zur offenen Tür. Der Sohn Davids wird nicht nur für seine Eltern geboren. Er sehnt sich geradezu nach der Begegnung mit uns Menschen über alle Grenzen und Türschwellen hinweg.

Lukas berichtet von der Verkündigung an die Hirten (Lk 2,8-11):
„Und es waren Hirten in derselben Gegend auf dem Felde bei den Hürden, die hüteten des Nachts ihre Herde. Und der Engel des Herrn trat zu ihnen, und die Klarheit des Herrn leuchtete um sie; und sie fürchteten sich sehr. Und der Engel sprach zu ihnen: Fürchtet euch nicht! Siehe, ich verkündige euch große Freude, die allem Volk widerfahren wird; denn euch ist heute der Heiland geboren, welcher ist Christus, der Herr in der Stadt Davids."

Wer ist damit eigentlich gemeint: *alles Volk*? Da muss es doch Grenzen geben: Zulassungskriterien, Genehmigungen. Wir erfahren jedenfalls, wo *alles Volk* anfängt: Die Hirten sind die Allerletzten.

Die Verkündigung an die Hirten, Lk 2,8ff. (N 12, BiBi Bd. 7, S. 15)

Aber hier dürfen sie die Ersten sein. Die Klarheit Gottes, die über ihnen aufleuchtet, reißt sie aus ihrer Bequemlichkeit. Der Himmel öffnet sich und ein Engel erscheint. Seine Hände stellen den Kontakt her: einladend seine Rechte, wegweisend seine linke Hand. Der eine Hirte links lehnt sich noch an, der andere will sich schützen vor dem Licht. Gott macht ihnen klar: Keine *Furcht* mehr, sondern *große Freude*!

Und Lukas erzählt eine Nachgeschichte – die oft vergessen wird – die Geschichte von der Beschneidung Jesu (Lk 2,21):
„Und als acht Tage um waren und man das Kind beschneiden musste, gab man ihm den Na-

Die Beschneidung Jesu, Lk 2,21 (N 14, BiBi Bd. 7, S. 21)

263

men Jesus, wie er genannt war von dem Engel, ehe er im Mutterleib empfangen war."

Wann ist die Geschichte von der Geburt eigentlich zu Ende? Schon wenn die Hirten wieder auseinanderlaufen? Oder die Eltern all das Gesagte in ihren Herzen bewegen?

Nein, auch das gehört noch zur Geschichte Gottes mit diesem Menschenkind: Eine Familie im Tempel, der Besuch des Gotteshauses, weil es seit Generationen zum Lebensrhythmus gehört, weil man Gutes gewohnt ist, weil man Vertrautes pflegt.

Hier beschneidet der Priester den Sohn. Das ist seit Abrahams Zeiten das Zeichen des Bundes Gottes mit seinem Volk. Der Apostel Paulus stellt die Verwandtschaft zwischen Beschneidung und Taufe heraus: Gott knüpft – von Anfang an – einen Bund mit uns in der Taufe.

Und auch dieses Kind bekommt nun seinen Namen: Jesus, Jeschua, „Gott rettet". Der große Leuchter deutet die Brücke zu Christus als dem Licht der Welt an. Von Anfang an ist Jesus als Brückenbauer zwischen Juden und Christen zu sehen.

Die zweite vorweihnachtliche Geschichte erzählt der andere Evangelist Matthäus. Er beginnt mit Josefs Traum (Mt 1,18-20): „Als Maria, seine [=Jesus] Mutter, dem Josef vertraut war, fand es sich, ehe er sie heimholte, dass sie schwanger war von dem Heiligen Geist. Josef aber, ihr Mann, war fromm und wollte sie nicht in Schande bringen, gedachte aber, sie heimlich zu verlassen. Als er das noch bedachte, siehe, da erschien ihm der Engel des Herrn im Traum und sprach: Josef, du Sohn Davids, fürchte dich nicht, Maria, deine Frau, zu dir zu nehmen; denn was sie empfangen hat, das ist von dem Heiligen Geist."

Ein Engel erscheint Josef, Mt 1,18-20 (Fliesenbibel N 9, NT S. 4)

Nun also noch ein Blick in die andere Weihnachtsgeschichte. Beide Fassungen kennen Engel, dort in der Begegnung, hier im Traum. Beide erzählen von einer wundersamen Geburt.

Aber Matthäus beginnt mit einem Konflikt. Dem gestandenen Josef kommen Zweifel. Der tatkräftige Zimmermann wird durch den Korb voller Handwerkszeug, der links zu sehen ist, charakterisiert. Selbst das edle, stabil gebaute Bett deutet auf sein Können hin. Mit Holz kann er eben umgehen.

Aber die Zweifel sind ein Problem für diesen Josef, der immer kein Wort sagt. Er scheint sich abzuwenden, will's gar nicht wissen, verliert sich in Gedanken. Aber der aufgeregt flatternde Engel stimmt ihn um. Vielleicht war's auch nur seine innere Stimme, auf die Verlass ist. Und dann geschieht es: Josef steht zu Maria. Schweigend zeigt er seine Treue. Respekt für diesen Mann!

Matthäus erzählt weiter von den Weisen auf dem Weg (Mt 2,1-2):

Die Weisen auf dem Weg nach Bethlehem, Mt 2,9 (N 16, BiBi Bd. 7, S. 25)

„Als Jesus geboren war in Bethlehem in Judäa zur Zeit des Königs Herodes, siehe, da kamen Weise aus dem Morgenland nach Jerusalem und sprachen: Wo ist der neugeborene König der Juden? Wir haben seinen Stern gesehen im Morgenland und sind gekommen, ihn anzubeten."

Ja, dies ist die andere Erzählung der Weihnachtsgeschichte. Bei Lukas sind es die heruntergekommenen Hirten, und bei Matthäus die wohlhabenden Weisen. Erst die Überlieferung hat sie zu drei Königen gemacht.

Dort die verkündenden Engel, hier der wegweisende Stern. Aber hier wie dort machen sich Menschen auf den Weg, vertrauen den Stimmen, ob laut oder leise, brechen auf, erkunden Neuland.

Die Weisen fragen Herodes nach dem neugeborenen König, Mt 2,1ff. (N 15, BiBi Bd. 7, S. 23)

265

Allerdings, nach großer Harmonie sehen die Drei nicht aus. Sind sie voneinander abgewandt? Schon im Streit oder noch im Gespräch? Betend oder eher händeringend?

Sie suchen den *neugeborenen König*. Vielleicht ahnen sie, was ihm droht: der große Konflikt.

Im Hintergrund links ist vielleicht schon eine Andeutung zu erkennen. Ein schmales Kreuz als Vorzeichen für das Ende dieses königlich beschenkten Kindes? Und doch werden sie ihre Hoffnung auf dieses Kind setzen.

Matthäus berichtet, wie Herodes die Weisen befragt (Mt 2,7-9):
„Da rief Herodes die Weisen heimlich zu sich und erkundete genau von ihnen, wann der Stern erschienen wäre, und schickte sie nach Bethlehem und sprach: Zieht hin und forscht fleißig nach dem Kindlein; und wenn ihr's findet, so sagt mir's wieder, dass auch ich komme und es anbete."

Im Hintergrund die große Stadt, im Vordergrund der prächtige Palast. Drei Weise huldigen dem König Herodes. Drei, die ohne Kopfbedeckung die Ehre erweisen. Einer, der lässig sein Zepter schwingt und es doch herrisch auf sie richtet.

Das weihnachtliche Kind ist nirgends zu sehen. Und doch muss es sich zwischen den Zeilen schon auseinandersetzen mit Machtspielen und Intrigen, Betrug und Bedrohung.

Diese wahrhaft weisen Männer durchschauen die Gier und Besessenheit. Sie lassen sich nicht für Herodes' politische Interessen in den Dienst nehmen; auch ihre Kenntnisse und Forschungsergebnisse nicht. Es werden brave Intellektuelle gewesen sein. Doch an dieser einen kleinen und so wichtigen Stelle zeigen sie zivilen Ungehorsam.

Weiter erzählt Matthäus, wie die Weisen nun dem Kind begegnen (Mt 2,10f.):

Die Anbetung der Weisen, Mt 2,11 (Fliesenbibel N 17, NT S. 5)

Hinter dem Ofen hervor!

„Als sie den Stern sahen, wurden sie hocherfreut und gingen in das Haus und fanden das Kindlein mit Maria, seiner Mutter, und fielen nieder und beteten es an und taten ihre Schätze auf und schenkten ihm Gold, Weihrauch und Myrrhe."

Zur Freude der Hirten kommt die Freude der Weisen. Ihre Suche kommt ans Ziel. Das macht Hoffnung: Auch unser Suchen wird finden!

Bei alledem scheint das Bild ins Rutschen zu geraten – ob darum der Boden so abschüssig dargestellt ist? Das verstärkt die Bewegung hin zum Kind. Es ist, als wenn die sogenannten Könige herunter müssen von ihrer höheren Ebene.

Im Hintergrund sind Reittiere und Waffen erkennbar. Sind dies die Symbole der Reisenden von weither oder die des drohenden Herodes und seiner Truppen?

Diese Welt gerät durch die Geburt des Gotteskindes bei den Armen ins Rutschen. Gold, Weihrauch und Myrrhe stehen für die Schätze der Welt. Wir erfahren nie wieder etwas von ihnen. Auf wundersame Weise haben die Drei wohl Einzug gefunden bei uns - in unserer gegenseitigen Freude am Schenken und Beschenktwerden.

Matthäus erzählt noch etwas, das oft übersehen wird (Mt 2,13-14): die Flucht nach Ägypten.

„Als sie aber hinweggezogen waren, siehe, da erschien der Engel des Herrn dem Josef im Traum und sprach: Steh auf, nimm das Kindlein und seine Mutter mit dir und flieh nach Ägypten und bleib dort, bis ich dir's sage; denn Herodes hat vor, das Kindlein zu suchen, um es umzubringen. Da stand er auf und nahm das Kindlein und seine Mutter mit sich bei Nacht und entwich nach Ägypten." Der schweigsame, tatkräftige Mann hört noch einmal auf Gottes Wort und packt an. Vor drohender Lebensgefahr bringt er sich und seine beiden in Sicherheit. Das

Ruhe auf der Flucht nach Ägypten, Mt 2,14 (Fliesenbibel N 22, NT S. 6)

267

mag durch den Schatten des Lasttieres, in den sich die Drei drücken, angedeutet sein. Auch die einsame Steppe mit einem tropischen Baum deutet den Zufluchtsort an.

Der Esel – kein weiteres Wort von ihm in der ganzen Weihnachtsgeschichte – wird am Ende wieder gebraucht: beim Einzug in Jerusalem, um Jesus als leidensbereiten und bejubelten König in die Stadt zu tragen.

Wie Lukas ordnet auch der Evangelist Matthäus Jesus in die Geschichte seines Volkes ein. Jesus vollzieht als Kind schon die Erfahrung Israels nach, flieht nach Ägypten und wird wieder zurückkommen aus Ägypten, aus dem Ort des Hungers und der Sklaverei.

So wird Gott Mensch, indem er unser Leben von Anfang an mit allen Höhen und Tiefen durchläuft, in einem Menschenkind, auf dessen Geburtstag wir uns sehr freuen.

So kann Gottes Wort *hinter dem Ofen hervor*kommen. So sendet Gott uns vom heimischen Herd in unseren Alltag und in die Welt. Damit wir weitersagen, dass Gott treu zum Menschen steht, dass er barmherzig mit uns ist. Amen.

D. Grundlegende Materialien und Ressourcen

Unterrichten, Aktionen, Projekte, Predigten – sie alle müssen gut vorbereitet werden. In diesem Teil des Buches werden dazu grundlegende Ressourcen genannt und vorhandene Hilfsmittel für die Vorbereitung und Durchführung aufgeführt.

„Die Fliesenbibel" wird in einem Artikel von *Hannegreth Grundmann* im Blick auf ihre Entstehung, den Text und die Bilder dargestellt. Hinweise zum Einsatz der in der Fliesenbibel vorhanden Materialien führen in den praktischen Umgang mit ihr ein.

Ein *„Verzeichnis von Bibelfliesen-Abbildungen"* wurde von *Frauke Indenbirken, Elfi Perrey, Kurt Perrey* und *Heiko Wilts* erarbeitet. Darin werden – in der Abfolge der biblischen Bücher – alle Bibelstellen aufgeführt, zu denen in der Fliesenbibel eine Bibelfliese vorhanden ist. Es werden die Fundorte in der Fliesenbibel, aber auch in weiteren Veröffentlichungen angegeben.

Zu diesem Buch gibt es eine eigene *Internet-Homepage – www.bibelfliesen.de*. Dazu wird aufgelistet, was man auf der Homepage an Bibelfliesen und Unterrichtsmaterialien finden und für den eigenen Gebrauch herunterladen kann.

Eine *„Kommentierte Literaturauswahl"* von *Gottfried Adam* nennt Basis-Veröffentlichungen zum Thema Bibelfliesen und weist auf einige Veröffentlichungen zur vertiefenden Lektüre hin.

Die Fliesenbibel

Entstehung – Text – Bilder – Hinweise

Hannegreth Grundmann

Die Fliesenbibel, das „Buch der Bücher mit den Bibelfliesen", ist ein umfängliches Werk von 1.503 Seiten. In ihr sind rund 600 Abbildungen historischer Bibelfliesen zu finden. Die Fliesenbibel ist die grundlegende Ressource für das Arbeiten mit Bibelfliesen in Familie, Schule, Gemeinde und Öffentlichkeit.

1. Entstehung und Textgestalt

Im Jahr 2003 begann das Norder Bibelfliesenteam, sich auf die Suche nach historischen Bibelfliesen zu begeben. Das Ergebnis war zunächst die Wanderausstellung „Mit Bibelfliesen durch die Bibel". Später folgte das Projekt der Fliesenbibel.[1] Idee und Projektleitung lagen bei *Kurt Perrey*, die fliesenkundlichen Erläuterungen wurden von *Jan Pluis* bereitgestellt. Der Evangelisch-lutherische Kirchenkreis Norden ließ sich auf die Idee ein und hat in Kooperation mit dem Norder Bibelfliesenteam und der Ostfriesischen Bibelgesellschaft im Jahr 2008 die Fliesenbibel herausgegeben.[2] 2012 wurde bereits eine zweite ergänzte und korrigierte Auflage nötig.

Das Standardwerk von *Jan Pluis* „Bijbeltegels/Bibelfliesen"[3] ist dabei für die Fliesenbibel grundlegend. In diesem Werk hat der Autor bibli-

---

[1] Einen achtseitigen Bericht zu ihrer Entstehungsgeschichte verfasste *Dirk Ortgies*, Von der Lachtaube zur Fliesenbibel, www.fliesenbibel.de.
[2] Fliesenbibel. Gute Nachricht Bibel. Das Buch der Bücher mit den Bibelfliesen. Altes und Neues Testament mit ausgewählten Spätschriften des Alten Testaments (Apokryphen) und biblischen Darstellungen auf Fliesen seit dem 17. Jahrhundert, Risius-Verlag Weener 2008, 2. ergänzte und korrigierte Auflage 2012 (ISBN 978-3-88761-103-3; Preis: 34,90 Euro).
[3] *Jan Pluis*, Bijbeltegels/Bibelfliesen. Biblische Darstellungen auf niederländischen Wandfliesen vom 17. bis zum 20. Jahrhundert, Münster 1994.

sche Darstellungen auf niederländischen Wandfliesen vom 17. bis zum 20. Jahrhundert abgebildet und katalogisiert. *J. Pluis* hat zusammen mit zehn deutschen und niederländischen Bibelfliesensammlerinnen und -sammlern die abgebildeten Darstellungen ausgesucht.

Den Text der Fliesenbibel bildet die „Gute Nachricht Bibel". Die Übersetzung hat den Anspruch, ohne besondere Vorkenntnisse und zusätzliche Erklärungen für alle Menschen verständlich zu sein. Mit ihr ist 1982 der erste vollständige deutsche Bibeltext erschienen, der in Zusammenarbeit von evangelischer und katholischer Kirche sowie von Freikirchen entstanden ist. Auf den Seiten 399 bis 401 werden Intention dieser Übersetzung und die Vorgehensweise bei der Erstellung näher erläutert.

2. Bilder und Hinweise

Die Bibelfliesen stellen die eigentliche Besonderheit der Fliesenbibel dar. Zu den Texten des Alten Testaments werden 319 und zu denen des Neuen Testaments 273 Abbildungen geboten.[4] Nach den Texten des Neuen Testaments sind auf den Seiten 404 bis 440 die Beschreibungen zu den einzelnen Abbildungen abgedruckt. Dabei werden die Bibelfliese mit Nummer und Thema, Bibelstelle, Herstellungsort, Zeit und sofern bekannt der Maler und die Vorlage angegeben.

Für den praktischen Umgang mit der Fliesenbibel sei auf Folgendes hingewiesen:

Die Auflistung der Bibelfliesen erfolgt nach dem Standardwerk von Jan Pluis und seiner Zählweise. Dabei steht

„O" für Altes Testament (O für niederländisch „Oude" = Altes) und „N" für Neues Testament (N für niederländisch „Nieuwe" = Neues).

Für das *Auffinden der einzelnen Bibelfliese* in der Fliesenbibel ist eine Übersicht hilfreich. Diese ist für das Alte Testament auf S. 454-455 und für das Neue Testament auf S. 456-457 zu finden.

Alle Abbildungen von Bibelfliesen sind in digitalisierter Form auf der Homepage www.bibelfliesen.de aufrufbar. Sie können für die eigene religionspädagogische Arbeit ohne Kosten heruntergeladen und verwendet werden.

---

4 Dazu kommen auf S. 441 bis 452 insgesamt 28 Abbildungen, durch die der Zusammenhang von Vorlagen und korrespondierenden Fliesenbildern verdeutlicht wird. Auf S. 403 werden die wichtigsten graphischen Quellen aufgelistet.

Verzeichnis von Bibelfliesen-Abbildungen

Erarbeitet von Frauke Indenbirken/Elfi Perrey/Kurt Perrey/Heiko Wilts

Zusammenstellung aller Bibelstellen (in der Reihenfolge der biblischen Bücher), zu denen es Abbildungen von Bibelfliesen gibt, mit der Angabe der Veröffentlichungen bzw. Dateien, in denen diese Fliesen zu finden sind.

Bifli-Nr. = Bibelfliesen-Nummer; FliBi = Fliesenbibel 2. Auflage 2012; AK = Ausstellungskatalog „Mit Bilderfliesen durch die Bibel" 2010; BiBi = „Bibelfliesen-Bilder"-Band...; Pl = Pluis: „Bijbeltegels – Bibelfliesen" 1994 (Neben der angegebenen Seite bei Pluis finden sich mitunter Bilder auch auf den folgenden Seiten.)

Die Abbildungen in FliBi, AK und BiBi können von der Homepage www.fliesenbibel.de heruntergeladen werden.

Bei den Evangelien Matthäus, Markus, Lukas und Johannes ist auf Paralleltexte zu achten!

Bibelstelle	Text-Überschrift	Bifli. Nr.	FliBi AT. S.	AK S.	BiBi Bd./S.	Pl. S.
1. Mose 1, 2	Gottes Geist schwebt über dem Wasser	0	0	13		3/5
1. Mose 1, 12-13	Die Erschaffung der Pflanzen	0	1	13		231
1. Mose 1, 16-19	Die Erschaffung der Sonne, des Mondes…	0	2	14		231
1. Mose 1, 21-23	Die Erschaffung der Vögel	0	3	14		231
1. Mose 2, 7	Adam im Paradies	0	4	15	6	6/5	231
1. Mose 2, 19-20	Adam gibt den Tieren einen Namen	0	5	15		232
1. Mose 2, 21-22	Die Erschaffung von Eva	0	6	16		16/5	233
1. Mose 3, 6	Adam und Eva im Paradies - der Sündenfall	0	7	16	7	5/5	235
1. Mose 3, 24	Die Vertreibung aus dem Paradies	0	8	17	8	1/5	185 234 768.16 760.5
1. Mose 3, 16-19	Der Mensch wird von Gott bestraft	0	9	17 NT441		241
1. Mose 4, 1-2	Die erste Familie	0	10	18		5/7, 5/9	241
1. Mose 4, 4-5	Das Opfer von Kain und Abel	0	11	18		10/5	242
1. Mose 4, 4	Das Opfer von Abel	0	12			11/7	243
1. Mose 4, 5	Das Opfer von Kain	0	13				243 176
1. Mose 4, 8	Kain erschlägt Abel	0	14	18	9		244 191 768.1 768.2
1. Mose 4, 14	Kains Flucht	0	15	18			245
1. Mose 5, 24	Henoch fährt gen Himmel	0	16	20			246

Verzeichnis von Bibelfliesen-Abbildungen

Bibelstelle	Text-Überschrift	Bifli. Nr.	FliBi AT. S.	AK S.	BiBi Bd./S.	Pl. S.
1. Mose 7, 7-9	Die Tiere gehen in die Arche	0 17	21	10	3/7,6/7 14/5	247
1. Mose 7, 17-19	Die Sintflut	0 18	21		3/9,8/5 11/9	247
1. Mose 8, 19	Die Tiere verlassen die Arche	0 19	22			248
1. Mose 8, 20	Noachs Dankopfer	0 20	22			249
1. Mose 9, 12-13	Gottes Bund mit Noach	0 21	23	11		250
1. Mose 9, 21-23	Sem und Jafet bedecken Noachs Blöße	0 22	24			250 768.5
1. Mose 11, 3-5	Der Turmbau zu Babel	0 23	25		8/7	251 183
1. Mose 12, 5	Abram geht nach Kanaan	0 24	26			251
1. Mose 13, 9	Abram und Lot trennen sich	0 25	27			252
1. Mose 14, 18-20	Abrams Begegnung mit Melchisedek	0 26	28 646			252
1. Mose 16, 7-9	Der Engel des Herrn schickt Hagar zurück zu Sarai	0 27	30		16/7	253
1. Mose 18, 1-3	Abraham begrüßt die drei Engel	0 28	31			253 768.4
1. Mose 18, 8-10	Abraham und Sara wird ein Sohn versprochen	0 29	31		1/7	254
1. Mose 19, 1-2	Zwei Engel besuchen Lot	0 30	33			255
1. Mose 19, 10-11	Die beiden Engel schützen Lot	0 31	33			255
1. Mose 19, 15-16	Lot wird von den Engeln aus Sodom weggeführt	0 32	34			256
1. Mose 19, 23-26	Lot entkommt der Zerstörung v. Sodom und…	0 33	34	12	1/9	256 768.1
1. Mose 19, 26	Lots Weib ist zur Salzsäule geworden	0 34	35	13	10/7 14/7	257
1. Mose 19, 31-33a	Lot und seine Töchter	0 35	35			258 768.5
1. Mose 19, 33b	Lots Gemeinschaft mit einer Tochter	0 36	35			259
1. Mose 20, 14	Abraham bekommt seine Frau Sara wieder	0 37	36			259
1. Mose 21, 14	Die Vertreibung von Hagar	0 38	37			260
1. Mose 21, 15-19a	Hagar in der Wüste mit Ismael	0 39	37		1/11 5/11	262 173 768.3 768.5
1. Mose 22, 6-8	Abraham und Isaak	0 40	38		10/9	264
1. Mose 22, 9-13	Abrahams Opfer	0 41	38 NT442 NT443			265 768.9 768.6
1. Mose 23, 14-16	Abraham und Efron	0 42	39			270
1. Mose 24, 16-17	Eliezer begegnet Rebekka	0 43	40		6/9	270 768.4
1. Mose 24, 18	Rebekka läßt Eliezer trinken	0 44	41		14/9	270
1. Mose 24, 22	Rebekka empfängt Schmuck von Eliezer	0 45 0 46	41			271 216 271
1. Mose 25, 9-10	Abraham wird bei Sara begraben	0 47	43		13/5	271
1. Mose 25, 29-34	Esau verkauft sein Erstgeburtsrecht	0 48	44	15		272 179
1. Mose 26, 26-28	Abimelech besucht Isaak	0 49	45			272
1. Mose 27, 27-28	Isaak segnet Jakob	0 50	46		10/11	272

273

Grundlegende Materialien und Ressourcen

Bibelstelle	Text-Überschrift	Bifli. Nr.	FliBi AT. S.	AK S.	BiBi Bd./S.	Pl. S.
1. Mose 27, 34.39-40	Esau will auch gesegnet werden	0 51	46			273
1. Mose 28, 11-13	Jakobs Traum	0 52	48 Nt 444		1/13 8/9	273 188 197
1. Mose 29, 10	Jakob begegnet Rahel	0 53	49	16		275
1. Mose 29, 11	Jakob küsst Rahel	0 54	49		14/11	275 193
1. Mose 31, 11-13	Jakob soll nach Kanaan zurückkehren	0 55 0 56	52	17	1/15	275 277
1. Mose 32, 25-26	Jakob ringt mit dem Engel	0 57	54	18	1/17 2/5 11/11	278 768.6
1. Mose 32, 27-30	Jakob bittet den Engel um seinen Segen	0 58	55			279
1. Mose 33, 3-4	Jakob versöhnt sich mit Esau	0 59 0 60	55		5/13	279 180 189 279
1. Mose 37, 5-8	Josef erzählt seinen Traum von den Korngarben	0 61	59			280
1. Mose 37, 9-11	Josef erzählt seinen Traum von Sonne, Mond…	0 62	59			280
1. Mos.37, 23-28a	Josef wird aus der Grube gezogen	0 63	60	19	5/15	281 179
1. Mose 37, 28b	Josef wird verkauft	0 64	60			282
1. Mose 37, 31-34	Josefs Gewand wird Jakob gezeigt	0 65	61			283
1. Mose 37, 35	Jakobs Kinder trösten ihren Vater	0 66	61		13/7	283
1. Mose 38, 14-18	Juda und Tamar	0 67	62		16/9	283 181 183 768.4
1. Mose 39, 11-12	Potifars Frau versucht, Josef zu verführen	0 68	63	20		284 768.1 768.5
1. Mose 39, 17-18	Die falsche Anschuldigung von Potifars Frau	0 69	63			284
1. Mose 40, 5, 16-19	Josef erklärt Träume im Gefängnis	0 70	64			285 180 768.1
1. Mose 41, 25-27	Josef erklärt die Träume des Pharaos	0 71	65			286
1. Mose 41, 42-43	Josef Unterkönig von Ägypten	0 72	66			286
1. Mose 42, 1-3	Jakobs Söhne gehen nach Ägypten	0 73	67			286
1. Mose 42, 6-8	Josefs Brüder am ägyptischen Hof	0 74	67			287
1. Mose 43, 32-33	Josef lässt für seine Brüder eine Mahlzeit auftragen	0 75	70		17/11	287
1. Mose 44, 11-12	Der silberne Becher wird in Benjamins Sack…	0 76	70			287 178
1. Mose 45, 2-4	Josef gibt sich seinen Brüdern zu erkennen	0 77	71			288
1. Mose 46, 29	Josef begegnet seinem Vater	0 78	73			288
1. Mose 47, 7	Jakob vor dem Pharao	0 79	74			288
1. Mose 48, 17-19	Jakob segnet Josefs Söhne	0 80	76	21		288
2. Mose 1, 22	Der Tod der israelitischen Knaben	0 81	79		13/9	289
2. Mose 2, 1-4	Mose im Körbchen	0 82	80	22	3/11 5/17 14/13	289 176

Verzeichnis von Bibelfliesen-Abbildungen

Bibelstelle	Text-Überschrift	Bifli. Nr.	FliBi AT. S.	AK S.	BiBi Bd./S.	Pl. S.
2. Mose 2, 5-6	Mose wird von der Tochter des Pharaos gefunden	O 83	80	23	3/13 5/19	289 179 180 187
(nach Flavius Josephus 2, 26)	Mose tritt auf die Krone des Pharaos	O 84	81			292
2. Mose 2, 11-12a	Mose erschlägt einen Ägypter	O 85	81			292
2. Mose 2, 12b	Mose begräbt den Ägypter	O 86 O 87	81			293 293
2. Mose 3, 1-2	Der brennende Dornbusch - der Engel des Herrn...	O 88	82			294
2. Mose 3, 4-6	Der brennende Dornbusch - Mose kniet v. dem...	O 89	82			294 175 189 768.1
2. Mose 4, 1-4	Mose und die Schlange	O 90	83			297
2. Mose 4, 18-26	Mose u Zippora mit ihren Kindern Gersom u. Elieser	O 90a				565 (1891)
2. Mose 5, 10-14	Die Zwangsarbeit wird erschwert	O 91	85			297
2. Mose 7, 10-13	Aarons Stab wird in eine Schlange verwandelt	O 92	87			297
2. Mose 8, 2	Die zweite ägyptische Plage - die Frösche	O 93	88			298
2. Mose 12, 11	Die Einsetzung des Passafestes	O 94	92	24		298
2. Mose 12, 29-30	Die zehnte ägyptische Plage - der Tod der...	O 95	94		13/11	298
2. Mose 12, 37	Der Auszug aus Ägypten	O 96	94			299
2. Mose 14, 26-27	Der Durchzug durch das Schilfmeer	O 97	97 NT445		3/15	299 182 768.4 223
2. Mose 16, 11-13	Die Wachteln fallen vom Himmel	O 98	99			299
2. Mose 16, 16-17	Das Manna fällt vom Himmel	O 99	99		8/11	300 768.2
2. Mose 17, 4-6	Mose schlägt Wasser aus dem Felsen	O 100 O 101	100			300 180 301
2. Mose 20, 18	Die Übergabe des Gesetzes auf dem Berg Sinai	O 102	103			301 185
2. Mose 31, 18	Mose empfängt die steinernen Tafeln	O 103	116	25		301 768.2 768.3
2. Mose 32, 1-4	Das goldene Kalb - die Anbetung	O 104	117			302
2. Mose 32, 5-6a	Das goldene Kalb - die Opfer	O 105	117			303
2. Mose 32, 6b	Der Tanz um das goldene Kalb	O 106	117		15/7	303
2. Mose 32, 17-19	Mose zerschmettert die steinernen Tafeln	O 107	118	26		303 178
2. Mose 34, 1. 4-5	Gottes Bund mit Israel	O 108	120			304
2. Mose 34, 29-32	Mose zeigt die neuen steinernen Tafeln	O 109	121	27		304
2. Mose 40, 29	Aaron als Priester bei der Stiftshütte	O 110	127			305
3. Mose 10, 1-2	Der Tod von Nadab und Abihu	O 111	137			306
3. Mose 24,10-11a	Ein Gotteslästerer wird vor Mose geführt	O 112				306
3. Mose 7, 11-13	Die Opfergaben bei der Einweihung der Stiftshütte	O 113				307
4. Mose 12, 5. 10-11	Mirjam wird mit Aussatz bestraft	O 114	170		16/11	307

275

Grundlegende Materialien und Ressourcen

Bibelstelle	Text-Überschrift	Bifli. Nr.	FliBi AT. S.	AK S.	BiBi Bd./S.	Pl. S.
4. Mose 13, 23	Die Kundschafter	O 115	171	28	9/9	308 226
4. Mose 21, 8-9	Die kupferne Schlange	O 116	181		17/17	308 186
4. Mose 22, 22-24	Bileam und die Eselin	O 117	182	29	1/19 6/11 11/13	309 227
4. Mose 25, 7-8	Pinhas durchbohrt einen Israeliten und...	O 118				310
5. Mose 5, 3-6	Mose erinnert Israel an die Zehn Gebote	O 119	203	30		310
5. Mose 34, 1-5	Moses Tod	O 120	235		13/13	310
Josua 2, 4-5.15-16	Rahab verbirgt die Kundschafter	O 121	238			311
Josua 4, 5-7	Die Gedenksteine zu Gilgal	O 122	240			311
Josua 5, 13-15	Josua kniet vor dem Anführer des Heeres des Herrn	O 123	241			311
Josua 6, 20	Der Fall von Jericho	O 124	242		15/34	311
Josua 10, 12-13	‚Sonne, steh still über Gibeon'	O 125	247			312
Josua 10, 26	Josua lässt fünf Könige hängen	O 126	247			312
Josua 24, 25-28	Josua schließt einen Bund in Sichem	O 127	262			312
Richter 1, 6-7	Adoni-Besek wird bestraft	O 128	263			312
Richter 4, 6-7	Barak bei Debora	O 129	267		16/13	313
Richter 4, 20-21	Jaël tötet Sisera	O 130	268			313
Richter 4, 22	Jaël zeigt den getöteten Sisera	O 131	268			313
Richter 6, 20-21	Gideon und der Engel	O 132	270			313
Richter 6, 36-37	Gideons Vlies	O 133	271			314
Richter 6, 38	Gideon wringt das Vlies aus	O 134	271			314
Richter 7, 5-6	Gideon lässt das Volk bis zum Wasser hinabsteigen	O 135	272			314
Richter 7, 19+20	Gideons nächtlicher Überfall	O 136				315
Richter 11, 1-2	Die Verstoßung von Jiftach	O 137	277			315
Richter 11, 14-15	Jiftachs Boten bei dem König von Ammon	O 138	278			316
Richter 11, 32	Jiftachs Kampf gegen die Ammoniter	O 139	279			317
Richter 11, 34-35	Jiftachs Heimkehr	O 140	279		15/32 15/33	317 201 216
Richter 11, 36-38	Die Bitte von Jiftachs Tochter	O 141	280			319
Richter 11, 39	Jiftachs Tochter wird geopfert	O 142	280			319
Richter 13, 19-20	Manoachs Opfer	O 143	281			319
Richter 14, 6	Simson zerreißt einen Löwen	O 144	282	31	6/13	320 179 194
Richter 14, 18	Simsons Rätsel wird gelöst	O 145	283			321
Richter 15, 4-5	Simson steckt das Korn in Brand	O 146	283		10/13	322
Richter 15, 14-15	Simson erschlägt tausend Philister	O 147	284			322
Richter 15, 17-19	Simson bekommt Wasser zu trinken	O 148	284			322
Richter 16, 3a	Simson trägt die Türen des Stadttores von Gaza...	O149a	285		2/9	323
Richter 16, 3b	Simson legt die Türen auf den Gipfel des Berges...	O149b	285			323
Richter 16, 18-19	Delila lässt Simsons Haare abschneiden	O 150	286	32		324 194
Richter 16, 28-30	Simson lässt den Tempel von Dagon einstürzen	O 151	287			325
Richter 17, 3-6	Der levitische Priester beim Abgottbild Michas	O151a	287			325
Richter 21, 23	Der Mädchenraub von Schilo	O 152	293			325
Rut 1, 15-17a	Rut und Noomi	O 153	295		16/15	325

276

Verzeichnis von Bibelfliesen-Abbildungen

Bibelstelle	Text-Überschrift	Bifli. Nr.	FliBi AT. S.	AK S.	BiBi Bd./S.	Pl. S.
Rut 2, 4-7	Boas fragt seinen Knecht, wer Rut ist	O 154	296			326
Rut 2, 8-9	Boas nähert sich Rut	O 155	296			326
Rut 2, 10-11	Rut kniet vor Boas	O 156	297			326 196
Rut 2, 15-16	Rut wird von Boas bevorzugt	O 157				327
Rut 3, 6-7	Rut bei Boas auf der Tenne	O 158	298			327
1. Samuel 1, 7-8	Elkana und seine beiden Frauen	O 159	301			328
1. Samuel 2, 11	Samuel als Tempeldiener bei Eli	O 160	303			328
1. Samuel 3, 16-18	Eli fragt Samuel aus	O 161	304			328
1. Samuel 4, 14-18	Elis Tod	O 162	305			328
1. Samuel 5, 4	Die Bundeslade bei den Philistern	O 163	306			329
1.Samuel 5,6	Die Strafe für die Philister	O 164				330
1. Samuel 6, 10-12	Die Rückkehr der Bundeslade	O 165	307			330
1. Samuel 9, 3	Saul sucht die Eselinnen seines Vaters	O 166	309			331
1. Samuel 9, 17-20	Samuel begrüßt Saul mit viel Ehrerbietung	O 167	310			331
1. Samuel 10, 1	Samuel salbt Saul	O 168	311			331
1. Samuel 15, 18-19	Samuel bestraft Saul	O 169	318		11/15	332
1. Samuel 15, 27-28	Von Samuels Mantel wird ein Zipfel abgerissen	O 170	318			332
1. Samuel 15, 32-33	Samuel tötet Agag	O 171	319			332
1. Samuel 16, 12-13	David wird zum König gesalbt	O 172	320			333
1. Samuel 17, 34-36	David prahlt mit seinem Mut	O 173	322			333
1. Samuel 17, 48-50	David und Goliat	O 174	322			334 185 188
1. Samuel 17, 51	David schlägt Goliat den Kopf ab	O 175	323			334
1. Samuel 17, 54	David mit dem Haupt von Goliat	O 176	323			335
1. Samuel 18, 6-7	Davids Sieg wird mehr gefeiert als der von Saul	O 177	324			335
1. Samuel 18, 10	David spielt vor Saul auf der Zither	O 178	324		15/12	335
1. Samuel 18, 11	Saul wirft mit dem Speer nach David	O 179	325		15/13	336
1. Samuel 20, 16-17	Der Bund zwischen David und Jonatan	O 180	327			336
1. Samuel 20, 35-36	Jonatan schießt einen Pfeil ab	O 181	328		2/13	336 768.3
1. Samuel 20, 41-42	David und Jonatan verabschieden sich	O 182	328			337
1. Samuel 21, 10	David bekommt vom Priester Ahimelech Schaubrote	O 183	329	33		337
1. Samuel 24, 11-12	David schont Sauls Leben	O 184	332	34		337
1. Samuel 25, 23-25	Abigajil und David	O 185	333		17/15	338 187 768.7
1. Samuel 26, 12	David nimmt Saul den Speer und den Krug weg	O 186	335			338
1. Samuel 26, 22	David zeigt Saul Speer und Krug	O 187				339
1. Samuel 28, 12-14	Saul bei der Hexe von Endor	O 188	337 NT 446		16/17	339
1. Samuel 31, 4-5	Sauls Tod	O 189	340			339
2. Samuel 3, 27	Joab und Abischai töten Abner	O 190	344			339
2. Samuel 5, 3	David wird zum König über ganz Israel gesalbt	O 191	346			340 768.4
2. Samuel 11, 2-4a	Batseba	O 192	351		10/15	340
2. Samuel 12, 7-9	Natan bestraft David	O 193	352 610			341
2. Samuel 12, 16-17	Davids Gebet	O 194	353			342
2. Samuel 13, 9b-12	Amnon und Tamar	O 195	354		10/17 16/19	342

Grundlegende Materialien und Ressourcen

Bibelstelle	Text-Überschrift	Bifli. Nr.	FliBi AT. S.	AK S.	BiBi Bd./S.	Pl. S.
2. Samuel 14, 4-5	Die Frau aus Tekoa bei David	0 196	356			342
2. Samuel 16, 5b-7	Schimi verflucht David	0 197	359			342
2. Samuel 18, 9	Abschalom bleibt in einem Baum hängen	0 198	362			343
2. Samuel 18, 14-15	Abschaloms Tod	0 199	362			343
2. Samuel 20, 9-10a	Joab tötet Amasa	0 200	366			344
2. Samuel 24, 16-17	Davids Schuldbekenntnis	0 201	371			344
1. Könige 1, 28-31	David bestätigt Salomo als Thronfolger	0 202				344
1. Könige 2, 20-21	Batseba übermittelt die Bitte von Adonija	0 203	376			344
1. Könige 3, 25-27	Salomos Urteil	0 204	378		11/17	345 768.2
1. Könige 6, 7	Salomos Tempelbau	0 205	381			348
1. Könige 8, 22-23	Die Einweihung des Tempels	0 206	384			348
1. Könige 10, 1-2	Die Königin von Saba zu Besuch bei Salomo	0 207	387			349
1. Könige 11, 5-8	Salomos Abgötterei	0 208	389			349
1. Kön. 11, 29c-31	Jerobeam begegnet dem Propheten Ahija	0 209	390			349 187
1. Könige 12, 6-7	Rehabeam bei den alten Beratern	0 210	391			350
1. Könige 13, 4	Jerobeams Abgötterei	0 211				350
1. Kön. 13, 23-24a	Der Prophet von Juda wird von einem Löwen getötet	0 212	394	35		351
1. Könige 13, 24b	Der Löwe und der Esel bei der Leiche des…	0 213	394			351
1. Könige 14, 7-12	Das Urteil über Jerobeams Haus	0 214	395			351
1. Könige 17, 1	Elijas Nachricht an Ahab	0 215	399			352
1. Könige 17, 6	Elija wird von den Raben ernährt	0 216	399	36	6/15 8/13 9/11	352 174 183 190 207 768.3 768.4
1. Könige 17, 10	Elija und die Witwe von Sarepta	0 217	399			353 186 768.5
1. Könige 17, 19-20	Elija und der tote Sohn der Witwe	0 218	400			354
1. Könige 17, 23-24	Elija gibt der Witwe den auferweckten Sohn zurück	0 219	400			354
1. Könige 18, 17-18	Elija beschuldigt Ahab der Abgötterei	0 220	401			355
1. Könige 18, 27-28	Elija und die Propheten von Baal	0 221	402			355
1. Könige 18, 37-38	Elijas Gebet wird mit Feuer beantwortet	0 222	402		11/19	355
1. Könige 18, 44	Elija wartet auf Regen	0 223	403			356
1. Könige 19, 5-6a	Der Engel weckt Elija	0 224	403	37		356 197 768.5
1. Kön. 21, 20b-24	Elija begegnet Ahab beim Weinberg von Nabot	0 225	407			357
1. Könige 22, 34-35	Der Tod von Ahab	0 226	409			357
2. Könige 1, 15	Elija und die Boten von König Ahasja	0 227	412			357
2. Könige 2, 11	Elijas Himmelfahrt	0 228	412		14/17	357 184 768.1 768.2
2. Könige 2, 13-15a	Elischa schlägt mit Elijas Mantel auf das Wasser	0 229	413			359
2. Könige 2, 19-22	Elischa macht das Wasser in Jericho gesund	0 230	413			359

Verzeichnis von Bibelfliesen-Abbildungen

Bibelstelle	Text-Überschrift	Bifli. Nr.	FliBi AT. S.	AK S.	BiBi Bd./S.	Pl. S.
2. Könige 2, 23-24a	Elischa wird von den Kindern von Bet-El verspottet	O 231	414			359
2. Könige 2, 24b	Die Bären zerreißen die Kinder von Bet-El	O 232	414			360
2. Könige 4, 1-2	Eine arme Witwe bittet Elischa um Hilfe	O 233	416			360
2. Könige 4, 5-6	Das Öl der Witwe wird vermehrt	O 234	416			361
2. Könige 5, 14	Naaman wird durch Baden im Jordan geheilt	O 235	419		17/9	361
2. Könige 9, 32-33	Der Tod von Isebel	O 236	425			361
2. Könige 9, 35-36	Die Überreste von Isebel	O 237	425			362
2. Könige 11, 20	Joasch wird von Joscheba gerettet	O 238	428			362
2. Könige 12, 19	Secharja wird gesteinigt	O 239	429			362
2. Könige 13, 15-17	Joasch an Elischas Sterbebett	O 240	430			363
2. Könige 13, 20-21	Ein Toter wird wieder lebendig	O 241	431			363
2. Könige 18, 3-4a	Hiskija zerstört die Götzenheiligtümer	O 242	437			363
2. Könige 18, 4b	Hiskija lässt die Kupferschlange zerschlagen	O 243	437	38		364
2. Könige 19, 35-36	Sanheribs Heer wird von einem Engel zerschlagen	O 244	440			364
2. Könige 20, 1-3	Hiskijas Krankheit	O 245	441			364
2. Könige 20, 9-11	Das Zeichen des Herrn von Hiskijas Heilung	O 246	441			364
2. Könige 21, 17	Manasse demütigt sich	O 247	443			364
2. Könige 22,8-10	König Joschija liest das wiedergefundene Bundesb.	O 248				364
Nehemia 4, 9	Der Wiederaufbau der Tore und der Stadtmauer...	O 249	533			365 768.5
Nehemia 4, 10-12	Die Fortsetzung des Wiederaufbaus der Stadtmauer Jerusalems	O 250	533 NT 447			365 768.10
Nehemia 8, 16-17	Das Laubhüttenfest	O 251	537			365
Ester 5, 1-2	Ester erscheint ungerufen vor König Artaxerxes	O 252	548			366 178 204
Ester 6, 1-3	König Artaxerxes lässt sich aus den Chroniken...	O 253	549			366
Ester 6, 11	Haman lässt Mordechai über den Platz reiten	O 254	550			366
Ester 7, 4	Hamans List entdeckt	0254a	550			
Ester 8, 2-4	Artaxerxes begünstigt Ester und Mordechai	O 255	551			367
Ijob 1, 4	Das Festmahl von Ijobs Söhnen	O 256	555			368
Ijob 1, 5	Ijobs Brandopfer	O 257	555			368
Ijob 1, 13-17	Ijobs Schicksalsschläge	O 258	556			368
Ijob 2, 7-10	Ijob wird vom Satan mit Geschwüren geschlagen	O 259	557			368
Ijob 2, 11-13	Ijob und seine Freunde	O 260	557	39		370
Ijob 42, 8b-9	Ijob legt Fürbitte für seine drei Freunde ein	O 261	580			371
Ijob 42, 10-11	Ijob wird aufs Neue geehrt	O 262	580			371 191
Psalm	König David als Psalmdichter	O 263	584		15/11	371 204 219
Psalm 37, 14-15	Der Gottlose und der Aufrechte	O 264	601			373
Sprüche 22, 26-27	Der gefühllose Gläubiger	O 265	681			373
Das Hohelied Salom	Das Hohelied Salomos	O 266	702			373
Hohelied 2,7	Wechselgesang zwischen Braut u. Bräutigam	O 267				373
Jesaja 6, 1-7	Die Berufung von Jesaja	O 268	711			374
Jeremia 1, 11-14	Die Berufung von Jeremia	O 269	763	40		374
Jeremia 21, 3-5	Jeremia sagt die Verwüstung von Jerusalem vorher	O 270	786			374
Jeremia 28, 10-11	Hananja zerbricht Jeremias Joch	O 271	794			374

Grundlegende Materialien und Ressourcen

Bibelstelle	Text-Überschrift	Bifli. Nr.	FliBi AT. S.	AK S.	BiBi Bd./S.	Pl. S.
Jeremia 38. 1-6	Gefangennahme von Jeremia	0 272				374
Jeremia 38, 12-13	Jeremia wird aus der Zisterne gerettet	0 273	807			375
Jeremia 38, 17-18	Jeremias zweites Gespräch mit Zidkija	0 274	807			375
Ezechiël 1, 15-16; 2, 9-10	Ezechiëls Vision	0 275	835			375
Ezechiël 24, 16b-17	Ezechiël verbietet dem Volk die Totentrauer	0 276	859			375
Ezechiël 37, 7-8	Ezechiël im Tal der dürren Totengebeine	0 277	872		13/15	375
Daniel 1, 12-15	Daniel und seine drei Freunde am babylonischen...	0 278	887			376
Daniel 1, 18-19	Daniel und seine drei Freunde vor Nebukadnezzar	0 279	888			376
Daniel 2, 31-34	Daniel erklärt den Traum von Nebukadnezzar	0 280	889			376
Daniel 3, 3-6	Das goldene Standbild von Nebukadnezzar	0 281	890		15/35	376
Daniel 3, 24-25	Die drei jungen Männer im Feuerofen	0 282	891			377
Daniel 4, 30	Nebukadnezzar wird verstoßen	0 283	892			377 768.3
Daniel 5, 5	Die Schrift an der Wand	0 284	894			378
Daniel 6, 11-12	Daniel wird im Gebet gefunden	0 285	895			378
Daniel 6, 20-23	Daniel in der Löwengrube	0 286	896		6/17	378 174
Daniel 7, 2-3	Daniels Traumgesicht von den vier Tieren	0 287	897			380
Jona 1, 2-3a	Jonas Berufung und Flucht	0 288	929			380
Jona 1, 15-16	Jona wird in das Meer geworfen	0 289	930		14/19	380 768.2
Jona 2,11	Jona wird an Land gespien	0 290	930		3/17 5/21 6/19 9/13	381
Jona 3, 3-4	Jona predigt in Ninive	0 291	931		17/13	382
Jona 4, 5-6	Jona und der Wunderbaum	0 292	931			382 205
Sacharja 6, 1-6	Das achte Gesicht von Sacharja - die vier Wagen	0 293	956			383
	Die Propheten Jesaja, Jeremia und Ezechiël	0 294	966			383
	Die Propheten David, Daniel und Elija	0 295	966			384
	Die Propheten Elischa, Jona und Obadja	0 296	966			384 181
	Die Propheten Amos, Sacharja und Maleachi	0 297	966			384
Tobit 1, 3	Tobit erzählt seinen Lebenslauf	0 298	969			384
Tobit 2, 9-10a	Tobit wird blind	0 299	971			384 768.4
Tobit 5, 17	Tobias ist reisefertig	0 300	975			385
Tobit 6, 1-3	Tobias fängt einen großen Fisch	0 301	975	41	1/21	305 768.6
Tobit 6, 4-5	Tobias und der Engel unterwegs	0 302	976	42	1/23 9/15	386 768.1
Tobit 8, 1-4	Tobias und Sara im Brautgemach	0 303	978			387
Tobit 11, 10-13	Tobit kann wieder sehen	0 304	981			389
Tobit 12, 16-21	Rafael verlässt Tobit und die Seinen	0 305	982			390
Judit 2, 4-6	Nebukadnezzar sendet Holofernes aus	0 306	986 NT 448			391
Judit 10, 22-23	Judit wird von Holofernes empfangen	0 307	994			391
Judit 13, 7-8	Judit enthauptet Holofernes	0 308	998		10/19	391
Judit 13, 9-10a	Judit steckt den Kopf von Holofernes in einen Sack	0 309	998			391 204
1. Makk. 2, 23-24	Mattatias tötet einen jüdischen Götzendiener	0 319	1006			400

Verzeichnis von Bibelfliesen-Abbildungen

Bibelstelle	Text-Überschrift	Bifli. Nr.	FliBi AT. S.	AK S.	BiBi Bd./S.	Pl. S.
DanZ (B) 19-21	Susanna wird von den beiden Ältesten bedrängt	O 310	1041	43		392 191
DanZ (B) 45-48	Daniel ficht das Urteil über Susanna an	O 311	1042			395
DanZ (B) 61-62	Die Ankläger von Susanna werden gesteinigt	O 312	1043			396 768.2
DanZ (C) 6-9	Daniel mit dem König in Bels Tempel	O 313	1043			398
DanZ (C) 13-14	Bels Tempelboden wird mit Asche bestreut	O 314	1044			398 192 205
DanZ (C) 15	Die Priester bei Nacht in Bels Tempel	O 315	1044	44		399
DanZ (C) 16-20	Der Betrug von Bels Priestern wird entdeckt	O 316	1045			399
DanZ (C) 22	Daniel zerstört Bel und seinen Tempel	O 317	1045			399
DanZ (C) 23-27	Der Drache von Babylon	O 318	1045			400

Bibelstelle	Text-Überschrift	Bifli. Nr.	FliBi NT. S.	AK S.	BiBi Bd./S.	Pl. S.
	Der Evangelist Matthäus	N 1	3			400 180
Matthäus 1, 18-20	Ein Engel erscheint Josef	N 9	4		7/9	405
Matthäus 2, 7-8	Die Weisen fragen Herodes nach dem … König	N 15	4	47	7/23	411
Matthäus 2, 9	Die Weisen auf dem Wege nach Betlehem	N 16	4		7/25 9/17	411
Matthäus 2, 11	Die Anbetung der Weisen	N 17	5, 2	48	7/27	412
Matthäus 2, 13	Die zweite Erscheinung eines Engels bei Josef	N 20	5			413
Matthäus 2, 14	Die Flucht nach Ägypten	N 21	6 449	49	5/25 6/23 7/33 9/19	413 182 768.4 768.7
Matthäus 2, 14	Ruhe auf der Flucht nach Ägypten	N 22	6		14/23	416
Matthäus 2, 16	Der Kindermord in Betlehem	N 23	6		5/27 7/35 13/17	416
Matthäus 2, 19-21	Die Rückkehr aus Ägypten	N 24	234			417
Matthäus 3, 16	Die Taufe Jesu im Jordan	N 27	7	51	3/19 6/25 8/17	419
Matthäus 4, 3	Die Versuchung in der Wüste	N 28	8	52	11/21	420 183 188 195
Matthäus 4, 8-10	Die Versuchung auf dem Berge	N 29	8			421
Matthäus 4, 11	Jesus wird von Engeln bedient	N 30	8			421
Matthäus 4, 18	Jesus sieht Simon und Andreas das Netz auswerfen	N 31	9		3/21	421
Matthäus 4, 19-20	Die Berufung der ersten Jünger - Simon und…	N 32	9		3/23	422 190
Matthäus 4, 21-22	Die Berufung der ersten Jünger - Johannes und…	N 33	9			422
Matthäus 4, 17	Das erste Auftreten von Jesus	N 37	8			426
Matthäus 5, 1-3	Die Bergpredigt	N 40	10		12/11	427 768.4
Matthäus 7, 3	Der Splitter und der Balken	N 77	13	66		448 182 188 208 768.7

281

Grundlegende Materialien und Ressourcen

Bibelstelle	Text-Überschrift	Bifli. Nr.	FliBi NT. S.	AK S.	BiBi Bd./S.	Pl. S.
Matthäus 7, 13-14	Der breite und der schmale Weg	N 78	14			449
Matthäus 7, 17	An den Früchten erkennt man den Baum	N 79	14			449
Matthäus 8, 5-8	Die Heilung des Dieners des Hauptmanns zu ...	N 138	15	77	8/21 17/25	478 185
Matthäus 8, 23-27	Jesus stillt den Sturm auf dem See	N 140	16	78	3/25 14/27	480 160
Matthäus 8, 30-33	Die beiden Besessenen von Gadara werden geheilt	N 141	16			481 189
Matthäus 9, 9	Die Berufung von Matthäus	N 38	17			426
Matthäus 9, 20-22	Die Heilung der blutflüssigen Frau	N 142	18 452	79	11/29 12/31 16/27 17/27	481 178 768.2
Matthäus 9, 27-31	Die Heilung von zwei Blinden	N 144	18	80	17/29	484
Matthäus 9, 32-33a	Die Heilung eines Besessenen	N 145	19		17/31	485
Matthäus 10, 5-7	Die Aussendung der zwölf Apostel	N 48	19	57	12/13	432
Matthäus 10, 30-31	Jesus ermutigt die Apostel	N 55	20			438
Matthäus 11, 2-3	Johannes sendet seine Jünger zu Jesus	N 41	21			428
Matthäus 11, 3-6	Die Heilung eines Tauben	N 152	21		17/33	492 181
Matthäus 12, 1-4	Die Jünger pflücken Ähren am Sabbat	N 39	23			427
Matthäus 12, 12-14	Die Heilung des Mannes mit der verdorrten Hand	N 137	23		17/23	478 768.3
Matthäus 13, 2	Jesus predigt von einem Schiff aus	N 47	25			432
Matthäus 13, 3b-4	Der Sämann	N 80	25		9/23	450
Matthäus 13, 25	Das Unkraut unter dem Weizen	N 81	26			450
Matthäus 13, 32	Das Senfkorn	N 82	26			451
Matthäus 13, 33	Der Sauerteig	N 83	27			451
Matthäus 13, 44	Der Schatz, der im Acker verborgen ist	N 84	27			451 182
Matthäus 13, 45-46	Die kostbare Perle	N 85	28			451
Matthäus 13, 47-49	Das Fischnetz	N 86	28			452
Matthäus 14, 6-7	Salome tanzt vor Herodes	N 42	29		2/17 15/30	428 179
Matthäus 14, 15-20a	Die Speisung der Fünftausend	N 146	29			486
Matthäus 14, 28-31	Jesus, der über den See von Galiläa geht, rettet...	N 148	30	82	3/27	488 190 768.3
Matthäus 15, 24-28	Die kanaanäische Frau	N 149	31	83	16/29	491
Matthäus 15, 14	Ein Blinder wird von einem Blinden geführt	N 87	31			452
Matthäus 16, 18-19	Jesus überreicht Petrus die Schlüssel	N 49	33	58	8/23	432 768.6 768.7
Matthäus 17, 1-3	Die Verklärung auf dem Berge	N 53	33 360 451			434
Matthäus 17, 27	Petrus findet eine Silbermünze im Maul eines ...	N 153	34			492
Matthäus 18, 1-3	Jesus stellt das Kind als Vorbild hin	N 60	35		5/31	441
Matthäus 18, 25-27	Der unbarmherzige Gläubiger - die Freigebigkeit...	N 90	36	68		456
Matthäus 18, 28	Die Kleinlichkeit des Knechts	N 91a	36			456
Matthäus 18, 32	Die Kleinlichkeit des Knechts wird bestraft	N 91b	37			456
Matthäus 19, 13-14	Jesus segnet die Kinder	N 61	37		5/33	441

Verzeichnis von Bibelfliesen-Abbildungen

Bibelstelle	Text-Überschrift	Bifli. Nr.	FliBi NT. S.	AK S.	BiBi Bd./S.	Pl. S.
Matthäus 19, 21-22	Der reiche Jüngling	N 62	38			442
Matthäus 20, 1-2	Die Arbeiter im Weinberg - ein Herr wirbt Arbeiter an	N 116	39			471
Matthäus 20, 8-9	Die Arbeiter empfangen ihren Lohn	N 117	39			471
Matthäus 20, 20-21	Die Mutter der Söhne des Zebedäus	N 63	40		8/25	442 768.6
Matthäus 21, 28-30	Die zwei ungleichen Söhne	N 118	42			471
Matthäus 20, 29-34	Die Blindenheilung bei Jericho	N 159	40			495 175
Matthäus 21, 8-9	Der Einzug in Jerusalem	N 161	41	86	2/21 4/5 6/35 15/21	496 2 768.15 768.5
Matthäus 21, 12-13	Jesus vertreibt die Händler aus dem Tempel	N 162	41		4/7	498
Matthäus 21, 19	Die Verfluchung des Feigenbaumes	N 163	42			498
Matthäus 21, 37-39	Die ungerechten Winzer	N 119	43		10/27	472
Matthäus 22, 13	Der Gast ohne Hochzeitsgewand wird bestraft	N 119a	44			472
Matthäus 22, 19-22	Die Frage nach der kaiserlichen Steuer	N 65	44	62		444 184
Matthäus 22, 36-40	Die Frage nach dem wichtigsten Gebot	N 66	45			444
Matthäus 23, 37	Jesu Klage über Jerusalem	N 59	47			440
Matthäus 24, 1-2	Jesus weissagt die Zerstörung des Tempels	N 68	47			445
Matthäus 24, 28	Das Aas und die Geier	N 69	48			445
Matthäus 24, 40	Zwei Männer werden auf dem Acker sein	N 120	48			472
Matthäus 24, 41	Zwei Frauen werden mit der Mühle mahlen	N 121	49			472
Matthäus 24, 43	Der Dieb in der Nacht	N 97	49			459
Matthäus 25, 6	Die zehn Jungfrauen beim Kommen des Bräutigams	N 123	50			472
Matthäus 25, 7-10	Die fünf klugen Jungfrauen werden…	N 124	50			4734 188 768.5
Matthäus 25, 11-12	Die fünf törichten Jungfrauen werden abgelehnt	N 125	51			473
Matthäus 25, 14-18	Die Talente - der dritte Diener vergräbt das eine…	N 126	51			473
Matthäus 25, 19	Die Talente - die Rückkehr des Herrn	N 127	51			473 193
Matthäus 25, 20	Die Talente - Rechenschaft… mit den fünf Talenten	N 128	51			474
Matthäus 25, 24-25	Die Talente - Abrechnung…mit dem einen Talent	N 129	52			474
Matthäus 25, 30	Die Talente - der unnütze Diener wird bestraft	N 130	52			474
Matthäus 25, 31-33	Vom Weltgericht	N 70	52 398			445
Matthäus 25, 35a	Die Werke der Barmherzigkeit: Das Speisen der…	N 71	52	63	12/19	446
Matthäus 25, 35b	Das Tränken der Durstigen	N 72	53	64		446
Matthäus 25, 35c	Das Beherbergen der Obdachlosen	N 73	53		12/21	447 191
Matthäus 25, 36a	Das Kleiden der Nackten	N 74	53		12/23	447
Matthäus 25, 36b	Das Besuchen der Kranken	N 75	53		12/25	447
Matthäus 25, 36c	Das Besuchen der Gefangenen	N 76	54	65	12/27	448
Matthäus 26, 6-9	Die Salbung des Hauptes Jesu	N 165	54		14/29 16/31	500
Matthäus 26, 15	Judas empfängt die dreißig Silberlinge	N 166 N 169	55		4/13	501 503

283

Grundlegende Materialien und Ressourcen

Bibelstelle	Text-Überschrift	Bifli. Nr.	FliBi NT. S.	AK S.	BiBi Bd./S.	Pl. S.
Matthäus 26, 21. 25	Das Abendmahl - Judas wird als der Verräter ...	N 170	55			505
Matthäus 26, 39	Jesu Gebet in Getsemani	N 172	56		4/15 8/27 9/25 11/35	506 181 182 186 187 768.4
Matthäus 26, 49	Der Judaskuss	N 174	57	87		507 175 192 768.2
Matthäus 26, 50	Die Gefangennahme Jesu	N 175	57		4/17	508
Matthäus 26, 51	Petrus schlägt Malchus ein Ohr ab	N 176	57	88		508
Matthäus 26, 64-66	Jesus vor Kajaphas	N 177	58		4/19	509
Matthäus 26, 75a	Die Verleugnung durch Petrus	N 178	58		10/29	509
Matthäus 26, 75b	Die Reue von Petrus	N 179	58		4/21 9/27	510
Matthäus 27, 1-2	Jesus wird vor Pilatus geführt	N 180	59			510
Matthäus 27, 3-5a	Judas bringt die Silberlinge zurück	N 181	59			511
Matthäus 27, 5b	Der Tod von Judas	N 182	59		4/23	511
Matthäus 27, 19	Die Frau des Pilatus spricht für Jesus	N 185	60			512
Matthäus 27, 29a	Die Dornenkrönung	N 187	61	90		515
Matthäus 27, 29b	Die Verspottung bei Pilatus	N 188	61			515
Matthäus 27, 24	Pilatus wäscht seine Hände in Unschuld	N 190	60	91	4/25 10/31	516 768.5
Matthäus 27, 31b-32	Simon von Zyrene wird gezwungen, das Kreuz...	N 191	61	92	4/27 9/29	517 768.7
	Kreuztragung, Kreuzweg	N 192				518
Matthäus 27, 35	Die Soldaten werfen das Los über die Kleider...	N 194	62	93	4/29	519
Matthäus 27, 48	Jesus bekommt Essig zu trinken	N 198	62			526 768.5 768.7
Matthäus 28, 2-4	Die Auferstehung	N 203	63	95	8/29	530 193 768.5
Matthäus 28, 5-6	Ein Engel teilt den Frauen mit, dass Jesus auferstanden ist	N 204	63	96	1/33 4/33 13/31	533 176
Matthäus 28, 9	Jesus erscheint den Frauen	N 206	64			535
	Der Evangelist Markus	N 2	65			401
Markus 6, 27a	Salome in Erwartung der Enthauptung von ...	N 43	73			429
Markus 6, 27b	Die Enthauptung von Johannes dem Täufer	N 44	73	55		429
Markus 6, 28	Der Henker gibt Salome das Haupt von Johannes	N 45	73	56	10/21	430 173 209
Markus 7, 32-35	Die Heilung eines Taubstummen	N 150	75			491
Markus 8, 22-25	Die Heilung eines Blinden in Betsaida	N 151	76			492
Markus 8, 32-33	Jesus weist Petrus zurecht	N 50	77			433
Markus 11, 4	Die Jünger holen die Eselin	N 160	82	85	6/33	496
Markus 12, 41-44	Das Opfer der Witwe	N 67	85			444
	Der Evangelist Lukas	N 3	94			401 195

Verzeichnis von Bibelfliesen-Abbildungen

Bibelstelle	Text-Überschrift	Bifli. Nr.	FliBi NT. S.	AK S.	BiBi Bd./S.	Pl. S.
Lukas 1, 11	Verkündigung der Geburt Johannes des Täufers…	N 5	93		1/25 7/5	402 183
Lukas 1, 28-31	Die Verkündigung der Geburt Jesu an Maria	N 6	94	45	1/27 8/15 7/7 15/19	402 177 188
Lukas 1, 39-40	Der Besuch Marias bei Elisabet	N 7	95		7/11 16/21	404 190 768.3
Lukas 1, 62-64	Beschneidung und Namengebung von Johannes…	N 8	96			404
Lukas 2, 4-5	Josef und Maria auf dem Wege nach Bethlehem	N 10			7/13	405
Lukas 2, 7	Geburt Jesu - Josef und Maria in Anbetung …	N 11	96	46		405
Lukas 2, 8-11	Die Verkündigung an die Hirten	N 12	97		1/29 7/15 15/5	406
Lukas 2, 13-14	Das himmlische Heer der Engel	N 12a	97			
Lukas 2, 16	Die Anbetung der Hirten	N 13	98 92		5/23,6/21 7/17+19 14/21	408
Lukas 2, 21	Die Beschneidung Jesu	N 14	98		7/21	410
Lukas 2, 26-32	Die Darstellung im Tempel - mit Simeon	N 18	99		7/29 7/31	412
Lukas 2, 37-38	Die Darstellung im Tempel - mit der Prophetin…	N 19	99			413
Lukas 2, 46	Der 12-jährige Jesus im Tempel	N 25	99	50	5/29	417
Lukas 3, 3	Johannes der Täufer predigt in der Wüste	N 26	100		12/9	418
Lukas 5, 5-7	Der wunderbare Fischfang	N 132	103			476 768.4
Lukas 5, 12-13	Die Heilung eines Aussätzigen	N 133	103			476
Lukas 5, 18-20	Die Heilung eines Gelähmten in Kafarnaum	N 134	104		17/21	477
Lukas 7, 12-15	Die Auferweckung des Jünglings zu Naïn	N 139	107		13/23	480
Lukas 7, 37-38	Jesus wird von der Sünderin gesalbt	N 164	109		4/9	499
Lukas 8, 1-3	Jesus wird von den Frauen bedient	N 46	109			431
Lukas 8, 51-56	Die Auferweckung des Töchterchens des Jaïrus	N 143	112		13/25	484
Lukas 9, 23-26	Die Nachfolge Christi	N 51	113		15/9	433
Lukas 10, 1-3	Die Aussendung der Jünger	N 57	115			439
Lukas 10, 29b-34a	Der barmherzige Samariter	N 92 254	116	69		456
Lukas 10, 34b	Der Verwundete wird in die Herberge gebracht	N 93	116			458
Lukas 10, 38-42	Jesus bei Maria und Marta	N 58	117	60		439 768.3
Lukas 11, 5-6	Der bittende Freund	N 94	117		12/29	458
Lukas 12, 16b-18	Der reiche Kornbauer	N 95	120			459
Lukas 12, 35-36	Der wachende Knecht	N 96	121		14/25	459
Lukas 12, 42	Der kluge Verwalter	N 98	121			460
Lukas 13, 6b-9	Der unfruchtbare Feigenbaum	N 99	123			460
Lukas 13, 10-13	Die Heilung der verkrümmten Frau	N 156	123		12/33 13/27	494
Lukas 14, 25-27	Jesus spricht über den wahren Jünger	N 52	125			434
Lukas 14, 21	Einladung zum Festmahl	N 100	125			460
Lukas 15, 4-7	Das verlorene Schaf	N 101	126	70	6/29 15/15	460

285

Grundlegende Materialien und Ressourcen

Bibelstelle	Text-Überschrift	Bifli. Nr.	FliBi NT. S.	AK S.	BiBi Bd./S.	Pl. S.
Lukas 15, 8-9	Der verlorene Groschen	N 102	126		16/25	461
Lukas 15, 11-12	Der verlorene Sohn bekommt sein Erbteil	N 103	127			461
Lukas 15, 13a	Der verlorene Sohn verabschiedet sich	N 104	127			461 174
Lukas 15, 13b	Der verlorene Sohn lebt verschwenderisch	N 105	127		15/31	463
Lukas 15, 13b	Die Dirnen verjagen den verlorenen Sohn	N 106				464
Lukas 15, 14-17	Der verlorene Sohn als Schweinehirt	N 107	128	71	6/31	464 183 191 768.3
Lukas 15, 20-21	Die Heimkehr des verlorenen Sohnes	N 108	128	72	5/35 13/19 17/19	465 190
Lukas 16, 2	Der ungerechte Verwalter	N 109	129		10/25	467
Lukas 16, 19-21	Der reiche Mann und der arme Lazarus	N 110	130	73		467
Lukas 16, 22a	Lazarus stirbt und wird von Engeln zum Himmel ...	N 111	130	74	1/31	468 768.4
Lukas 16, 23a	Der reiche Mann stirbt	N 111a	130			
Lukas 16, 23b	Lazarus in Abrahams Schoß	N 112	131		13/21	469
Lukas 16, 22b-23	Der reiche Mann im Totenreich	N 113	130			469
Lukas 17, 12-15	Die Heilung der zehn Aussätzigen	N 154	132			493 179 220
Lukas 17, 34	Zwei Männer werden auf einem Bett liegen	N 122	132			472
Lukas 18, 2-3	Der ungerechte Richter	N 114	133			470
Lukas 18, 11-14	Der Pharisäer und der Zöllner	N 115	133	75		470
Lukas 19, 3-6	Jesus ruft Zachäus vom Baum herunter	N 64	135	61	17/7	444 768.6
Lukas 22, 43	Jesu Gebet in Getsemani - Jesus wird von einem ...	N 173	141		13/29	498
Lukas 23, 9-10	Jesus vor Herodes	N 184 N 195	142			512 520
Lukas 24, 15-16	Die Emmausjünger	N 207	145	98	2/25 4/35 9/31	535 178 768.7
Lukas 24, 30-31	Die Mahlzeit zu Emmaus	N 208	146			537 175
	Der Evangelist Johannes	N 4	147			402
Johannes 1, 45-47	Die Berufung der ersten Jünger - Philippus und...	N 34	148			422
Johannes 2, 1-7	Die Hochzeit zu Kana	N 131	149 318		11/25	475
Johannes 3, 2	Das Gespräch von Jesus mit Nikodemus	N 35	150	53	8/19 11/23	422 224
Johannes 4, 7	Jesus und die Samariterin am Brunnen	N 36	151 332	54	9/21 16/23	23 180 189 217 768.7
Johannes 5, 1-4	Ein Engel fährt nieder in den Teich zu Betesda	N 135	153		3/29	477
Johannes 5, 5-9	Die Heilung des Gelähmten zu Betesda	N 136	153	76	11/27	477 208

Verzeichnis von Bibelfliesen-Abbildungen

Bibelstelle	Text-Überschrift	Bifli. Nr.	FliBi NT. S.	AK S.	BiBi Bd./S.	Pl. S.
Johannes 6, 12-13	Die übrig gebliebenen Brocken werden…	N 147	155	81		487
Johannes 8, 3-7	Jesus und die Sünderin	N 54	159	59	10/23	437
Johannes 8, 59	Der Versuch, Jesus zu steinigen	N 56	161		11/33 12/17	438 768.7
Johannes 9, 6-7	Die Heilung eines Blindgeborenen	N 155	162			493 174 190
Johannes 10, 11-12a	Der gute Hirte	N 88	163	67	6/27	453
Johannes 11, 32	Maria erzählt Jesus, dass Lazarus gestorben ist	N 157	165			494
Johannes 11, 43-44	Die Auferweckung des Lazarus	N 158	166	84	11/31	494
Johannes 12, 29	Ein Engel spricht zu Jesus	N 66a	168			
Johannes 13, 6-8a	Petrus weigert sich, sich von Jesus die Füße …	N 167	169			501
Johannes 13, 8b-9	Petrus will auch sein Haupt gewaschen haben	N 168	169		4/11	502
Johannes 15, 1-5	Der wahre Weinstock	N 89	171			455
Johannes 17, 1-2	Das hohepriesterliche Gebet	N 171	174			506
Johannes 19, 1	Die Geißelung	N 186	176	89		513 768.3
Johannes 19, 5-6	‚Sehet, welch ein Mensch!'	N 189	177			516
Johannes 19, 16b-18	Die Kreuzaufrichtung	N 193	177			519
Johannes 19, 26-27	Die Kreuzigung	N 196	178	94	10/33 16/33	521 189
Johannes 19, 33-34	Ein Kriegsknecht sticht in die Seite Jesu	N 199	178			528
Johannes 19, 38-39a	Die Kreuzabnahme	N 200	179		4/31	528
Johannes 19, 40	Das Begräbnis - die Grabtragung	N 201	179		12/35	529 173 768.4
Johannes 19, 41-42	Die Begräbnis - die Grablegung	N 202	179			529
Johannes 20, 14-17a	Jesus erscheint Maria von Magdala	N 205	180		16/35	533
Johannes 20, 26-27	Der ungläubige Thomas	N 209	180	99		537
Johannes 21, 4-6	Die Erscheinung am See von Tiberias	N 210	181		3/31	537
Johannes 21, 7	Petrus watet durch das Wasser zu Jesus	N 211	182	100		538
Johannes 21, 11-13	Jesus isst mit seinen Jüngern	N 212	182	101	3/33	538
Johannes 21, 21-22	Petrus fragt Jesus nach der Zukunft von Johannes	N 213	182			538
Apg. 1,9	Die Himmelfahrt	N 214	185	102	8/31	539 191 768.2 768.3
Apg. 1, 18	Der Sturz des Judas	N 183	186			511
Apg. 2, 1-3	Die Ausgießung des Heiligen Geistes	N 215	187		14/31	541
Apg. 2, 14	Die Rede von Petrus	N215a	187			
Apg. 3, 3-8a	Petrus und Johannes heilen einen Gelähmten	N 216	189		17/35	542
Apg. 5, 4-5	Der Tod des Hananias	N 217	191			543
Apg. 5, 7-10	Der Tod der Saphira	N 218				543
Apg. 5, 14-15	Petrus' Schatten heilt die Kranken	N 219	192			544
Apg. 5, 19-20	Die Apostel werden aus dem Gefängnis befreit	N 220	192			544
Apg. 5, 39c-40	Die Apostel werden gegeißelt	N 221	193			544
Apg. 6, 12-13	Stephanus wird vor den Hohenpriester geführt	N 222	194			545
Apg. 7, 56-58a	Stephanus wird zur Stadt hinausgetrieben	N 223	196			545 184
Apg. 7, 58b-60	Stephanus wird gesteinigt	N 224	197		10/35 13/33	545
Apg. 8, 26	Ein Engel sendet Philippus auf den Weg nach Gaza	N 225	198			546

287

Grundlegende Materialien und Ressourcen

Bibelstelle	Text-Überschrift	Bifli. Nr.	FliBi NT. S.	AK S.	BiBi Bd./S.	Pl. S.
Apg. 8, 30-31	Philippus redet den Kämmerer an	N 226	198		9/33	547
Apg. 8, 38	Der Kämmerer wird von Philippus getauft	N 227	199			547
Apg. 9, 3-6	Die Bekehrung des Saulus	N 228	199		8/33 9/35	548 205
Apg. 9, 8	Saulus - blind - wird nach Damaskus geführt	N 229	200			550
Apg. 9, 17-18	Saulus werden von Hananias die Hände aufgelegt	N 230	200			550
Apg. 9, 24-25	Saulus flüchtet aus Damaskus	N 231	201			550 768.2
Apg. 9, 33-34	Petrus heilt Äneas	N 232 N 233	201			550 551
Apg. 9, 40a	Petrus kniet bei Tabita	N 234	202			551
Apg. 9, 40b-41	Petrus erweckt Tabita	N 235	202			551
Apg. 10, 3-6	Ein Engel erscheint dem Kornelius	N 236	202			551
Apg. 10, 10-16	Petrus' Vision	N 237	203			552
Apg. 10, 46b-48	Petrus tauft Kornelius	N 238	204			552
Apg. 12,2	Der Apostel Jakobus wird enthauptet	N 239	206			553
Apg. 12, 6-8a	Petrus wird von einem Engel befreit	N 240	206	104	1/35	553
Apg. 12, 8b-10a	Petrus wird durch den Engel nach draußen geführt	N 241	207			554
Apg. 13, 9-11a	Saulus bestraft Elymas mit Blindheit	N 242	208			554
Apg. 14, 9-10	Paulus heilt einen Gelähmten in Lystra	N 243	210			555
Apg. 14, 11-15a	Paulus und Barnabas werden in Lystra als Götter...	N 244	210			555
Apg. 16, 17-18	Die Magd mit dem wahrsagenden Geist	N 245	214			555
Apg. 16, 23-25	Paulus und Silas im Gefängnis	N 246	214			556
Apg. 16, 26-28	Paulus hält den Gefängniswärter vom Selbstmord...	N 247	215			556
Apg. 16, 29	Der Gefängniswärter wirft sich vor Paulus und...	N 248	215			556
Apg. 19, 11-12	Paulus heilt Kranke in Ephesus	N 249	219			556
Apg. 19, 19	Paulus und Skevas – die Verbrennung der...	N 250	219			557
Apg. 21,11	Paulus und der Prophet Agabus aus Judäa	N 251	222			557
Apg. 26, 1-2	Paulus verantwortet sich vor Agrippa	N 252	229			557
Apg. 27, 41	Paulus erleidet Schiffbruch vor Malta	N 253	231		3/35 14/33	557
Apg. 28, 3-6	Paulus schleudert eine Viper von der Hand ins...	N 254	232			558 184 186 196
Apg. 28, 13-14	Paulus wird von den Brüdern in Rom empfangen	N 255	232			558
Apg. 28, 17-18	Paulus predigt in Rom	N 256	233			559
1. Korinther 13, 13	Glaube, Hoffnung und Liebe	N 257	267			559
2. Kor. 11, 24-25	Paulus erzählt von seinen Schicksalsschlägen	N 258	282			559
Offb. 1, 9	Johannes auf Patmos	N 259	377		14/35	559
Offb. 1, 12-17a	Johannes sieht Christus inmitten von sieben...	N 260	378			560
Offb. 5, 6-8a	Die 24 Ältesten beten das Lamm an	N 261	381			560
Offb. 6, 1-2	Die vier apokalyptischen Reiter	N 262	382			560
Offb. 8, 5	Ein Engel schüttet Feuer auf die Erde	N 263	384		15/29	260 194
Offb. 9, 1-3	Die Heuschrecken kommen aus dem Abgrund	N 264	374 384			561
Offb. 10, 8-9	Der Engel gibt Johannes ein Büchlein zu essen	N 265	386			561
Offb. 11,7; 11-12	Die zwei Zeugen	N 266 N 267	386			561 561
Offb. 13, 3-4; 11-13	Das siebenköpfige Tier wird angebetet	N 268	388			562

Bibelstelle	Text-Überschrift	Bifli. Nr.	FliBi NT. S.	AK S.	BiBi Bd./S.	Pl. S.
Offb. 16, 13-14	Die unreinen Geister	N 269	391			562
Offb. 17, 1-5	Die babylonische Hure	N 270	391			562
Offb. 18, 21	Die Verkündigung des Falls von Babylon	N 271	393	105		563
Offb. 20, 1-3	Der Drache wird für tausend Jahre gefesselt	N 272	394			563
Offb. 21, 10	Der Engel zeigt Johannes das neue Jerusalem	N 273	396		8/35 13/35	564

289

Homepage – www.fliesenbibel.de
Eine Übersicht

Zu der vorliegenden Veröffentlichung gibt es im Internet eine Homepage. Diese ist über www.fliesenbibel.de aufzurufen. Auf ihr werden die unten aufgeführten Bibelfliesen, Verzeichnisse und Materialien für das Arbeiten mit Bibelfliesen zur Verfügung gestellt. Die Verwendung ist kostenfrei. Das Norder Bibelfliesenteam besitzt alle Rechte für die Bibelfliesen und erlaubt hiermit jegliche Art der Benutzung in Kindergarten, Schule und Kirchengemeinde für Unterricht, Predigt und sonstige gemeindliche Vorhaben und Projekte.

Abbildungen von Bibelfliesen in digitalisierter Form zum Download

1. Die Bibelfliesen der Fliesenbibel
2. Die Bibelfliesen des Ausstellungskataloges
3. Die Bibelfliesen der Bibelfliesen-Bilder-Hefte

Verzeichnisse

4. Verzeichnis von Bibelfliesen-Abbildungen.
   Dies ist in der Abfolge der biblischen Bücher angeordnet und führt die Fundstellen der Bibelfliesen in den unter Nr. eins bis drei genannten Veröffentlichungen auf.
5. Verzeichnis öffentlich zugänglicher Bibelfliesen und Bibelfliesenwände.
   Die Angaben erfolgen einmal alphabetisch nach Ortsnamen und ein weiteres Mal nach Postleitzahlen.

Materialien zu folgenden Beiträgen:

„Gottes Liebe ist wie das weite Meer". Familienfreizeit zum Thema „Wasser"
Stationen der Passions- und Ostergeschichte
Das Gleichnis vom Splitter und vom Balken
Jugendliche erkunden mit Bibelfliesen die Bibel
Das Gleichnis vom verlorenen Sohn

Frauenfrühstück
Die Kirche als Bibelfliesen-Werkstatt
Ausstellungsbegleitende Ideen und Aktionen
Andachten bei einer Freizeit für hörgeschädigte und gehörlose Erwachsene
„Du herrscht über das ungestüme Meer". Kunstgottesdienst zu Bibelfliesen

Außerdem auf der Homepage zu finden

Drei weitere Andachten für hörgeschädigte und gehörlose Erwachsene
Ein weiterer Kunstgottesdienst mit Bibelfliesen zu „Jakobs Kampf am Jabbok" mit einer allgemeinen Einführung zu den Bibelfliesen

Ein Dokumentarfilm über das Projekt Kulturgut Bibelfliesen, von Matthias Heerklotz (Laufzeit: 28 Minuten)

Aktuelle Berichte, Bilder und Termine von Veranstaltungen des Norder Bibelfliesenteams und der AG Bibelfliesen im Münsterland/NRW

Kommentierte Literaturauswahl

Gottfried Adam

1. Veröffentlichungen mit Abbildungen

Fliesenbibel. Gute Nachricht Bibel. Das Buch der Bücher mit den Bibelfliesen. Altes und Neues Testament mit ausgewählten Spätschriften des Alten Testaments (Apokryphen) und biblischen Darstellungen auf Fliesen seit dem 17. Jahrhundert, hrsg. vom Ev.-luth. Kirchenkreis Norden in Kooperation mit der Ostfriesischen Bibelgesellschaft, Weener 2008, 2. ergänzte und korrigierte Auflage 2012.
> *Die Fliesenbibel enthält den vollständigen Text der „Gute-Nachricht-Bibel" sowie über 600 farbige Bibelfliesen-Abbildungen und fliesenkundliche Erläuterungen. Hannegreth Grundmann gibt in ihrem Beitrag „Die Fliesenbibel" weitere Informationen dazu (s. S. 290f.).*

Jan Pluis, Bijbeltegels: Bijbelse voorstellingen op Nederlandse wandtegels van de 17e tot de 20e eeuw/Bibelfliesen: Biblische Darstellungen auf Niederländischen Wandfliesen vom 17. bis zum 20. Jahrhundert, Schriftenreihe zur religiösen Kultur, Bd. 3, Münster 1994. 951 S.
> *Auf der Basis von 7.300 Bibelfliesen hat J. Pluis eine Kategorisierung niederländischer Wandfliesen mit biblischen Darstellungen vorgenommen. Mit seiner Veröffentlichung hat er das grundlegende Werk für diesen Bereich geschaffen. Der Band enthält 1895 Wiedergaben von Fliesen in Schwarz-Weiß und ca. 110 weitere Abbildungen in Farbe, die zwischen S. 768 und 769 eingereiht sind. Siehe auch „Vom Scherbensammler zum Fliesenexperten" oben auf S. 14-16.*

Ausstellungskatalog *„Mit Bilderfliesen durch die Bibel"*, hrsg. vom Ev.-luth. Kirchenkreis Norden/Norder Bibelfliesenteam, Weener 2010. 107 S.
> *Der Katalog enthält 96 Bibelfliesen zu 38 Texten aus dem Alten und 58 Texten aus dem Neuen Testament. Die in Originalgröße abgebildeten Bibelfliesen sind Bestandteil der gleichnamigen Wander-Ausstellung.*

Ein Fliesenschatz in Klosterzellen. Bibelfliesen im Kloster Lüne, hrsg. von Marlis Andres, [Lüneburg:] Kloster Lüne 2013. 104 S.
> *Das Buch enthält 103 fast ausnahmslos farbige Abbildungen von Bibel-*

fliesen aus den Fensternischen des Klosters Lüne. Seit der Einführung der Reformation im 16. Jahrhundert wird es von einem evangelischen Konvent geführt. (Für 5 Euro zu beziehen über das Kloster Lüne, Tel. 04131/52318)

Themenreihe „Bibelfliesen-Bilder", hrsg. vom Ev.-Luth. Kirchenkreis Norden/Norder Bibelfliesenteam, Weener 2004-2013. Je 36 S. Umfang.
Bd. 1. Engel auf Fliesen (2004)
Bd. 2. Bibel und Sport. Sport in der Bibel (2005)
Bd. 3. Wasser und Meer (2005)
Bd. 4. Passion und Ostern (2006)
Bd. 5. Das Kind in der Mitte. Kinder- und Familiengeschichten (2006)
Bd. 6. Tier-Geschichten in der Bibel (2007)
Bd. 7. Advent und Weihnachten (2007)
Bd. 8. Ein Stück vom Himmel – Lücht in mien Leven (2008)
Bd. 9. Pilgerwege – Menschen unterwegs (2009)
Bd. 10. Kriminalgeschichten (2009)
Bd. 11. Bildung, Glaube, Hoffnung (2010)
Bd. 12. Glauben leben – Werke der Barmherzigkeit (2010)
Bd. 13. Trauer und Trost (2011).
   Dass. engl. Ausgabe: Grief and Consolation
Bd. 14. Sturm und Stille (2011)
Bd. 15. Singen und Klingen (2012)
Bd. 16. „... um an sie zu erinnern". Frauen auf Bibelfliesen (2013)
Bd. 17. Heil und Heilung auf Bibelfliesen (2013)
Zu jedem Thema werden 16 Abbildungen von Bibelfliesen in etwas verkleinerter Form und hervorragender Bild-Qualität geboten. Dazu gibt es jeweils eine Auslegung der einzelnen Darstellung auf einer Seite durch eine Vielzahl von Mitarbeiterinnen und Mitarbeitern. Viele Texte eignen sich gut für Andachten oder eine Lesung zum Abschluss einer Veranstaltung.

2. Zur vertiefenden Lektüre

Gottfried Adam, Biblische Geschichten auf Fliesen. Ein Beitrag zur Hermeneutik visueller Kommunikation, in: Ders., Biblische Geschichten kommunizieren, Münster 2013, S. 149-168 (mit 28 Abb.).
  Dieser Beitrag gibt einen umfassenden Überblick zum Thema „Bibelfliesen". Es geht um ihre Definition und Geschichte, den „Sitz im Leben" und ihre Verbreitung. Neben der Herstellung und den Vorlagen wird auch die

Auswahl der biblischen Texte für die Bibelfliesen-Bilder thematisiert. Am Ende steht eine Charakterisierung der Bibelfliesen-Hermeneutik.

Wilhelm Joliet, Die Geschichte der Fliese – www.geschichte-der-fliese.de
Der Fliesenexperte Wilhelm Joliet stellt informative Beiträge zur Geschichte der Fliesen und insbesondere auch der Bibelfliesen in das Internet. Seine Homepage ist unter der genannten Adresse aufrufbar.

Monika Kalkmann, Bibelfliesen – Ein traditionsreiches Museum biblischer Vermittlung, in: Jahrbuch des Emsländischen Heimatbundes 57. Jg., 2011, S. 201-214.
Diese Studie behandelt zunächst eine Fliesenwand im südlichen Emsland, die 1970 in einen Neubau übertragen wurde. Sodann werden die biblischen Motive und ihre Bedeutung für die einstigen Bewohner thematisiert. Abschließend wird die Darstellung des Sündenfalls ausführlich behandelt.

Leoni und Albrecht von Kortzfleisch, Szenen der Bibel. Antike holländische Fliesen sehen und verstehen, Bibelstudien, Bd. 8, Münster 2011. DIN-A4-Format.
Das Buch wird eröffnet mit einer Einführung zum kunstgeschichtlichen Hintergrund, zur Geschichte und Gestalt der Fliesenkunst. Den Hauptteil bildet die Präsentation von Bibelfliesen (von der Schöpfung bis zur Offenbarung) und deren Auslegung. Es handelt sich um mehr als 140 Texte/Bibelfliesen. So ist eine durchgehende „Bilderbibel" entstanden. Fast alle Bildvorlagen entstammen der eigenen Fliesensammlung.

Heinz Mielke, Bibelfliesen an einem Herdfeuer in Westfalen, in einer Küche in Sachsen und an einem Kamin in Ostfriesland.
www.uni-leipzig.de/~mielke/Bibelfliesen/Bibelfliesen.html (Aufruf 8.3.2011)
Der Autor liefert Beschreibungen zu einem alten westfälischen Bauernhof in Estern, zur sogenannten „holländischen Küche" im Barockschloss Wachau und zum Ostfriesischen Teemuseum in Norden. Am Ende geht er gesondert auf Darstellungen von „Samson" ein.

Klaus Tiedemann, Biblische Geschichten in Delfter Blau. Niederländische Bibelfliesen von 1650-1850, Tiedemann, Heidelberg 1998 = Nachdruck Weener: Risius-Verlag 2013. 56 S.
Diese Veröffentlichung gibt einen guten Überblick über die niederländischen Bibelfliesen. Die Herstellung, die Farben und die Schablonen sowie die Käu-

ferschicht und der Handel mit Bibelfliesen werden beschrieben. Die Vielfalt der Darstellungen wird dargestellt und mit 56 Beispielen illustriert. Es folgen Informationen zum Fliesensammeln und eine Liste mit weiterführender Literatur.

Weiterführende Literaturangaben

sind in den genannten Veröffentlichungen von Jan Pluis, Gottfried Adam, Marlies Andres und Klaus Tiedemann zu finden.

E. Verzeichnisse

Bildquellenverzeichnis

Die Abbildungen der Bibelfliesen sind nicht einzeln ausgewiesen. Der Inhaber der Bildrechte an den Bibelfliesenfotos ist das Norder Bibelfliesenteam, eine Projektgruppe des Evangelisch-lutherischen Kirchenkreises Norden. Ansprechpartner ist Pastor i.R. Kurt Perrey, Am Biederlackturm 5, 48282 Emsdetten, Tel.: 02572 / 95 99 58 0. Die Fotos können zu nicht kommerziellen Zwecken kostenlos von der Homepage www.fliesenbibel.de heruntergeladen werden.

Die Bildnachweise werden in der Reihenfolge ihres Erscheinens auf den Seiten angeführt:

S. 15: Jan Pluis mit seiner Lieblingsfliese: Die Bergpredigt, Mt 5,1-3 (Fliesenbibel N 40, NT S. 10), Foto: Hannegreth Grundmann. **S. 17**: Maria Engelen-Wähning vor der Bibelfliesenwand Altes Gasthaus Engeln, Emsdetten, Film/Foto: Brigitte Fink/Matthias Heerklotz. **S. 20**: Philipp Doddridge mit seiner Mutter am Kamin und **S. 21**: Adam und Eva im Paradies, Dutch Tiles: Being Narratives of Holy Scripture, London 1842, Page 1 und S. 3. **S. 25**: Brennender Kamin mit Bibelfliesen im Heuer-Haus, Kloster Frenswegen, Foto: Hannegreth Grundmann. **S. 29**: Bibelfliesenwand im Sielhof Neuharlingersiel, Amsterdam 1750, Foto: Wolfgang Beier. **S. 45**: Herstellung der Bibelfliesen, Foto: Rolf Greeven. **S. 48**: Nicolaes Visscher, Historiae Sacrae (Amsterdam ca. 1650), Foto: Hannegreth Grundmann. **S. 57**: Die Schöpfung, Johann Sadeler, 1570/1600, Rijksmuseum Amsterdam. Die Schöpfung, aus: „Theatrum Biblicum", Claes Janszoon d.J., Amsterdam 1672, Museum Catharijneconvent Utrecht. **S. 61**: Johann Adam Comenius und **S. 62**: Johann Heinrich Pestalozzi, Clipdealer GmbH, Schwanthalerstr. 86, 80336 München. **S. 117**: Die Zeitmaschine und der „Sicherheitsingenieur", Foto: Ev.-luth. Kindergarten Schneckenhaus, Adeweg 15, 26529 Osteel. **S. 131**: Schülerinnen bei der Recherche und **S. 132**: Die Schülerinnen entwerfen eigene Bibelfliesen, Fotos: Christian Stahl. Johanna Wagner, Bremen, 7. Klasse, Entwurf zur Kreuzigung; Johanna Wagner. **S. 147**: Oberstufenschülerinnen und -schüler betrachten Bibelfliesenabbildungen, Foto: Ann-Kristin Schlüter. **S. 189**: Pastor i.R. Kurt Perrey mit der Fliesenbibel, Foto: Günter Selbach. Celia Hübl 2013 im Bünting Teemuseum, Foto: Peter Kappenberg. **S. 195**: Die Teilnehmerinnen und Teilnehmer der „Kreativen-Kinder-Kirche" präsentieren stolz ihre Ergebnisse, Foto: Evangelisch-reformierte Kirchengemeinde Celle. **S. 197**: Bibelfliesenausstellung in der

Bildquellenverzeichnis

Evangelisch-reformierten Kirche in Celle, Foto: Andreas Flick. **S. 201**: Ausstellung selbstgemalter Bibelfliesen nach Schulklassen und Gruppen angeordnet und selbstgestaltete Bibelfliesen einer Gymnasialklasse und S. 202: Bibelfliesenbuttons; Fotos: Evangelische Gemeinde Mannheim-Freudenheim. **S. 214**: Mit selbstbemalten Bibelfliesen gestalteter Bereich in der Kirchentoilette auf der Insel Juist und Detailansicht der mit selbsthergestellten Bibelfliesen verzierten Wand, Fotos: Elisabeth Tobaben. **S. 215**: Altes Rathaus Norden – das Hauptgebäude des Teemuseums, **S. 217**: Vitrine mit Bibelfliesen im Teemuseum, **S. 218**: Kamin im Erdgeschoss (Detailansicht), **S. 219**: Kamin im Festsaal des Alten Rathauses, Fotos: Teemuseum Norden. **S. 229**: Klaas Grensemann vor dem großen Bibelfliesenposter ... 1. Könige 19,5-6a „Der Engel weckt Elia" und **S. 230**: Kurt Perrey steht vor einem großen Bibelfliesenposter, das die Bibelfliese O 224 zu 1. Könige 19,5-6a „Der Engel weckt Elia" zeigt; Fotos: Norder Bibelfliesenteam. **S. 237-241**: Fotos der Powerpointpräsentation: Walter Großmann. **S. 243**: Gemeindesiegel der Kirchengemeinde Wannsee von 1903, Gemeindesiegel als Fensterbild in der Kirche am Stölpchensee; Kirchengemeinde Wannsee. „Im Sturm auf dem Meere". Ausschnitt aus einer Buchmalerei, Köln, 1. Viertel des 11. Jahrhunderts, Hitda-Evangeliar; Lipfert, Johannes Stauda-Verlag Kassel 1976. Selbstgemalte Bibelfliese zu Psalm 89,10, Foto: Anneliese Swarzenski. **S. 245**: Rembrandt van Rijn: Christus im Sturm auf dem See Genezareth (1633). **S. 270**: Fliesenbibel, Foto: Risius-Verlag-Weener.

Autorinnen und Autoren, Beirat, Herausgebende

Dr. Dr. h.c. Gottfried *Adam*,
Prof. em. für Religionspädagogik an der Universität Wien,
Sedanstraße 42, 30161 Hannover
E-Mail: gottfried.adam@univie.ac.at

Dr. Andreas *Flick*, Pastor,
Hannoversche Str. 61, 29221 Celle
E-Mail: refce@t-online.de

Klaas *Grensemann*, Diakon,
Referent des Hauses kirchlicher Dienste
im Geistlichen Zentrum Kloster Bursfelde
Klosterhof 9, 34346 Bursfelde
E-Mail: grensemann@kirchliche-dienste.de

Walter *Großmann*, Diakon im Landesgehörlosenpfarramt
der Evangelischen Kirche in Württemberg,
Breslauer Str. 5, 70825 Korntal-Münchingen
E-Mail: wagro53@web.de

Dr. Hannegreth *Grundmann*, Pastorin,
Pressesprecherin des Sprengels Ostfriesland-Ems,
Schulstraße 7, 26835 Holtland
E-Mail: Hannegreth.Grundmann@evlka.de

Dr. Julia *Helmke*, Pastorin, ehemalige Beauftragte
für Kunst und Kultur im Haus kirchlicher Dienste,
Archivstraße 3, 30169 Hannover
E-Mail: kunst.kultur@kirchliche-dienste.de

Celia *Hübl*, M.A., Museumsleiterin Bünting Teemuseum Leer,
Brunnenstraße 33, 26789 Leer
E-Mail: celia.huebl@buenting.de

Frauke *Idenbirken*, Ludwig-Uhland-Str. 1, 26506 Norden
E-Mail: f.indenbirken@t-online.de

Jan *Janssen*, Bischof, Ev.-Luth. Kirche in Oldenburg,
Philosophenweg 1, 26121 Oldenburg
E-Mail: info@kirche-oldenburg.de

Dr. Helmut *Kirschstein*, Superintendent, Ev.-luth. Kirchenkreis Norden
Am Markt 63, 26506 Norden
E-Mail: sup.norden@evlka.de

Dr. Detlef *Klahr*, Landessuperintendent,
Ev.-luth. Sprengel Ostfriesland-Ems,
Rudolf-Breitscheid-Straße 3, 26721 Emden
E-Mail: lasup.ostfriesland-ems@evlka.de

Dr. Steffen *Kleint*, Wissenschaftlicher Mitarbeiter,
Comenius-Institut Münster,
Schreiberstr. 12, 48149 Münster
E-Mail: kleint@comenius.de

Christiane *Kollmeyer*, Norddeicherstr.121, 26506 Norden
E-Mail: ckolly@t-online.de

Wernfried *Lahr*, Pfarrer, Kleefeldstraße 8, 49525 Lengerich
E-Mail: wernfried.lahr@t-online.de

Karin *Lienemann*, Ev.-luth. Kindergarten Schneckenhaus,
Adeweg 15, 26529 Osteel
E-Mail: kiga.schneckenhaus@ewetel.net

Dorothee *Löhr*, Pfarrerin,
Arndtstr. 14, 68259 Mannheim-Freudenheim
E-Mail: dorothee.loehr@kbz.ekiba.de

Dr. Vera Christina *Pabst*, Pastorin,
Cronsbostel 4b, 31515 Wunstorf-Bokeloh
E-Mail: VCPabst@gmx.de

Elfi *Perrey*, Am Biederlackturm 5, 48282 Emsdetten
E-Mail: perrey.kue@gmx.net

Kurt *Perrey*, Pastor i.R., Am Biederlackturm 5, 48282 Emsdetten
E-Mail: perrey.kue@gmx.net

Michael *Raddatz*, Pfarrer, Schuchardtweg 5, 14109 Berlin
E-Mail: michael.raddatz@t-online.de

Dr. Irene *Renz*, Religionspädagogin,
Heikendorfer Weg 2B, 24235 Laboe
E-Mail: i.renz@kielnet.net

Renate *Rogall-Adam*, Dipl.-Päd.,
Sedanstr. 42, 30161 Hannover
E.-Mail: renate-rogall@t-online.de

Andreas *Scheepker*, Schulpastor und Studienleiter an der Arbeitsstelle
für Evangelische Religionspädagogik Ostfriesland in Aurich
Kirchweg 1, 26632 Ihlow-Westerende
E-Mail: andreas.scheepker@t-online.de

Ann-Kristin *Schlüter*, Eschstraße 66, 48282 Emsdetten
E-Mail: ak.schlueter@gmx.de
Schule: Johannes-Kepler-Gymnasium, Wilhelmstraße 210
49477 Ibbenbüren

Dr. Dr. Jürgen *Schoenwitz*, Pastor,
Referent im Haus kirchlicher Dienste für Bibel- und Glaubenskurse,
Archivstr. 3, 30169 Hannover
E-Mail: schoenwitz@kirchliche-dienste.de

Matthias *Spenn*, Direktor, Amt für kirchliche Dienste in der
Evangelischen Kirche Berlin-Brandenburg-schlesische Oberlausitz
Goethestr. 26-30, 10625 Berlin-Charlottenburg
E-Mail: direktor@akd-ekbo.de

Marita *Sporré*, Pastorin,
Kirchstrasse 4, 26759 Hinte
E-Mail: loppersum@reformiert.de

Christian *Stahl*, Kirchseelter Str. 54, 28816 Stuhr
E-Mail: forstklause@aol.com
Schule: St.-Johannis-Schule, Dechanatstr. 9, 28195 Bremen

Dr. Matthias *Stenger*, Museumsleiter Ostfriesisches Teemuseum,
Am Markt 36, 26506 Norden
E-Mail: matthias.stenger@teemuseum.de

Dr. Reinhard *Stupperich*,
Prof. am Archäologischen Institut der Universität Heidelberg,
Markgrafenstraße 1, 69412 Eberbach am Neckar
E-Mail: reinhard.stupperich@gmx.de

Martin *Sundermann*, Pastor,
Dorfstraße 54, 26842 Ostrhauderfehn
E-Mail: martin-sundermann@t-online.de

Anneliese *Swarzenski*, Lehrerin i.R. für Bildende Kunst und
Ev. Religion,
Pardemannstr. 12, 14109 Berlin
E-Mail: anneliese@swarzenski.de

Heiko *Wilts*, Fotograf, Looger Weg 49, 26506 Norden
E-Mail: heikowilts@gmx.de

Namenregister

Adam[1] G. 11, 19-23, 53-60, 65-79, 97, 99, 125, 131, 145, 222-226, 269, 293, 295
Akker, M. van den 14
Andres, M. 292, 295

Baas, P. 16
Bertscheidt, R. 80
Biehl, P. 75, 77
Bley, C. 212
Buber, M. 54
Bucher, A. 72f.
Bürig-Heinze, S. 82
Burrichter, R. 80

Calvin, J. 54-56, 155
Comenius, J.A. 61-63
Cranach, L. 30

Dalby, T. 18, 20
Doddridge, P. 19-21
Dürer, A. 184
Dziewas, D. 252

Ella, G. 19
Elsenbast, V. 12
Engeln-Wähning, M. 17f.

Flick, A. 97, 132, 145, 164, 194-199
Freudenberg, M. 55f.

Gärtner, C. 80
Goecke-Seischab, M. L. 73
Goethe, J.W. v. 130

Grensemann, K. 223, 227-229
Greeven, R. 184
Großmann, W. 223, 236-241
Grundmann, H. 12, 269, 271f., 293

Harz, F. 73
Haxsen, C. 206
Heindlmeier, I. 122
Helmke, J. 22, 32-40
Hemker, R. 193
Henderson, F. 253
Hering, G. 184
Holbein, H. 184
Hübl, C. 97, 189-193

Indenbirken, F. 269, 273-290
Ippen, S. 212

Janssen, J. 225, 261-269
Janssens, P. 116
Janszoon, C. 57
Jessel, H.W. 15
Joliet, W. 294

Kalkmann, M. 294
Karlstadt, A.R. 58
Kirschstein, H. 224, 252-259
Klahr, D. 22, 24-31
Kleint, S. 12
Kobe, R. 213
Kollmeyer, C. 97, 211-214
Koretzki, G.-R. 79
Kortzfleisch, A. und L. v. 52, 294

---

1 Die Namen von Herausgebern sind in diese Aufstellung nicht aufgenommen worden.

Kraft, S. 113

Lahr, W. 96, 145f.
Lange, E. 90,
Lange, G. 75, 120
Laubi, W. 128
Lienemann, K. 95, 117-119
Linden, N. ter 171-175
Löhr, D. 97, 132, 145, 164, 200-210, 225f., 235
Lüden, C. u. W. 181
Lüpkes, S. 86
Luiken, C und J. 48, 66
Luther, M. 30f., 47, 54, 58-60

Merian, M. 16, 47, 60, 66, 184, 246
Metzger, M. 73
Mielke, H. 294
Mundt, M. 212
Mühlen, K.-H. zur 58
Müller, F. v. 82

Németh, D. 74
Netz, H.-J. 116
Niehl, F.W. 120f.

Ortgies, D. 271

Pabst, V.C. 96, 132, 145, 164, 176-185
Parsons, M.J. 71f.
Perrey, E. 269, 273-290
Perrey, K. 11f., 16, 97, 178, 189-193, 197, 206, 223, 230-235, 269f., 273-290
Pestalozzi, J.H. 61-63, 167
Piaget, J. 73
Pluis, J. 11, 14-16, 37, 52, 66, 68, 70, 142, 178f., 184, 270f., 292, 296
Poortman, W. 16

Quentel, H. 47

Raddatz, M. 224, 243, 249-251
Raphael 184
Rauhaus, A. 56
Rembrandt van Rijn, H. 56, 82, 244f.
Renz, I. 74, 78, 95, 98-116, 120-130
Richter, G. 34
Riesewell, T. 98
Rogall-Adam, R. 12, 23, 65-79, 125, 131, 145
Rosenzweig, F. 54
Rubens, P.P. 184

Sadeler, J. 57
Saunderson, C. 253
Scheepker, A. 23, 28, 80-87, 96, 141-144
Schindler, R. 128
Schlüter, A.-K. 96, 137-140, 147-151
Schmid, H. 120
Schmidt, K.C.G. 19
Schnorr von Carolsfeld, J. 48
Schoppe, A. 80
Schönwitz, J. 12, 22, 61-64, 96, 152-175
Schut, P. 16, 47f., 66
Schwebel, H. 226
Spenn, M. 88-94, 223
Sporré, M. 12, 22, 53-60
Stahl, C. 95, 131-136
Stenger, M. 97, 215-221
Stoughton, J. 19
Stupperich, R. 22, 41-52, 132, 145, 164

Stirm, M. 58, 60
Sundermann, M. 96, 186-188
Swarzenski, A. 223, 242-247

Thomann, A. 212
Tiedemann, K. 45, 47, 52, 294
Tichelaar, P. 14
Tobaben, E. 214
Tömmes, A. 120

Uehlinger, C. 54

Visscher, N. 16, 48
Vogt, S. 121
Vos, M. de 57

Wagner, J. 133
Wehrle, M. 213
Wehrli, U. 81
Westall, R. 48
Wilts, H. 269, 273-290

Zwingli, H. 54f

Sachregister

Arbeitsblätter[1]
- Arbeitsblatt für Einzel- und Gruppenarbeit 183
- Fliesenwegweiser für das Museum 221
- Fünf Fragen zu Bibelfliesen 142
- Leitfragen für ein Gespräch über Bibelfliesen 187
- Vergleich von Bibelfliese und Bibelstelle 134
- Vergleich von zwei Bibelfliesen 150
- Vergleich von drei Bibelfliesen 15

Ausstellungen
- Wanderausstellung „Mit Bilderfliesen durch die Bibel" 189-193, 197
- Ausstellungskatalog „Mit Bilderfliesen durch die Bibel" 292
- Begleitveranstaltungen 190f., 194-214
- Dauer-Präsentationen in Museen 193, 215-221

Bibel
- Bilderbibel 47f., 57, 65f., 294
- Gute-Nachricht-Bibel 271, 292
- Verhältnis AT / NT 51
- u. Illustration/Bild 27f., 29f., 47f., 49-51, 80f., 83

Bibelfliesen: allgemein
- Begriff 179, 205
- biographisch 14-21, 186-188
- Geschichte 41-52, 178-185, 202-205, 294
- Herstellung 44-46, 180, 198
- im Kloster Lüne 293
- Profil 66-69, 120
- Sitz im Leben: am Kamin (20, 25, 219), in der Küche (184, 294), in der Wohnstube (185, 198)
- Symbol für Modernität 204f.
- u. Kunst 37f., 44, 46-48, 65f., 242-247
- Verbreitung 42f., 70f., 198f.
- Vorlagen 46-48, 65f., 244-246
- Wiederentdeckung 11, 28f.

---

1 Das Register benennt Inhalte durch Begriffe. Gelegentlich erscheint der im Register verwendete Begriff nicht explizit im laufenden Text.

Bibelfliesen: pädagogisch
- beliebte/häufigste 17f., 49, 50f., 68f., 184
- eine pädagogische Entdeckung 11
- gemeindepädagogisch bedacht 88-94
- im heutigen Kontext 39, 205
- Motive 17f., 43f., 50f., 217
  s. a. Fliesenmotive AT/NT

Bibelfliesen: theologisch-religiös
- als Bekenntnis 203
- als Glaubenskultur 213
- u. biblische Inhalte 67-69, 80f., 183f.
- u. Evangelium 36f.
- u. Frömmigkeit 24-31, 39f., 184

Bibelfliesenfilm 142-144
Bibelfliesenforschung 14-16
Bibelfliesenwand 25, 29, 244
Bibelfliesen-Bilder 187, 250, 293
Bibelfliesen-Memory 141f.
Bibelfliesen-Rätsel 211
Bibelgesellschaft, ostfriesische 270f.
Biblia Pauperum 51
Biblische Geschichten
- beliebte 17f., 49, 50f.
- Vermittlung 34-37

Bilder
- Arten von 75
- Stärke von 121
- u. Bibel(-text) 29f., 49-51, 80f., 134
- u. Bildverständnis 71-74

Bildbegegnung
- didaktische Grundstruktur 62f., 75-78, 103-108
- Bilderschließung 78

Bilderverbot 50, 53 – 60, 198
Bildmotive 17f., 43f., 50f.
Bildpredigt 222-226
Bildung
- als Verstehen und Gestaltung des Glaubens 88-94
- formale / non-formale 91f.
- informelle 91-93

Sachregister

- Mensch als Bildungspartner 61f.
- u. Glaube 89f.

Bildverständnis
- Vorschulalter 72-74., 122
- Grundschulalter 72f.
- Adoleszenz 72f.

Deutungskompetenz 63f., 76f., 83
Didaktik
- didaktische Grundstruktur 62f.
- Umgang mit Bibelfliesen 65-79

Einführungen 13, 22f., 95-97, 223f., 269
Elementarisierung 36, 66f., 226
Erwachsenenbildung
- Grundlegendes 152-159
- Frauenfrühstück 176-185
- Senioren entdecken die Bibelfliesen 186-188
- Gleichnis vom verlorenen Sohn 159-175

Erzählvorschläge
- Noah und die große Flut 112f.
- Umweltgeschichte „Ich heiße Antje" 110f.
- Wie die Bibelfliesen nach Ostfriesland kamen 181f.

Evangelium
- Kommunikation des 90, 93f., 224

Exkursion 125, 134

Familienfreizeit 98-116
Fliesenbibel 16, 28-31, 192, 197, 208, 260-268
Fliesenmaler
- Vorlagen 46-48, 65f., 244-246

Fliesenmotive: AT
- Adam und Eva 20f., 27f., 68, 212
- Die Tiere gehen in die Arche 103f.
- Josephsgeschichte 27, 33f.
- Lots Frau erstarrt zur Salzsäule 70
- Mose empfängt die Zehn Gebote 68, 255-257
- Die eherne Schlange 68
- David und Goliath 51, 125f.

- Simson trägt die Stadttore von Gaza weg 51, 68, 70
- Simson zerreißt einem Löwen das Maul 51, 70
- Elia wird von den Raben ernährt 68, 184, 252-254
- Jona wird ins Meer geworfen 51, 127f.
- Jona wird an Land gespien 18, 51

Fliesenmotive: NT
- Die Weihnachtsgeschichte 143, 226, 260-267
- Die Taufe Jesu 17, 67
- Der wunderbare Fischfang 106-108
- Die Bergpredigt 15, 257-259
- Das Gespräch Jesu mit Nikodemus 177f.
- Das Gleichnis vom Splitter und vom Balken 69, 137-140, 226
- Das Gleichnis vom verlorenen Sohn 143, 147-151, 159-175
- Das Gleichnis vom barmherzigen Samariter 125f.
- Jesus stillt den Sturm 104-106, 246f., 248-250
- Jesus ruft Zachäus 143, 209f., 226
- Der Einzug Jesu in Jerusalem 121, 135, 213
- Die Jünger holen die Eselin 135
- Das Abendmahl 27, 33f., 51
- Jesus trägt sein Kreuz 136
- Kreuzigung 33, 133, 212
- Die Auferstehung 27f., 51, 69
- Die Emmaus-Jünger 227-229
- Zitierweise 179, 271

Fliesenpredigt 223-226
Fliesentableaus 48
Frömmigkeit(skultur) 24-31, 179

Gebrauchskunst, religiöse 26, 65f.
Gestaltungskompetenz 62f., 77f., 84-87, 133
Glaube
- Ikonographie 32-40
- Lernorte 92f., 98-268
- u. Alltag 182, 250
- u. Bildung 89f.
- Gottesbild 56f., 60, 93
- Grundschule
- Ausgewählte Methoden 121f., 125-130

Ikone des Nordens 26-28, 227f.

Kaufpreis 180, 197
Käufer 182, 197f.
Kinder-Kirche 194f.
Kindertagesstätte
– Bibelfliesen als „neues Medium" 116-118
– Ausgewählte Methoden 119-124
Kirchenpädagogik 35
Kommunikation
– d. Evangeliums 90, 93f., 224
Kompetenzorientierung 81-87
Kreativ-Werkstätten 211-213
Kunst
– Demokratisierung der 38, 184
– Kunstgottesdienst 242-251
– naive Malerei 37, 18

Lernorte
– Familienfreizeit 98-116
– des Glaubens 92f.
– Kindertagesstätte 116-118, 122-124
– Grundschule 125-130
– Kinder-Kirche 194f.
– Konfirmandenarbeit 145f.
– Museum 215-222
– Sekundarstufe I 130-144
– Sekundarstufe II 147-151
– Erwachsenenbildung 152-188
Lieder
– Arche-Lied 113
– Bibelfliesen-Lied 206
– Die Jünger, die im Schiffe sind 105f., 114
– Gottes Liebe ist wie das weite Meer 111
– Jeder knüpft am eignen Netz 115f.
– Regenbogen-Lied 113

Methoden
– Aufdeck-Spiel 123, 126

Verzeichnisse

- Bibelfliese gestalten / malen 85, 87, 129, 201, 205, 208, 220
- Bibelfliesen betrachten 131f.
- Bibelfliesen beschreiben 132
- Bibl. Geschichte erzählen 123, 127
- Bibl. Geschichte (nach-)spielen 123
- Bibl. Geschichte vorlesen 122
- Bilddiktat 126
- Bilder kolorieren 85
- Bildpuzzle 123, 126
- Collage anfertigen 86
- Comics gestalten 85
- Elfchen-Texte verfassen 86
- Gedächtnisspiel 103, 126
- Klangbild 124, 128f.
- Kurzgeschichte schreiben 86
- Lebendig-werden einer Bibelfliese 227-229
- Pantomime 106
- Rollenspiel 85
- Schreibmeditation 128
- Sich selbst „ins Bild" bringen 123, 128
- Spielen 85, 100, 122f., 144
- Spiel reihum 122f.
- Sprechblasen gestalten 85, 127
- Sprechmotette schreiben 86
- Standbilder 85
- Tierkonzert 104
- Titel finden 84, 127
- Umweltgeschichte erzählen 126
- Museum 193, 215-222

Museums-Rallye 217-220

Naive Malerei 37, 184
Norder Bibelfliesenteam 16, 29, 178, 197, 270

Predigten
- Andacht mit gehörlosen Erwachsenen 236-241
- Bilder für die Seele – Worte fürs Herz 252-259
- Die Sturmstillung Jesu 248-250
- Ein Emmaus-Jünger berichtet 229f.

– Erzählpredigt zum Propheten Elia 230-235
– Predigt zum Reformationstag 207-210
– Predigtreihe zu Bibelfliesen 195f.
– Warten auf Weihnachten 261-268
Projekt Kulturgut Bibelfliesen 192

Religionsunterricht
– Grundschule 124-129
– Sekundarstufe I 130-146
– Sekundarstufe II 147-151
Rezeption, optische 130

Sekundarstufe I
– Die Bibel erkunden mit Bibelfliesen 145f.
– Das Gleichnis vom Splitter und vom Balken 137-140
– Ein Bibelfliesen-Memory erstellen 141f.
– Einen Bibelfliesenfilm drehen 142-144
– Passions- und Ostergeschichte 131-136
Sekundarstufe II
– Gleichnis vom verlorenen Sohn 147-151

Sozialisation 89f.
Sponse 45, 65f., 180

Unterhaltsames 69f.
Unterrichtsplanung 63, 75-78, 80-87

Volkskunst 36-38, 208

Wahrnehmungskompetenz 62, 71, 75f., 82
Wort Gottes 27f., 30f., 75

Zeitmaschine 117f.

Dank für vielfältige Unterstützung

Die Durchführung des Projektes „Bibelfliesen – eine pädagogische Entdeckung" wurde ermöglicht durch vielfache Unterstützung, für die wir an dieser Stelle herzlich danken.

Zu danken ist all den Personen, die durch ihre Ideen, Rückmeldungen zur Wanderausstellung, ausstellungsbegleitende Projekte, Texte, Bilder und die Ausarbeitung von Beiträgen zur inhaltlichen Gestaltung des vorliegenden Bandes beigetragen haben.

Ebenso ist zu danken den Mitgliedern im „Arbeitskreis Bibelfliesen", die sich seit dem Erscheinen der Fliesenbibel mehrfach in Leer getroffen haben, um Material zu sammeln und zu sichten. Schließlich gebührt den Mitgliedern des Beirates, die mehrfach in Hannover zusammenkamen und die Arbeit der Redaktion und der Herausgabe begleitet haben, Dank. Der Dank für unmittelbare finanzielle Unterstützung geht an folgende Einrichtungen:

- Klosterkammer Hannover
- Evangelisch-lutherische Landeskirche Hannovers
- Ostfriesische Bibelgesellschaft
- Evangelisches Bibelwerk im Rheinland
- Evangelische Kirche von Westfalen
- Evangelisch-reformierte Kirche
- von Cansteinsche Bibelanstalt in Westfalen e. V.
- Kirchenkreis Norden (Ostfriesland)
- Kirchenkreis Münster
- Kirchenkreis Tecklenburg
- Kirchenkreis Steinfurt-Coesfeld-Borken (Münsterland)

Schließlich gebührt Dank all den Gemeinden, Vereinen, Gruppen, Museen und Einzelspenderinnen und -spendern, die es durch ihre Zuwendungen und Förderbeiträge bei Veranstaltungen (Ausstellungen, Vorträgen, Gottesdiensten) möglich gemacht haben, dass das Norder Bibelfliesenteam und die Arbeitsgemeinschaft Bibelfliesen im Münsterland sich mit Eigenmitteln an der Finanzierung dieses Projektes beteiligen konnte.